高职高专财经类职业实践型系列规划教材

编委会名单

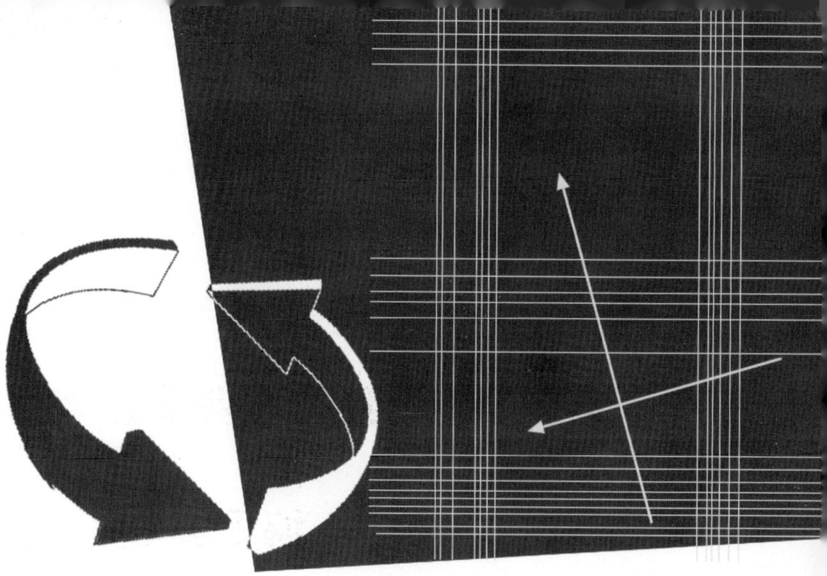

高职高专财经类职业实践型系列规划教材

国际贸易实务

Practice of International Trade

王冬吾　闫彩霞　主编

暨南大学出版社
JINAN UNIVERSITY PRESS

中国·广州

图书在版编目（CIP）数据

国际贸易实务/王冬吾，闫彩霞主编 .—广州：暨南大学出版社，2011.8（2014.9 重印）
（高职高专财经类职业实践型系列规划教材）
ISBN 978 - 7 - 81135 - 943 - 5

Ⅰ.①国… Ⅱ.①王…②闫… Ⅲ.①国际贸易—贸易实务—高等职业教育—教材
Ⅳ.①F740.4

中国版本图书馆 CIP 数据核字(2011)第 158985 号

出版发行：暨南大学出版社

地　址：中国广州暨南大学
电　话：总编室（8620）85221601
营销部（8620）85225284　85228291　85228292（邮购）
传　真：(8620）85221583（办公室）　85223774（营销部）
邮　编：510630
网　址：http：//www.jnupress.com　http：//press.jnu.edu.cn

排　版：广州市天河星辰文化发展部照排中心
印　刷：湛江日报社印刷厂

开　本：787mm×1092mm　1/16
印　张：16
字　数：400 千
版　次：2011 年 8 月第 1 版
印　次：2014 年 9 月第 2 次
印　数：3001—4000 册

定　价：29.80 元

总　序

《国家中长期教育改革和发展规划纲要（2010—2020年）》指出："职业教育要面向人人、面向社会，着力培养学生的职业道德、职业技能和就业创业能力。"作为职业教育重要组成部分的高职高专教育，其培养目标也应符合这一根本要求。要适应上述高职高专教育人才培养的要求，教材的建设是个关键。目前，有些高职高专教材基本上是普通本科教材的"简化版"或"缩小版"，在一定程度上影响了高职高专教育目标的实现。因此，教材改革势在必行。

为适应高职高专教育教学改革与发展的要求，广州大学纺织服装学院、广州工程技术职业学院、广州城建学院、广州工商职业技术学院、广州现代信息工程职业技术学院、私立华联学院等相关院校的教师们，在深入实际充分调查研究的基础上，结合高职高专教育的规律和特点，共同编写了"高职高专财经类职业实践型系列规划教材"，并由暨南大学出版社出版。这一系列教科书包括《经济学基础》、《基础会计》、《市场营销》、《国际金融》和《国际贸易实务》等。这套教材具有以下特点：

1. 理论与实践紧密结合

本系列教材之所以称为"职业实践型教材"，是因为该教材充分体现了高职高专教育的基本特点和教育规律，打破了传统的教材构建逻辑和方式。教材以培养学生能力为基本目标，在简述"必需、够用"基本理论知识的同时，充实和强化实务性强、与现实经济生活联系密切及可操作性强的内容。同时，参加本教材编写的人员均为长期从事高职高专教育的第一线教师，其中不乏"双师型"教师，他们除了具有较深的理论修养之外，也具有丰富的实际工作经验。教材中不少内容本身就是他们实际工作的体会与经验总结，具有很强的实践性。

2. 体例结构的实用性

高等职业教育属于大众化教育，学生毕业后绝大多数要直接进入工作岗位就业或自主创业。同时，高职高专学生的一般逻辑思维能力相对较差，而形象思维能力相对较强，所以，教材的编写应符合高职高专学生的特点。为此，编者对教材体例结构进行了认真的设计，在各章内容中设置了能力目标、导入案例、习题和职业训练等。通过这种体例结构，学生能够很快地将理论知识与实务知识相结合，较快掌握教材内容，提高学习效率，并增强分析问题和解决问题的能力。同时，在系列教材中，各书根据其自身内容的特点，采取更加适合学生学习的体例结构，不强求各书体例上的完全一致。

3. 内容的新颖性与前沿性

进入21世纪，国际国内经济环境发生了非常重大的变化，特别是2008年全球金融危机以来，企业面临的生存与发展环境更加复杂、多变，面对这些变化，企业的经营方针、经营策略、理财策略等必定要做出重大调整。本套教材在讲述基本原理的基础上，将理论方面的前沿信息、最新成果和企业实务中的先进理念、方法等引入其中，使其内容更加贴近经济生活、贴近现实，从而能够不断地激发学生的学习兴趣，培养学生的学习能力和创新能力。

建设适合新形势下高职高专教育教学特点的教材，对我们来说是一个不断探索、创新的过程。为此，我们付出了大量的时间、精力和心血。呈现在读者面前的这套教材，既是我们辛勤劳动的结晶，也是我们对高职高专教育教学改革探索的初步成果。由于我们编写水平有限，研究、探索尚不够深入，本系列教材可能存在不足甚至错误，诚恳希望同行和读者批评指正。

郭银华

2011 年 1 月

前　言

本书编者遵循高等职业教育的人才培养目标，以“工学结合”的高职教育理念和教学方法为指导，在教材编写中改变以知识传授为主要特征的传统学科课程模式，努力探索以任务驱动法带动相关知识教学的新思路；遵循“面向社会，针对岗位，强化能力，促进发展”的宗旨，坚持“能力本位、任务驱动、行动导向、教学做一体化”的教学模式和以岗位技能为主线，以职场活动为情景的编写原则，以职业活动过程（工作过程）为导向，以项目、任务为驱动，按照工作过程形成应用性教学体系；改变传统教材篇、章、节式的编写体例，采用创新性的模块、项目为编写体例，以一个工作过程为一个模块，下设若干个任务项目，按真实工作过程来编写教材；构建“基于工作过程的项目导向”的内容体系，紧扣岗位需求，做到“学中做”、“做中学”、“学以致用”、“学以管用”，突出技能训练，以全面提高学生完成岗位工作能力为目的，以真实职业活动顺序（作业流程）为主线进行教材内容设计，形成了特征鲜明的“工作过程导向”教学。

在编写过程中，结合当前企业进出口业务各工作岗位的实际工作流程，各工作岗位必备的知识、能力、素质等要求，把握理论知识“必需、够用”的要求，在不改变知识容量的前提下将知识内容进行了重组，使理论的基础地位变成了对实践操作的服务地位。实训项目注重实用性、技能性，教材内容体现教学过程，方便老师的教与学生的学。

本书是一本较为完整地讲述进出口贸易实务操作的教材，适合高职高专国际商务类专业、经济类专业、工商管理类专业及相关专业选用；也可作为从事进出口贸易业务的在职人员参加外贸职业资格考试或工作实践的指导用书。

本书由王冬吾、闫彩霞主编。副主编为谢育玲、张云勤、许湘平、徐颖、吕锋。具体分工为：模块一中的项目一由王冬吾编写，项目二由吕锋编写，项目三由许湘平、王冬吾、张云勤编写，项目四由徐颖编写；模块二中的实训一由闫彩霞编写，实训二由谢育玲编写。

由于水平有限，如有不妥之处，敬请读者指正，谢谢！

编　者

2011 年 7 月

目　录

模块一　国际贸易业务流程

项目一　国际贸易认知

☞ 学习目标

1. 认识国际贸易的地位和作用。
2. 掌握国际贸易的含义和分类方法。
3. 了解和掌握《2010年国际贸易术语解释通则》（INCOTERMS 2010）的规定。
4. 掌握11种贸易术语的相关规定。

☞ 技能目标

1. 在国际贸易实践中熟练地运用各种贸易术语。
2. 熟悉使用各种贸易术语时的注意事项并正确解决实践中的争端。

☞ 导入案例

2010年1月份，我国某进口商与东南亚某国出口商以CIF条件签订香米进口合同，由于考虑到海上运输距离较近，且运输时间段海上一般风平浪静，于是卖方在没有办理海上货运保险的情况下将货物运至我国某一目的港口。适逢国内香米价格下跌，我国进口商便以出口方没有办理货运保险，卖方提交的单据不全为由，拒收货物和拒付货款。请问我方的要求是否合理？此案应如何处理？

◈ 案例分析

我方的要求是合理的。尽管我方的动机是由于市场行情发生了对其不利的变化，但在CIF术语成交情况下，卖方应凭合格的、完整的单证完成交货义务。本案中卖方没有办理货运保险，提交的单据少了保险单，即使货物安全到达目的港，也不能认为其完成了交货义务。

任务一　国际贸易的作用和特点

一、国际贸易的产生与发展

1. 国际贸易的含义

国际贸易（International Trade）是指不同国家（和/或地区）之间的商品和劳务的交换活动。国际贸易是商品和劳务的国际转移，也叫世界贸易，由进口贸易（Import Trade）和出口贸易（Export Trade）两部分组成，故有时也称为进出口贸易。

2. 国际贸易的产生与发展

国际贸易作为一种经济现象，属于历史范畴，是在一定的历史条件下产生的，并伴随人类社会历史的发展而发展。从根本上说，社会生产力的发展和社会分工的扩大，是国际贸易产生和发展的基础。

对外贸易的产生必须具备两个基本条件：一是社会生产力的发展产生了可供交换的剩余产品，以及由此促进的商品生产与商品交换规模的扩大；二是国家的形成。因此，社会生产力的发展和社会分工的扩大，是对外贸易产生和发展的基础。在原始社会初期，人类处于自然分工状态，生产力水平很低，人们在共同劳动的基础上获取有限的生活资料，仅能维持本身生存的需要。因此，没有剩余产品，没有私有制，没有阶级和国家，也就没有对外贸易。对外贸易的产生是与人类历史上三次社会大分工密切相关的。第一次社会大分工是畜牧部落从其他部落中分离出来，牲畜的驯养和繁殖使生产力得到了发展，产品开始有了少量的剩余。于是在氏族公社之间、部落之间出现了剩余产品的交换，这是最早发生的交换。这种交换是极其原始的、偶然的物物交换。随着生产力的继续发展，手工业从农业中分离出来，出现了人类社会的第二次大分工。手工业的出现，便产生了直接以交换为目的的商品生产。商品生产和商品交换的不断扩大，产生了货币，商品交换逐渐变成了以货币为媒介的商品流通。随着商品货币关系的发展，产生了专门从事贸易的商人，于是出现了第三次社会大分工。生产力的发展，交换关系的扩大，加速了私有制的产生，从而使原始社会日趋瓦解，这就为过渡到奴隶社会打下了基础。在奴隶社会初期，由于阶级矛盾形成了国家。国家出现后，商品交换超出国界，便产生了对外贸易。

由此可见，社会生产力和社会分工的发展引起的商品生产和商品交换的扩大，商人和商品、资本的出现以及国家的形成，是国际贸易产生的不可缺少的必要条件。

二、国际贸易的特点

1. 困难多

国际贸易通常会涉及国家间的重大经济利益。交易双方处在不同的国家和地区，在洽商交易和履约的过程中，涉及各自不同的制度、政策措施、法律、惯例和习惯做法，情况错综复杂，稍有疏忽，就可能影响经济利益的顺利实现。影响国际贸易顺利进行的因素包括：为争夺国际市场、保护本国工业和国内市场，各国往往会采取许多关税和非关税措施限制外国商品的进口，给国际贸易带来了困难；各国语言、法律和风俗习惯的不同也给国际贸易带来了许多不便；国际市场变化多端，在市场调查和客户资信调查方面也会遇到许多困难。

2. 复杂程度高

国际贸易的中间环节多，涉及面广，除交易双方当事人外，还涉及商检、运输、保险、金融、车站、港口和海关等部门以及各种中间商和代理商。如果哪个环节出了问题，就会影响整笔交易的正常进行，并有可能引起法律上的纠纷。在国际贸易中，货物运输距离长，发生风险的可能性大，所涉及的运输与保险情况也十分复杂。而且由于各国的度量衡制度、货币制度、外汇管理制度及汇率制度不同，因而在买卖商品数量和货款结算方面也十分繁琐。

3. 风险大

国际贸易线长面广，中间环节多，风险大，具有不稳定性。具体风险包括：对客户的资信调查不实会导致信用风险；运输距离长会导致运输风险；国际市场价格的变化会导致价格风险；汇率变化会导致外汇风险；贸易国政策与措施的变化会导致政策风险等。尤其是在当前国际局势动荡不定、国际市场竞争和贸易摩擦愈演愈烈以及国际市场汇率经常浮动和货价瞬息万变的情况下，国际贸易的不稳定性更为明显，从事国际贸易的难度也更大。

三、国际贸易的作用

1. 加强世界经济联系，调节各国市场的供求关系，促进经济发展

在现代社会，世界各国广泛开展国际贸易活动，这不仅把生产力发展水平较高的发达国家互相联系起来，而且也把生产力发展水平较低的广大发展中国家卷入到国际经济生活之中。国际市场的竞争活动，也促使世界总体的生产力发展进一步加快。这不仅促进了发达国家经济的进一步发展，也促进了不发达国家和地区的经济发展。世界各国由于受生产力水平、科学技术和生产要素分布状况等因素的影响，生产能力和市场供求状况存在着一定程度的差异。各国国内既存在产品供不应求的状况，又存在着各种形式产品过剩的状况。而通过国际贸易不仅可以增加国内短缺产品的市场供给量，满足消费者的需求，而且还为各国国内市场的过剩产品提供了新的出路，在一定程度上缓和了市场供求的矛盾，从而调节了各国市场的供求关系。

2. 国际贸易有利于促进国际分工和生产要素的充分利用

首先，任何一个国家都不可能生产自己所需要的一切物品，同时也不可能完全消费自己所生产的一切物品。这些矛盾只能通过各国参与国际分工、实现相互间的商品交换加以解决。通过参与国际分工，各国可以更充分地利用自身的生产力优势、资金优势以及资源优势，发展那些本国条件相对优越的产品，从而节约社会劳动时间，促进本国经济的增长。通过积极发展对外贸易，输出那些本国可以生产的、多余的和闲置的物资，购入本国欠缺和急需的不能生产的物资，通过这样的调剂余缺，可以解决社会生产和社会消费需求上的供求矛盾，使本国的资源得到充分利用，各类需求得到满足，保证社会再生产得以顺利进行。

其次，在当今世界上，劳动力、资本、土地、技术等生产要素在各个国家的分布往往是不平衡的，有的国家劳动力富余而资本短缺，有的国家资本丰裕而土地不足，有的国家土地广阔而耕作技术落后。如果没有国际贸易，这些国家国内生产规模和社会生产力的发展，都会受到其短缺的生产要素的制约，一部分生产要素将闲置或浪费，生产潜力得不到发挥。通过国际贸易，这些国家就可以采取国际劳务贸易、资本转移、土地租赁、技术贸易等方式，

将国内富余的生产要素与其他国家交换，以获得国内短缺的生产要素，使短缺生产要素的制约得以缓解或消除，富余生产要素得以充分利用，从而扩大生产规模，加速经济发展。

3. 国际贸易是各国增加财政收入和劳动就业的重要渠道

国际贸易的发展，可为一国政府开辟财政收入的来源，政府可从对过往关境的货物征收关税、对进出口货物征收国内税、为过境货物提供各种服务等方面获得大量财政收入。在美国联邦政府成立初期，关税收入曾占联邦财政收入的90%。至今，关税和涉外税收仍然是一些国家特别是发展中国家财政收入的重要来源。国际贸易还可以提高国民的福利水平。它可以通过进口国内短缺而又是国内迫切需要的商品，或者进口比国内商品价格更低廉、质量更好、式样更新颖、特色更突出的商品，来使国内消费者获得更多的福利。此外，国际贸易的扩大，特别是劳动密集型产品出口的增长，将为国内提供更多的就业机会，间接增加国民福利。解决劳动力就业问题是当前困扰着许多国家的一个尖锐问题。为此，许多国家把发展对外贸易当作解决劳动力就业的一个重要渠道。由于对从事对外贸易业务的人员有较高的素质要求，目前直接解决就业问题尚受一定的限制。但是，一个国家通过发展对外贸易可以间接提供相当多的就业机会。据我国有关方面统计，每出口1亿元人民币的工业品，一年就能提供1.2万个人的就业机会。可见，对外贸易对解决劳动力就业来说作用是极为显著的。

四、国际贸易的分类

1. 按照是否有第三国参加，国际贸易可分为直接贸易、间接贸易、转口贸易、过境贸易

（1）直接贸易（Direct Trade）：指商品直接由生产国销往消费国，没有第三国的中间商参与的贸易活动。

（2）间接贸易（Indirect Trade）：指通过第三国的中间商或更多中间环节，把商品从生产国运销到消费国的贸易活动。

（3）转口贸易（Entrepot Trade）：指间接贸易中第三国商人所从事的把商品从生产国运销到消费国的贸易活动。

（4）过境贸易（Transit Trade）：指贸易货物在运输途中经过一国国境的情况。例如，A国经过B国国境向C国运送贸易商品，对于B国而言，就是过境贸易。

过境贸易中第三国不直接参与商品的交易过程，转口贸易则须由转口商人来完成交易手续。过境贸易通常只收取少量的手续费如印花税等，而转口贸易则以盈利为目的，要有一个正常的商业加价。

2. 按照商品的形态不同，国际贸易可分为货物贸易和服务贸易

（1）货物贸易（Commodity Trade）：指物质商品的进出口，由于物质商品是看得见、摸得着的，因此货物贸易又常被称为有形贸易（Visible Trade）。

（2）服务贸易（Service Trade）：指服务提供者从一国境内，通过商业现场或自然人的商业现场向服务消费者提供服务，并获取外汇收入的过程。与有形贸易相对应，服务贸易又被称作无形贸易（Invisible Trade）。

3. 按照贸易清偿工具的不同，国际贸易可分为自由结汇贸易和易货贸易

（1）自由结汇贸易（Free-liquidation Trade）：在国际贸易中，以货币作为清偿手段的，称为自由结汇贸易，或叫作现汇结算贸易（Cash-settlement Trade）。

（2）易货贸易（Barter Trade）：指以经过计价的货物作为清偿工具的贸易活动。易货贸易也称为换货贸易、对销贸易。

4. 按照统计进出口的标准不同，国际贸易可分为总贸易和专门贸易

（1）总贸易（General Trade）：是以货物经过国境作为统计进出口的标准。进入国境的商品一律列为进口，称为总进口；凡离开国境的商品一律列为出口，称为总出口。这意味着将过境贸易纳入了统计范围。采用总贸易体系统计进出口的国家和地区包括中国、日本、英国、美国、加拿大、澳大利亚等。

（2）专门贸易（Special Trade）：是以货物经过关境作为统计进出口的标准。只有进入关境的商品才列为进口，称为专门进口；离开关境的商品则列为出口，称为专门出口。这意味着没有将过境贸易纳入统计范围。采用专门贸易体系统计进出口的国家和地区有德国、法国、意大利、瑞士、奥地利等。

任务二　国际贸易惯例

一、国际贸易惯例的含义

国际贸易惯例（International Trade Custom）指在国际贸易实践中逐渐自发形成的，某一地区、某一行业中普遍接受和经常遵守的行为规范。

国际贸易惯例本身并不是法律，贸易双方当事人有权在合同中达成不同于惯例规定的贸易条件。但许多国家在立法中明文规定了国际惯例的效力，特别是在《联合国国际货物买卖合同公约》（以下简称《公约》）中，惯例的约束力得到了充分的肯定。在下列情况中，国际贸易惯例对当事人有约束力：第一，当事人在合同中明确表示选用某项国际惯例；第二，当事人没有排除对其已经知道或应该知道的某项惯例的适用，而该惯例在国际贸易中为同类合同的当事人所广泛知道并经常遵守，则应视为当事人已经默示地同意采用该项惯例。

在国际贸易中通行的主要惯例均由国际商会制定，主要有：

（1）《国际贸易术语解释通则》（2010 年）。

（2）《跟单信用证统一惯例（2007 年修订本）》（UCP600）。

（3）《托收统一规则》（1995 年）。

（4）《国际保理业务惯例规则》（1994 年）（国际保理商联合会颁布）。

（5）《见索即付保函统一规则》（1992 年）。

二、国际贸易惯例的特点

1. 国际贸易惯例是在长期的国际贸易实践中自发形成的

国际贸易惯例形成的过程不受政府机关的控制和制约，它的成文一般也是由商业自治团体自发地编纂而成的，这使它有别于依靠国家立法机关制定的国内法规以及依靠各国之间的相互谈判、妥协而达成的国际条约。也正是这种非主权性大大增强了国际贸易惯例的普遍适用性。

2. 国际贸易惯例是为某一地区、某一行业的人们所普遍遵守和接受的

偶然的实践不能成为国际贸易惯例，这是国际贸易惯例的客观特征。这里的普遍遵守和接受并不要求人人都已经理解和接受，而只要从事这一行业的大多数人都已经知道和接受，就可以推出其他人理应知道这种惯例的存在。早期的国际贸易惯例一般形成于一些比较大的港口、码头，慢慢地他们的一些合理的做法就为同行业的其他人所接受，例如美国西海岸的码头工会为保护自身利益向集装箱货主征收近乎落地费性质的杂费，这种杂费就被各国的班轮公会列入班轮运价或者班轮条款，因而这种做法就成了同业者之间的国际贸易惯例。

3. 国际贸易惯例具有任意性，没有强制适用力

国际贸易惯例必须能使人们产生遵照此惯例办理的义务感和责任感，这是国际贸易惯例的主观特征。心理因素对于判断惯例的存在与否至关重要，单纯的经常性做法而没有相应的心理确信是不能构成国际贸易惯例的。在实践中是否存在这种心理上的确信是由主张方加以举证证明的，当然这可能会非常困难。只有在当事人明示或者默示同意采用时，才对当事人具有法律效力。如果当事人明示或者默示地加以排除，则不能将国际贸易惯例强加给当事人。

三、国际贸易术语

《国际贸易术语解释通则》（International Rules for the Interpretation of Trade Terms，INCOTERMS，以下简称《通则》），是国际商会为统一各种不同解释的贸易术语而于1936年制定的。随后，为适应国际贸易实践发展的需要，国际商会先后于1953年、1967年、1976年、1980年、1990年、2000年、2010年进行过多次修订和补充。

2010年9月27日，国际商会正式推出《2010年国际贸易术语解释通则》（INCOTERMS 2010），以取代已经在国际货物贸易领域使用了近十年的INCOTERMS 2000，新版本于2011年1月1日正式生效。

《2010年国际贸易术语解释通则》（以下简称《2010通则》）共有11种贸易术语，按照所适用的运输方式划分为两大类：

第一组：适用于任何运输方式的术语有七种：EXW、FCA、CPT、CIP、DAT、DAP、DDP。

（一）EXW（Ex Works，... named place）工厂交货（……指定地点）

EXW是指卖方在其所在处所（工厂、工场、仓库等）将货物提供给买方时，即履行了交货义务。除非另有约定，卖方不负责将货物装上买方备妥的车辆，也不负责出口清关。买方负担自卖方所在处所提取货物至目的地所需的一切费用和风险。因此，这个术语是卖方负担最少义务（minimum obligation）的术语。如买方不能直接或间接地办理出口手续，则不应使用本术语，而应使用FCA术语。

目前，EXW已有创新化的应用方法，形成了以工厂所在地（Works \ Factory \ Mill \ Plantation \ Warehouse）交货为中心的一整套应用方法。其中，Ex Works通常用在钢铁或机械工厂及其他重工业工厂交货；Ex Factory通常用在纺织服装、电子产品等轻工行业；Ex Mill通常用在纱厂、面粉厂、锯木厂或造纸厂等地点；Ex Plantation通常适用于农场交货，尤其是农产品产地交货；而Ex Warehouse代表仓库交货，又可分为卖方仓库交货和第三方仓库交货。甚至还出现了更多的创新和衍生，如以矿场为交货地点的Ex Mine，以及以Store为交货场所的Ex Store（仓库交货）。

（二）FCA（Free Carrier，... named place）货交承运人（……指定地点）

FCA 是指卖方必须在合同规定的交货期内在指定地点将进出口清关的货物交给买方指定的承运人监管，并负担货物被交由承运人监管为止的一切费用和货物灭失或损坏的风险。FCA 术语适用于各种运输方式，特别是集装箱运输和多式运输。

在 FCA 术语下，买卖双方的主要义务如下：

1. 卖方的主要义务

（1）负责在合同规定的交货期内，在指定地点，将符合合同规定的货物交买方指定的承运人；

（2）负责办理货物出口手续，取得出口许可证或其他核准书；

（3）承担货物在交给承运人以前的一切费用和风险；

（4）负责提供商业发票和证明货物已交至承运人的通常单据。如果买卖双方约定采用电子通信，则所有单据均可被具有同等效力的电子数据交换信息（EDI message）所替代。

2. 买方的主要义务

（1）负责按合同规定支付价款；

（2）负责订立运输合同，支付运费，并给予卖方关于承运人的名称、要求交货的时间和地点的充分通知；

（3）自负风险和费用，取得进口许可证或其他核准书，并办理货物进口以及必要时经由另一国过境运输的一切海关手续；

（4）负担货物在交给承运人后的一切费用和风险；

（5）收取卖方按合同规定交付的货物，接受与合同相符的单据。

在采用此术语时，需注意以下几点：

（1）交货点和风险转移点是买方指定的承运人对货物接受监管的指定地或地点，即铁路终点站、起运机场、货运站、集装箱码头或堆厂、多用途货运终点站或类似的收货点。如承运人将装货的集装箱送至卖方所在处所收取货物，则交货点和风险转移点将在卖方所在处所——工厂或仓库的门口。

（2）FCA 术语下买方必须自负费用订立运输合同，但若卖方能协助取得更好的效果时，可由卖方协助订立运输合同，但有关费用和风险由买方负担。

（3）在采用 FCA 术语时，货物大多都作了集合化或成组化处理，如装入集装箱或装上托盘，因此，卖方应考虑将货物集合化所需的费用，并计算在价格之内。

（三）CPT（Carriage Paid To）运费付至目的地

CPT 是指卖方支付货物运至指定目的地的运费。在货物被交由承运人保管时，货物灭失或损坏的风险，以及由于在货物交给承运人后发生的事件而引起的额外费用，即从卖方转移至买方。

上述承运人与 FCA 术语中的承运人相同。如果需要利用后续承运人将货物运至指定目的地，则风险自货物交付给第一承运人时转移。

在 CPT 术语下，买卖双方基本义务如下：

1. 买方义务

（1）接受卖方提供的有关单据，受领货物，并按合同规定支付货款；

（2）支付除通常运费之外的有关货物在运输途中所产生的各项费用和卸货费；

（3）承担自货物在约定交货地点交给承运人之后的风险；

（4）自负风险和费用，取得进口许可证或其他官方证件，在需要办理海关手续时，办理货物进口所需的海关手续，支付有关关税及从他国过境的费用。

2. 卖方义务

（1）承担将货物交给承运人之前的一切风险；

（2）自付费用向买方提供交货的通常单据，如买卖双方约定采用电子通信，则所有单据可被具有同等效力的电子数据交换信息所代替；

（3）自负风险和费用取得出口许可证或其他官方批准证件，在需要办理海关手续时，办理货物出口所需的一切海关手续；

（4）订立将货物运往指定目的地的运输合同，并支付有关运费。在合同规定的时间、地点，将合同规定的货物交给承运人，并及时通知买方。

在使用 CPT 术语时应注意以下事项：

（1）外贸常用术语 CPT 与 CFR 的异同点。

CPT 与 CFR 的主要区别在于适用的运输方式不同，交货地点和风险划分界限也不相同。CPT 适用于各种运输方式，交货地点因运输方式的不同由双方约定，风险划分以货交承运人为界；CFR 适用于水上运输方式，交货地点在装运港，风险划分以船舷为界。

（2）风险划分的界限问题。

按照 CPT 成交，虽然卖方要负责订立从起运地到指定目的地的运输契约，并支付运费，但是卖方承担的风险并没有延伸至目的地。按照《通则》的解释，货物自交货地点至目的地的风险由买方承担，卖方只承担货物交给承运人控制之前的风险。

（3）责任和费用的划分问题。

采用 CPT 时，由卖方指定承运人，自费订立运输合同，将货物运往指定的目的地，并支付正常运费，正常运费之外的其他有关费用由买方负担。卖方将货物交给承运人之后，应向买方发出货物已交付的通知，以便于买方在目的地办理货运保险和受领货物。如果双方未能确定买方受领货物的具体地点，卖方可以在目的地选择最适合的地点。

（四）CIP（Carriage and Insurance Paid To，... named place of destination）运费、保险费付至指定目的地

CIP 是指卖方将货物交付给其指定的承运人，并承担支付运费和保险费的义务。承运人是指在运输合同中，承诺通过铁路、公路、海洋、航空、内河运输或多式联运运输或由他人义务的任何人。若需使用后续承运人将货物运至约定目的地，则风险自货物交给第一承运人时转移。CIP 术语要求卖方办理货物出口清关手续。该术语可适用于包括多式联运在内的各种运输方式。

1. 买卖双方基本义务的划分

按 CIP 术语成交，卖方除负有与 CPT 术语相同的义务外，还需办理货物在运输途中的保险，即卖方除应订立运输合同和支付通常的运费，还应负责订立保险合同并支付保险费，卖方将货物交给指定的承运人，即完成交货。

2. 使用 CIP 术语时应注意的事项

（1）风险和保险问题。

按 CIP 术语成交的合同，卖方要负责办理货运保险，并支付保险费，但货物从交货地点运往目的地的运输途中的风险由买方承担。所以，卖方的投保仍属于代办性质。根据《通则》的解释，一般情况下，卖方要按双方协商确定的险别投保，如果双方未在合同中规定应投保的险别，则由卖方按惯例投保最低的险别，保险金额一般是在合同价格的基础上加成10%，即CIF合同价款的110%，并以合同货币投保。

（2）应合理确定价格。

与FCA相比，CIP条件下卖方要承担较多的责任和费用，如要负责办理从交货地至目的地的运输，承担有关运费；办理货运保险，并支付保险费。这些都反映在货价之中。所以，卖方对外报价时，要认真核算成本和价格。在核算时，应考虑运输距离、保险险别、各种运输方式和各类保险的收费情况，并要预计运价和保险费的变动趋势等方面问题。

（五）DAT（Delivered At Terminal）目的地或目的港的集散站交货

DAT是指卖方在指定的目的地或目的港的集散站卸货后将货物交给买方处置即完成交货。卖方应承担将货物运至指定目的地或目的港的集散站的一切风险和费用（除进口费用外）。

卖方承担将货物送至指定港口或目的地的运输终端并将其卸下的一切风险，此后的风险由买方承担。由于卖方承担在特定地点交货前的风险，因此，双方应尽可能确切地约定运输终端，或者在约定港口或目的地的运输终端内的特定交货点，且卖方必须订立运输合同。

此外，若双方希望由卖方承担由运输终端至另一地点间运送和受理货物的风险和费用，则应使用DAP或DDP术语。若适用时，DAT要求卖方办理出口清关手续。但卖方无义务办理进口清关、支付进口税或办理进口海关手续（由买方承担）。因此，在DAT条件下，买卖双方对货物的风险、责任及费用以最终目的地交货（卸货）为界限。DAT术语可以代替《2000通则》的DEQ术语（在DEQ术语下，卖方要承担在目的港码头的卸货义务和费用），比较适合班轮运输。

（六）DAP（Delivered At Place）目的地交货

DAP指卖方在指定的目的地交货，只需做好卸货准备无需卸货即完成交货。术语所指的到达车辆包括船舶，目的地包括港口。卖方应承担将货物运至指定目的地的一切风险和费用（除进口费用外）。DAP术语适用于任何运输方式和多式联运方式。

由于卖方承担在特定地点交货前的风险，双方尽可能明确地约定指定目的地内的交货点。若卖方按照运输合同在目的地产生了卸货费用，除非双方另有约定，卖方无权向买方要求偿付。（新增）若适用时，DAP要求卖方办理出口清关手续。但是卖方无义务办理进口清关、支付进口税或办理进口海关手续（由买方负责）。若双方希望卖方办理进口清关、支付进口关税，并办理所有进口海关手续，则应使用DDP术语。

因此，在DAP条件下，卖方只需在指定目的地将货物处于买方控制之下，而无须承担卸货费（由买方或船方卸货，比较适合程租船运输），也不负责进口清关。双方对货物的风险、责任及费用以目的地运输工具上为界限。换言之，DAP条件下，买卖双方在指定目的地运输工具上交货。

DAP术语可以代替《2000通则》的DAF、DDU和DES术语。后三种术语下，卖方不承担在交货地的卸货义务和费用。

DAT与DAP的区别在于：DAT货物已经从到达的运输工具卸下，由买方处置时完成交货，但是交货地不再局限于目的港码头，可以是目的地任何地方；DAP的运输工具涵盖了各类运输工具包括船只，指定的交货地点也包含了港口，因此DAP可以是边境、船边、买方所在地，视具体情况不同而定。

（七）DDP（Delivered Duty Paid，…named place of destination）完税后交货（……指定

目的地）

DDP是指卖方在指定的目的地，办理完出口清关手续，将在交货运输工具上尚未卸下的货物交给买方，即完成交货。卖方必须承担将货物运输至指定的目的地的一切风险和费用，包括在需要办理海关手续时在目的地应缴纳的任何税费（包括办理海关手续的责任和风险，以及交纳手续费、关税、税款和其他费用）。但是，如当事方希望将任何风险进口时所要支付的一切费用（如增值税）从卖方的义务中排除，则应在买卖合同中明确写明。该贸易术语适合于各种运输方式。

DDP术语下买卖双方的主要义务如下：

1. *卖方义务*

（1）订立将货物运往指定的交货地点的运输合同，并支付相关的运费；

（2）在合同约定的时间和地点，将货物实际交给买方控制；

（3）提供商业发票及其他相关单据，或者具有同等效力的电子信息；

（4）承担在指定交货地点将货物实际交付给买方控制之前的费用和风险；

（5）自负风险和费用，取得出口许可证或其他官方批准的证件，在需要办理海关手续时，办理货物出口所需的一切海关手续；

（6）适时通知买方运输工具的名称、航次和预期到达目的港的时间，便于买方接货。

2. *买方义务*

（1）按照规定的时间在指定的地点受领货物、承担卸货费，并接受卖方所提供的单据；

（2）按照合同约定及时支付货款；

（3）承担在目的地受领货物之后的费用和风险；

（4）必要时通知卖方关于交货地点的相关信息，便于卖方交货。

使用DDP术语应注意以下问题：

（1）妥善办理投保事项。

由于按照DDP术语成交，卖方要承担很大的风险，为了能在货物受损或灭失时及时得到经济补偿，卖方应办理货运保险。选择投保的险别时，根据货物的性质、运输方式及运输路线来灵活决定。

（2）关于运输方式问题。

按照《2010通则》的解释，DDP和DDU术语均适用于各种运输方式，但是，当交货地点是在目的港的船上或码头时，应采用DES或DEQ术语。

（3）其他注意事项。

在DDP交货条件下，卖方是在办理了进口结清手续后在指定目的地交货的，这实际上是卖方已将货物运进了进口方的国内市场。如果卖方直接办理进口手续有困难，也可要求买方协助办理。如果双方当事人同意由买方办理货物的进口手续和支付关税，则应采用DDU术语。如果双方当事人同意在卖方承担的义务中排除货物进口时应支付的某些费用（如增值税），应写明“Delivered Duty Paid，VAT Unpaid（... named place of destination）”，即“完税后交货，增殖税未付”。

第二组：适用于水上运输方式的术语有四种：FAS、FOB、CIF、CFR。

（一）FAS（Free Alongside Ship）装运港船边交货

FAS是指卖方把货物运到指定的装运港船边，即履行其交货义务。买卖双方负担的风险和费用均以船边为界。该术语仅适用于海运或内河运输。

卖方的交货地点在装运港买方指定的船只旁边，即卖方将货物交至码头或船上吊钩所及之处；如买方指定的船舶不能停靠码头，则卖方应自负费用和风险，并将货物驳运至船边吊钩所及之处。买方自船边受领货物时起，就须自担风险和费用，办理出口许可、报关、装船等手续，直至将货物运往国外。在买方承担风险及费用的情况下，买方可要求卖方协助其取得货物出口所需的出口许可证或其他官方批准证件，此时，卖方应予协助。一般说来，如买方无法办理报关等出口手续，则不应使用本术语。

买卖双方的义务如下：

1. 卖方义务

（1）在合同规定的时间和装运港口，将合同规定的货物交到买方所派船只的旁边，并及时通知买方；

（2）承担货物交至装运港船边的一切费用和风险；

（3）自负费用和风险，取得出口许可证或其他官方批准证件，并且办理货物出口的一切海关手续；

（4）提交商业发票或具有同等作用的电子信息，并且自负费用，提供通常的交货凭证。

2. 买方义务

（1）订立从指定装运港口运输货物的合同，支付运费，并将船名、装货地点和要求交货的时间及时通知卖方；

（2）在合同规定的时间、地点，受领卖方提交的货物，并按合同规定支付货款；

（3）承担受领货物之后所发生的一切费用和风险；

（4）自负费用和风险，取得进口许可证或其他官方批准证件，并且办理货物进口的一切海关手续。

使用FAS应注意以下事项：

（1）“船边交货”是指卖方在指定装运港将货物置于船边（如码头、驳船）时完成交货义务。因此，买方必须从船边起，承担此后的一切费用以及货物灭失或损坏的一切风险。

（2）由于卖方承担船边交货前的风险和费用，而且这些费用和相关作业费（如THC）可能因各港口的惯例不同而变化，因此，买卖双方应尽可能清楚地约定指定装运港内的装货点（如码头内的具体地点等）。（新增）

（3）卖方应将货物交至船边或者取得已经交运的货物。此处“取得”（procure）一词适用于贸易中常见的交易链的多层销售（链式销售或连环贸易）。（新增）

（4）适用FAS术语时，要求卖方办理货物出口清关手续。但卖方无义务办理进口清关、支付进口税或办理进口海关手续，而由买方承担进口清关手续和费用。

（5）在集装箱运输时，卖方通常将货物在集装箱码头移交给承运人，而非交至船边。此时，FAS术语不适用，而应使用FCA术语。（新增）

（二）FOB（Free On Board, ... named port of shipment）装运港船上交货（……指定装运港）

FOB是指卖方必须在合同规定的装运期内在指定的装运港将货物交至买方指定的船上，并负担货物越过船舷为止的一切费用和货物灭失或损坏的风险。FOB术语也就是我们通常所说的“离岸价格”。

买卖双方的主要义务如下：

1. 卖方的主要义务

（1）负责在合同规定的日期或期间内，在指定装运港，将符合合同的货物按港口惯常方式交至买方指定的船上，并给予买方充分的通知；

（2）负责办理货物出口手续，取得出口许可证或其他核准书；

（3）负担货物在装运港越过船舷为止的一切费用和风险；

（4）负责提供商业发票和证明货物已交至船上的通常单据。如果买卖双方约定采用电子通信，则所有单据均可被具有同等效力的电子数据交换信息所替代。

2. 买方的主要义务

（1）负责按合同规定支付价款；

（2）负责租船或订舱，支付运费，并给予卖方关于船名、装船地点和要求交货时间的充分的通知；

（3）自负风险和费用取得进口许可证或其他核准书，并办理货物进口以及必要时经由另一国过境运输的一切海关手续；

（4）负担货物在装运港越过船舷后的一切费用和风险；

（5）收取卖方按合同规定交付的货物，接受与合同相符的单据。

采用 FOB 术语应注意下列事项：

（1）买方应及时租船订舱，并将船名、装船地点和时间及时通知卖方，以便卖方及时备货，安排装船。否则将构成买方违约，从而有可能导致卖方要求解除合同或要求损害赔偿。

（2）装船费用负担情况，一般采用 FOB 术语变形来表示。常见的有：

①FOB 班轮条件（FOB Liner Terms），指装船费用如同以班轮装运那样由支付运费的一方（即买方）负担；

②FOB 钓钩下交货（FOB Under Tackle），指卖方将货物置于轮船吊钩可及之处，从货物起吊开始的装船费用由买方负担；

③FOB 包括理舱（FOB Stowed，FOBS），指卖方负担将货物装入船舱并支付包括理舱费在内的装船费用；

④FOB 包括平舱（FOB Trimmed，FOBT），指卖方负担将货物装入船舱并支付包括平舱费在内的装船费用。

（3）美国对 FOB 术语的解释与《1990 通则》的规定不同，美国将 FOB 术语分为六种，其中只有“指定装运港船上交货”（FOB vessel，... named port of shipment）与《1990 通则》解释相近，因此，我国外贸企业在与美国和其他美洲国家出口商按 FOB 术语洽谈进口业务时，除了应在 FOB 术语后注明“vessel”外，还应明确提出对方（卖方）负责取得出口许可证，并支付一切出口税捐及费用。

（三）CIF（Cost Insurance And Freight，... named port of destination）成本加保险费、运费（……指定目的港）

CIF 是指卖方必须在合同规定的装运期内在装运港将货物交至运往指定目的港的船上，负担货物越过船舷为止的一切费用和货物灭失或损坏的风险，并负责办理货运保险，支付保险费，以及负责租船或订舱，支付从装运港到目的港的运费。

买卖双方的主要义务如下：

1. 卖方的主要义务

（1）负责在合同规定的日期或期间内，在装运港将符合合同的货物交至运往指定目的港的船上，并给予买方充分的通知；

（2）负责办理货物出口手续，取得出口许可证或其他核准书；

（3）负责租船或订舱，并支付至目的港的运费；

（4）负责办理货物运输保险，支付保险费；

（5）负担货物在装运港越过船舷为止的一切费用和风险；

（6）负责提供商业发票，保险单和货物运往约定目的港的通常运输单据。如果买卖双方约定采用电子通信，则所有单据可被具有同等效力的电子数据交换信息所替代。

2. 买方的主要义务

（1）负责按合同规定支付价款；

（2）负责办理货物进口手续，取得进口许可证或其他核准书；

（3）负担货物在装运港越过船舷后的一切费用和风险；

（4）收取卖方按合同规定交付的货物，接受与合同相符的单据。

采用 CIF 术语应注意下列事项：

（1）CIF 合同属装运合同，尽管我们通常称之为“到岸价”，但这是指价格的构成，是由成本加运费再加保险费，而不是指卖方也负责货物到岸前的风险。卖方在按合同规定的装运地将货物交付装运后，对货物可能发生的任何风险不再承担责任。

（2）卖方应及时租船订舱。

（3）卖方应按合同要求办理保险，有关保险责任的起讫期限必须与货物运输相符合，并必须至自买方需负担货物灭失或损坏的风险时（即自货物在装运港越过船舷时）起对买方的保障生效。该保险责任的期限必须展延至货物到达约定的目的港为止。

（4）卸货费用的负担，常用 CIF 术语的变形来表示，如：

①CIF 班轮条件（CIF Liner Terms），指卸货费用按班轮条件处理，由支付运费的一方（即卖方）负担；

②CIF 舱底交货（CIF Ex Ship's Hold），指买方负担将货物从舱底起吊卸到码头的费用；

③CIF 吊钩交货（CIF Ex Tackle），指卖方负担将货物从舱底吊至船边卸离吊钩为止的费用；

④CIF 卸到岸上（CIF Landed），指卖方负担将货物卸到目的港岸上的费用。

（5）CIF 合同属于象征性交货（symbolic delivery）合同。卖方只提交符合合同要求的单据，即等同于交付货物，即使在卖方提交单据时，货物已经灭失或损坏，买方仍必须凭单据付款，但他可凭提单向船方或凭保险单向保险公司要求赔偿。

（四）CFR（Cost And Freight，... named port of destination）成本加运费（……指定目的港）

CFR 是指卖方必须在合同规定的装运期内，在装运港将货物交至运往指定目的港的船上，负担货物越过船舷为止的一切费用和货物灭失或损坏的风险，并负责租船或订舱，支付抵达目的港的正常运费。

CFR 合同买卖双方的主要义务如下：

1. 卖方的主要义务

（1）负责在合同规定的日期或期间内，在装运港将符合合同的货物交至运往指定目的港的船上，并给予买方充分的通知；

（2）负责办理货物出口手续，取得出口许可证或其他核准书；

（3）负责租船或订舱，并支付至目的港的运费；

（4）负担货物在装运港越过船舷为止的一切费用和风险；

（5）负责提供商业发票和货物运往约定目的港的通常运输单据。如果买卖双方约定采用电子通信，则所有单据可被具有同等效力的电子数据交换信息所替代。

2. 买方的主要义务

（1）负责按合同规定支付价款；

（2）负责办理货物进口手续，取得进口许可证或其他核准书；

（3）负担货物在装运港越过船舷后的一切费用和风险；

（4）负责办理保险手续和支付保险费；

（5）收取卖方按合同规定交付的货物，接受与合同相符的单据。

按 CFR 术语订立合同应注意下列事项：

（1）在 CFR 术语下，一定要注意装船通知问题。因为在 CFR 术语下，卖方负责安排运输，而买方自行办理保险，因此在货物装上船前，即风险转移至买方前，买方及时向保险公司办妥保险，这是 CFR 合同中一个至关重要的问题。因此《通则》强调卖方必须毫不迟延地通知买方货物已装上船，否则，卖方要承担违约责任。

（2）CFR 术语中有关卸货费用负担情形，通常采用 CFR 术语的变形，如：

①CFR 班轮条件（CFR Liner Terms），指卸货费用按班轮条件处理，由支付运费的一方（即卖方）负担；

②CFR 舱底交货（CFR Ex Ship's Hold），指买方负担将货物从舱底起吊卸到码头的费用；

③CFR 吊钩交货（CFR Ex Tackle），指卖方负担将货物从舱底吊至船边卸离吊钩为止的费用；

④CFR 卸到岸上（CFR Landed），指卖方负担将货物卸到目的港岸上的费用。

【项目小结】本项目主要介绍了国际贸易的含义、产生和发展、特点和作用以及国际贸易惯例等相关内容，重点介绍了《2010 年国际贸易术语解释通则》的新规定，引领大家初步了解国际贸易实务和国际贸易术语。

项目练习与实训

知识练习：

一、名词解释

1. 国际贸易惯例
2. Trade Terms（贸易术语）
3. 象征性交货

4. FOB Liner Terms

二、判断题

1. 在合同中作出的规定必须与惯例的解释相符，否则无效。 ( )

2. 当合同中对某一问题未作出规定时，应参照有关贸易惯例。 ( )

3. 惯例是由国际组织制定的，对合同的当事人具有强制的约束力。 ( )

4. 当事人如果明确规定采纳有关惯例时，该惯例具有约束力。 ( )

5. 在采用 FOB 术语成交，利用程租船运输的大宗货物的交易中，如果卖方不愿意承担装船费用，可选择 FOB Stowed 和 FOB Trimmed。 ( )

6. FOB under Tackle 是指卖方承担货物装入船舱到脱离吊钩为止的一切费用和风险。 ( )

7. 按 FCA 术语成交，应由买方订立运输合同或指定承运人。按惯例，当卖方被要求协助订立运输合同时，只要买方承担费用和风险，卖方也可以办理。 ( )

8. FAS 与 FOB 的相同之处之一是卖方都要承担货物的装船费用。 ( )

9. 在 CIF 条件下由卖方负责办理货物运输保险，在 CFR 条件下是由买方投保，因此，运输途中货物灭失和损失的风险，前者由卖方负责，后者由买方负责。 ( )

10. 在 CIF 条件下，卖方交货地点是在装运港而不是目的港。 ( )

11. 按 CIF 术语成交，买方履行其交单义务。 ( )

12. 按 CIF 术语成交，卖方履行其交单义务，除此之外，还必须履行交货义务。( )

13. 按 CIF Ex Ship's Hold Louis Port 条件成交后，卖方应负担从装运港到目的港为止的费用和风险。 ( )

14. 按 CIF Landed London 成交的货物，在伦敦的卸货费和进口报关费应由卖方负担。 ( )

15. 买卖双方按 CIF Liner Terms 成交，卖方发运的货物必须采用班轮装运。 ( )

16. CFR 术语是在 FOB 价的基础上加上装运港至目的港的通常运费。 ( )

17. 采用 CFR 术语成交时，买方若不负担包括驳船费在内的卸货费用，可采用 CFR Liner Term 和 CFR Landed。 ( )

18. 采用 CFR 术语时，卖方应承担的基本义务包括租船订舱、将货物装船并支付正常运费和办理货运保险、办理出口通关手续。 ( )

19. 采用 CFR、CIF 术语成交，合同中只规定装运期或交货期；而采用 CPT、CIP 术语，合同中不但要规定装运期，还要规定货物到达目的地的期限。 ( )

20. 按照《2010 通则》的解释，CIP、CPT 与 FCA 的相同之处表现在当事人的责任相同。 ( )

三、问答题

1. 简述国际贸易惯例的特点。

2. 请指出 FOB、CFR 和 CIF 的相同点和不同点。

职业实训：

1. 我外贸 E 公司以 FOB 中国口岸价与中国香港 W 公司成交钢材一批，港商即转手以 CFR 釜山价售给韩国 H 公司。港商来证价格术语为 FOB 中国口岸，要求货运釜山，并在提单表明“Freight Prepaid”（运费预付），试分析港商为什么这样做？我方应如何处理？

2. 我国某外贸企业向国外一新客户订购一批初级产品，按 CFR Shanghai，即期信用证付款条件达成交易。合同规定，由卖方以程租船方式将货物运交我方，我方开证银行凭国外议付行提交的符合信用证规定的单据付了款。但装运船只一直未到达目的港，经多方查询，发现承运人原来是小公司，而且在船舶起航后不久已宣告倒闭，承运船舶是一条旧船，船、货均告失踪，导致我方蒙受重大损失。我方应从中吸取什么教训？

3. 某出口公司按 CIF 伦敦向英商出售一批核桃仁，由于该商品季节性较强，双方在合同中规定：买方须于 9 月底前将信用证开到，卖方保证运货船只不迟于 12 月 2 日驶抵目的港，如货轮迟于 12 月 2 日抵达目的港，买方有权取消合同，如货款已收，卖方必须将货款退还买方。这一份合同的性质是否属于 CIF 合同？

项目二　交易前的准备与磋商

☞ 学习目标

1. 掌握交易磋商的四个程序，以及交易磋商的询盘、发盘、还盘和接受的含义及法律效力。

2. 掌握国际货物买卖合同生效的必要条件，在理解有关法律规则的基础上，逐步提高签订合同的技巧和水平。

☞ 技能目标

1. 通过日常情景导入实例并进行案例分析，让学生意识到经济与贸易就在身边，感知国际贸易与一般交易有很多相通之处，提高学生的学习兴趣，培养学生发现问题和一定的思维迁移能力。

2. 通过分组的模拟训练，增强学生应用所学知识解决贸易中遇到的实际问题的能力，培养学生的合作意识与团队精神。

☞ 导入案例

2010 年 5 月 12 日，澳大利亚 A 公司应中国 B 公司的请求，报出铁矿石 2 000 吨，118 美元/吨，即期装运的实盘，中方接到澳方的报盘后，一再要求澳方增加数量，降低价格，并延长有效期。澳方同意将吨数增加到 3 000 吨，价格为 110 美元/吨，有效期延长至 6 月 5 日，中方在 6 月 2 日去电表示接受该发盘。但此时国际铁矿石价格上涨，澳方拒绝成交并声称货物已经售出。于是中方致电澳方：由于中方是在有效期内接受的发盘，澳方必须履行合同。如不执行合同，则要赔偿中方的损失（25 万美元）。请问：中方在 6 月 2 日去电接受的发盘是否构成实盘？接受的那个时刻合同已经达成了吗？

◈ 案例分析

在本案中，卖方（澳方）应买方（中方）的要求，进行第二次报盘，将吨数增加到 3 000吨，价格调整为 110 美元/吨。合同中的实质性条款完整、肯定、明确，而且规定了有效期至6月5日，由此看出卖方发出的是有确定意义的发盘，因此，此发盘为实盘，而非虚盘。按照约定必须信守原则，卖方发出的实盘，受盘人在有效期限内作出接受的意思表示，即承诺后，双方合同关系即告成立，就应履行各自的权利和义务。本案中，发盘方向受盘方提出有效期是6月5日，而受盘方6月2日就发电表示接受，发盘方也于6月2日接到受盘方的电函，因此，在6月2日，此货物销售合同已经成立，在双方当事人之间形成了合同约定的权利义务关系，一方违反合同规定的条款，即构成违约，应当承担违约责任。因此，本案中的销售合同在6月2日已成立。

任务一　交易前的准备

国际贸易交易前的准备主要包括如下几个阶段：

一、国际市场调研

1. 国际市场环境调研

一个企业要想进入国际上某一新市场，往往需要调查关于这个国家的政治局势、法律制度、文化环境、地理环境、市场特征、经济发展水平等。

2. 国际市场上的商品情况

企业要把产品打入国际市场或从国际市场进口产品，除需了解国外市场环境外，还需了解国际市场商品情况，主要有：

（1）国际市场商品供给情况，包括商品供应的渠道、来源、国外生产厂家、生产能力、数量及库存情况等。

（2）国际市场商品需求情况，包括国外市场对商品需求的品种、数量、质量要求等。

（3）国际市场商品价格情况，包括国际市场商品的价格、价格与供求变动关系等。

3. 国际市场营销情况调研

国际市场营销情况调研即对国际市场营销组合情况的调研，包括国外商品的生产、消费、贸易情况，主要进出口国家的交易情况，今后发展变化的趋势，国外主要市场经营该商品的基本做法、商品销售渠道、广告宣传的方式，竞争者的产品质量、价格、政策、广告、分配路线、占有率等。

4. 对国外客户的调查研究

（1）客户资信情况：主要是指客户拥有的资本和信誉两个方面。资本指企业的注册资本、实有资本、公积金、其他财产以及资产负债等情况；信誉指企业的经营作风。

（2）客户经营业务范围：主要指客户的公司企业经营的商品及其品种、经营的性质、是合作还是独资经营，以及之前是否与我国做过交易等。

（3）客户经营能力：指客户的业务活动能力、资金融通能力、贸易关系、经营方式和销售渠道等。

调研信息的主要来源有：①一般性资料，如一国官方公布的国民经济总括性数据和资料，内容包括国民生产总值、国际收支状况、对外贸易总量、通货膨胀率和失业率等；②国内外综合刊物；③委托国外咨询公司进行行情调查；④通过我国外贸公司驻外分支公司和商务参赞处，在国外进行资料收集；⑤利用交易会、各种洽谈会和客户来华做生意的机会了解有关信息；⑥派遣专门的出口代表团、推销小组等进行直接的国际市场调研，获得第一手资料。

二、进出口商品经营方案

进出口商品经营方案是企业对国内外市场、对其所经营的商品所做的一种业务计划安排。它可使企业的目标有计划地进行，其内容一般包括：

（1）国内货源情况：国内商品的特点、品质、规格、包装，国内的生产数量，可供出口的数量，当前库存及国内的需求量。

（2）经营历史情况：我国此类商品在国际市场上所占的地位，在主要进出口地区的销售情况，国内外客户的具体反映，经营该商品的经验和教训。

（3）经营计划安排：具体要出口到某地区的商品有多少数量和金额、出口进度等。

（4）营销策略：按照国别或地区，按品种、数量或金额列明销售的计划进度，以及按销售计划采取的措施，如对客户的了解，对贸易方式、价格、佣金和折扣的掌握，对收汇方式的运用等。

经营方案涉及的商品，可以是一种，也可以是一类。凡是大宗商品或重点推销的商品，一般要逐个制定出口经营方案；而普通商品或经营额不大的商品，通常按类制定经营方案；对于一些小商品，则制定内容较为简单的价格方案即可。

三、建立业务关系

（1）他人介绍：即企业通过委托我方驻外使领馆的商务参赞处代办、国内外各种商会、银行及与我方有业务关系的企业介绍寻找客户。

（2）媒体寻找：即企业利用各国商会、工商团体、国内外版的企业名录及国内外报刊杂志上的广告，以及计算机数据库中提供的客户信息或资料来查找客户，应在比较好的 B2B 网站多发布企业的宣传信息，要时常观察所发布的产品信息的反馈。

（3）主动出击：即通过在国内外参加或举办各种交易会、展览会的方式找到客户。

（4）写建立业务关系的信件：国际贸易中，买卖双方业务关系的建立，往往是由交易一方通过主动向对方写信、发传真或 E-mail 的形式进行。

任务二　交易磋商

交易磋商的一般程序分为询盘、发盘、还盘和接受四个环节。

一、询盘（Inquiry）

询盘，又称询价，指买方为购买商品或卖方为出售商品而向对方提出有关交易条件的询问。询盘可以只询问价格，也可以询问其他交易条件，或者可要求对方向自己发盘。一般情况，由买方询盘的情况多一些。

询盘对询盘人和被询盘人都没有法律约束力，不是交易的必经步骤。但是询盘往往是一笔交易的起点，所以，被询盘人应对接到的询盘给予重视，及时进行适当的答复。

二、发盘（Offer）

发盘又叫发价，法律上称为要约，是卖方或买方向对方提出各项交易条件，并愿意按这些条件达成交易、订立合同的一种肯定的意思表示。实际业务中，发盘通常是一方收到对方的询盘之后做出的，但也可不经询盘直接向对方发盘。

发盘的特点是，发盘一旦生效，在有效期内，对发盘人有法律约束力，发盘在有效期内，发盘人不能随意撤销或修改发盘的内容。发盘一经对方在有效期内无条件接受，发盘人将受其约束，并承担按发盘条件与对方订立合同的法律责任。

（一）构成一项有效发盘的条件

1. 向一个或一个以上特定的人提出

2. 表明订约意旨

《公约》规定：一方当事人是否向对方表明在发盘被接受时承受约束的意旨，是判别一项发盘的基本标准。

3. 内容必须十分确定

（1）发盘的全部内容是明确的。

（2）发盘的各项条件要完整。完整的交易条件，一般认为应包括商品的品质、数量、包装、价格、交付及支付六个条件，但按《公约》第 14 条规定：“一项订立合同的建议，如果写明货物，并且明示或暗示的规定数量和价格或如何确定数量和价格，即为十分确定。”

（3）发盘内容要无保留。发盘应是终局的，没有限制性条件。发盘一经受盘人接受，发盘人必须按发盘条件与受盘人建立合同关系。

4. 送达受盘人

（二）发盘的有效期

国际货物买卖中，发盘应标明有效期，发盘的有效期是指可供受盘人对发盘做出接受的期限。

1. 明确规定有效期

（1）规定最迟接受期限。

（2）规定一段接受时期。

2. 不明确规定有效期

3. 口头发盘的有效期

《公约》第 18 条规定：“对口头发价必须立即接受，但情况有别者不在此限。”

（三）发盘的撤回

《公约》第 15 条规定：“一项发价，即使是不可撤销的，得予撤回，如果撤回通知于发价送达被发价人之前或同时送达被发价人。”

（四）发盘的撤销

发盘的撤销是指发盘人将已经被受盘人收到的发盘予以取消的行为。英美法规定，发盘在被接受前可被撤销，即使发盘规定有有效期，该发盘对发盘人也无约束力，除非受盘人为使发盘保持可供接受而付出某种“对价”，如支付一定金额或给付一定物品。大陆法认为，发盘对发盘人有约束力，发盘生效后不能撤销，除非发盘人在发盘中注明不受约束。

《公约》第 16 条规定：“已为受盘人收到的发盘，如果撤销的通知在受盘人发出接受通知之前送达受盘人，可予撤销，但是，下列情况不能撤销：1. 发盘规定有效期或以其他方式表明是不可撤销的；2. 受盘人有理由信赖这项发盘是不可撤销的，并已本着这种信赖采取了行动。”

（五）发盘的终止

（1）在有效期内未被接受而过期。

（2）被受盘人拒绝或还盘。

（3）发盘人在发盘得到接受之前进行了有效的撤销。

（4）不可抗力因素的发生。

三、还盘（Counter Offer）

还盘又叫还价，是受盘人对发盘内容不完全同意而提出修改或变更的要求。还盘既是受盘人对发盘的拒绝，也是受盘人以发盘人的地位做出的新发盘。进行还盘时，可使用“还盘”，但一般仅将不同意的交易条件通知对方，就意味着还盘了。

四、接受（Acceptence）

接受在法律上称承诺，是卖方或买方同意对方在发盘中提出的各项交易条件，并愿按这些条件与对方达成交易、订立合同的一种肯定的意思表示。一方的发盘经另一方接受，交易即告达成，合同即告成立，双方就应分别履行各自的义务。

（一）构成有效接受的条件

《公约》第 18 条规定：“被发价人声明或做出其他行为表示同意一项发价，即是接受，缄默或不行动本身不等于接受。”

法律上有效的接受应具备以下几个条件：

1. 接受必须由特定的受盘人做出

2. 接受必须表示出来

（1）用声明做出表示，即受盘人用口头或书面形式向发盘人表示同意发盘，这是国际贸易中最常见的方法。

（2）用做出行为来表示。所谓做出行为，通常指卖方通过发运货物或买方通过支付货款来表示，也可用其他行为表示，如开始生产货物、采购货物等。使用这种方法应注意，行为应是根据发盘的要求或当事人之间的习惯做法而做出的，并要在发盘的有效期之内。

3. 接受必须与发盘相符

如果对发盘表示接受但附有附加、限制等，视为拒绝发盘，构成还盘。

4. 接受必须在发盘的有效期内表示

接受必须在发盘有效期传达到发盘人才有效。在口头磋商时，接受可被立即传达到发盘人，但在使用信件和电报表示接受时，不能立即传达到发盘人，接受于何时生效，各国解释不同。

英美法国家采用“投邮生效”原则（Despatch theory），即一般情况，接受送达到发盘人时生效，但在以信件或电报传达接受时，接受自信件投邮或电报发出时即生效。但是也有一个限制，即如果发盘人明确规定接受应于有效期内到达发盘人，则接受必须在发盘有效期内到达才有效。

大陆法国家采用“到达生效”原则（Receipt theory），即表示接受的信件、电报必须在发盘有效期内到达发盘人，接受才有效。如果表示接受的信件、函电在邮寄途中遗失，合同不能成立。《公约》采用“到达生效”原则，它在第 18 条规定，接受于到达发盘人时生效。我国《合同法》也有类似规定。

5. 接受的传递方式必须符合发盘的要求

（二）有条件接受

《公约》第 19 条第 2 款规定：“对发盘表示接受但载有添加或不同条件的答复，如所载的添加或不同条件在实质上并不变更该项发盘的条件，除发盘人在不过分迟延的期间内以口头或通知反对其差异外，仍构成接受。如果发盘人不做出这种反对，合同的条件就以该项发盘的条件以及接受通知所载的更改为准。”

实质性变更是指有关货物的价格、付款、货物的质量和数量、交货时间和地点、一方当事人对另一方当事人赔偿的责任范围或解决争端的添加或不同条件，视为实质上变更发盘条件。

（三）逾期接受

如果接受通知超过发盘规定的有效期或发盘未规定有效期而超过合理期限才传达到发盘人，就成为逾期接受。逾期接受通常是无效的，但《公约》规定了几种特殊情况：

（1）如果发盘人收到逾期接受，毫不迟延通知受盘人确认逾期接受有效，则此逾期接受有效。

（2）一项逾期接受，从其使用的信件或其他方式表明，在传递正常的情况下本能及时到达发盘人，由于传递不正常延误造成逾期，此种逾期接受是有效的，除非发盘人毫不迟延通知受盘人，他认为该发盘已失效。

（四）接受的撤回

接受的撤回，是在接受生效之前撤回，阻止其生效。《公约》规定，“接受得予撤回，如果撤回通知于接受生效之前或同时送达发盘人”。接受送达发盘人之后立即生效，就不能撤回了。

询盘、发盘、还盘和接受是在业务中交易磋商的一般程序。在法律上，只有发盘和接受是交易磋商不可缺少的两个基本环节。

任务三　熟悉国际货物买卖合同结构

一、国际货物买卖合同的含义

国际货物买卖合同，按照《联合国国际货物买卖合同公约》（1980 年）的规定，是指营业地处于不同国家的当事人所订立的货物买卖合同。货物买卖合同是指卖方为了取得货款而把货物的所有权移交给买方的一种双务合同。所谓“双务”（Bilateral）是指合同双方相互承担义务，同时，双方都享有权利，一方所承担的义务正是另一方所享有的权利。

二、国际货物买卖合同的特点

1. 国际货物买卖合同具有国际性

国际货物买卖合同的国际性以双方当事人的营业地位处于不同国家为准，而不考虑当事人的国籍。国际货物买卖合同强调的是合同的标的物需要进行超越国境的运输，因此，即使是不同国家的当事人在同一国境内订立的货物买卖合同，也不是国际货物买卖合同。

2. 国际货物买卖合同买卖的标的物是货物

《联合国国际货物买卖合同公约》（1980 年）采取了排除法，即将下列产品排除在该公约的适用范围之外：①供私人、家属或家庭使用而进行的购买；②经由拍卖方式进行的买卖；③根据法律执行应进行的买卖；④各种债务券或者货币的买卖；⑤船舶、气垫船或收音机的买卖；⑥电力的买卖。

3. 国际货物买卖合同的性质为买卖

所谓买卖合同，按照《英国货物买卖法》的规定，是指由卖方将货物的所有权转换给买方，以换取买方的金钱作为对价。

三、国际货物买卖合同的形式

根据《公约》和《中华人民共和国合同法》的有关规定，当事人订立合同，有书面形式、口头形式和其他形式。

对于书面合同的名称和形式，国际上并无特定的限制，通常有正式合同、确认书、协议书和备忘录等。我国对外贸易业务中常用的是合同和确认书，这两者都具有法律效力。

四、国际货物买卖合同的结构

国际货物买卖合同的结构由三个部分构成。

1. 首部

首部包括合同的名称、编号、签订时间、地点、双方企业的名称以及双方达成协议的原则和授权范围。

销售合同（Sales Contract）

卖方（Seller）：____________________ 地址（Address）：____________________

买方（Buyer）：____________________ 地址（Address）：____________________

编号（No.）：____________________ 日期（Date）：____________________

买卖双方一致同意按照下述条款达成交易（This Contract is made by and agreed between the Buyer and Seller, in accordance with the terms and conditions stipulated below.）

2. 主体部分

正文是合同的主体，由法律条款组成，明确规定了双方当事人各自的权利、义务、责任和风险等，由各类实质性的条款组成。下面是常用的条款实例：

（1）商品名称（Description of Goods）；

（2）数量（Quantity）；

（3）单价（Unit Price）；

（4）总金额（Total Amount）；

（5）溢短装（With more or less of Shipment Allowed ）；

（6）包装（Packing）；

（7）装运港（Port of Loading）；

（8）目的港（Port of Destination）；

（9）运输标记（Shipping Marks）；

（10）装运期（Time of Shipment）；

（11）分批装运（Partial Shipment）；

（12）转船（Trans Shipment）；

（13）付款条件（Terms of Payment）；

（14）保险（Insurance）；

（15）不可抗力（Force Majeure）；

（16）索赔（Claims）；

（17）仲裁（Arbitration）。

3. 结尾

合同的结尾主要内容包括合同生效、合同使用文字、补充条文及额外协议，如：

（1）本合同正文一式两份，分别以中文和英文书写，两种文本具有同等效力。若对其解释产生异议，则以中文文本为准。（This Contract is made out in two original, each copy written in Chinese and English languages, both text being valid. In case of any divergence of interpretation, the Chinese text shall prevail.）

（2）本合同的任何额外协议或修改，只有在双方授权代表在书面文件上签字后才能生效，并成为本合同不可分割的组成部分。（Any additional agreements or amendments to this Contract shall be valid only after the authorized representatives of both parties have signed written document（s）, forming integral part（s）of this Contract.）

卖方： 买方：

日期： 日期：

销售确认书

SALES CONFIRMATION

<table>
<tr><td rowspan="2">卖方
SELLER:</td><td colspan="2" rowspan="2">HANGZHOU WANLY IMP&EXP CO., LTD 258 MOGANSHAN RAOD, HANGZHOU CHINA</td><td>编号 NO:</td><td>WL09E0620</td></tr>
<tr><td>日期 DATE:</td><td>20 JUN, 2009</td></tr>
<tr><td>买方
BUYER:</td><td colspan="4">VERSIONS LIMITED 23 COSGROVE WAY LUTON, BEDFORDSHIRE LU1 1XL U. K.</td></tr>
<tr><td colspan="5">买卖双方同意以下条款达成交易: THIS CONTRACT IS MADE BY AND AGREED BETWEEN THE BUYER AND SELLER, IN ACCORDANCE WITH THE TERMS AND CONDITIONS STIPULATED BELOW.</td></tr>
<tr><td>SHIPPING MARKS</td><td>DESCRIPTION OF GOODS</td><td>QUANTITY</td><td>UNIT PRICE CIF FELIXSTOWE</td><td>TOTAL AMOUNT CIF FELIXSTOWE</td></tr>
<tr><td>AS PER SELLER's OPTION</td><td>CUSHION COVERS
RUGS</td><td>20, 000 PCS
4, 500 PCS</td><td>GBP 2. 20
GBP 6. 70
TOTAL :</td><td>GBP 44, 000. 00
GBP 30, 150. 00
GBP 74, 150. 00</td></tr>
<tr><td colspan="5">允许溢短装由卖方决定 WITH 5% MORE OR LESS AT THE SELLER'S OPTION</td></tr>
<tr><td>总值
TOTAL VALUE</td><td colspan="4">SAY G. B. POUNDS SEVENTY FOUR THOUSAND ONE HUNDRED FIFTY ONLY</td></tr>
<tr><td>包装
PACKING</td><td colspan="2">IN ONE 40 FEET FULL CONTAINER LOAD</td><td>总箱数
TOTAL</td><td>24, 500PCS</td></tr>
<tr><td>保险
INSURANCE</td><td colspan="4">COVERED BY THE SELLER FOR AT LEAST 110 PCT OF INVOICE VALUE COVERING ALL RISKS AND WAR RISK AS PER OCEAN MARINE CARGO CLAUSES OF THE PEOPLE'S INSURANCE CO. OF CHINA DATED... CLAIMS PAYABLE AT DESTINATION IN THE SAME CURRENCY OF THE DRAFTS.</td></tr>
<tr><td>付款方式
TERMS OF PAYMENT</td><td colspan="4">BY IRREVOCABLE LETTER OF CREDIT IN FAVOUR OF THE SELLER TO BE AVAILABLE BY DRAFTS AT SIGHT, TO BE OPENED AND REACH CHINA BEFORE 25 JUN, 2009 AND TO REMAIN VALID FOR NEGOTIATION IN CHINA UNTIL 15 DAYS AFTER THE ACTUAL TIME OF SHIPMENT.</td></tr>
<tr><td>装运期
TIME OF SHIPMENT</td><td colspan="4">BEFORE 10 AUG, 2009</td></tr>
<tr><td>分批/装运
PARTIAL/
TRANSSHIPMENT</td><td colspan="4">PARTIAL SHIPMENT ALLOWED,
TRANSSHIPMENT PROHIBITTED</td></tr>
<tr><td>装运港及目的地
PORT OF LOADING
& DESTINATION</td><td colspan="4">FROM SHANGHAI/NINGBO TO FELIXSTOWE</td></tr>
<tr><td>备注
REMARKS</td><td colspan="4"></td></tr>
</table>

THE SELLER (SIGNATURE)	THE BUYER (SIGNATURE)
杭州万利进出口有限公司	VERSIONS LIMITED
张万利	Cathy Versians
2009 年 6 月 20 日	2009 年 6 月 20 日

【项目小结】本项目主要讲述了交易前的准备措施和交易磋商的内容以及一般程序，合同成立的时间及合同生效的要件和合同的基本内容等。本章的重点：发盘、接受；难点：《公约》对发盘和接受的解释。

项目练习与实训

知识练习：

一、单项选择题

1. 交易磋商不可缺少的两个基本环节是（　　）。

A. 询盘、接受　　B. 发盘、签合同　　C. 接受、签合同　　D. 发盘、接受

2. 某发盘在其订约建议中加有“有待我们最后确认”，则这一发盘为（　　）。

A. 虚盘　　B. 实盘　　C. 还盘　　D. 询盘

3. 根据《公约》规定，合同成立的时间是（　　）。

A. 接受生效的时间　　B. 交易双方签订书面合同的时间

C. 在合同获得国家批准时　　D. 当发盘送达受盘人时

4. 发盘的撤回与撤销的区别在于（　　）。

A. 前者发生在发盘生效后，后者发生在发盘生效前

B. 前者发生在发盘生效前，后者发生在发盘生效后

C. 两者均发生在发盘生效前

D. 两者均发生在发盘生效后

5. 英国某商人于3月15日向国外某客商用口头发盘，若英商与国外客商无特别约定，国外客商（　　）。

A. 任何时间表示接受都可使合同成立　　B. 应立即接受方可使合同成立

C. 当天表示接受即可使合同成立　　D. 在两三天内表示接受可使合同成立

二、判断题

1. 公司周一对外发盘，限周五复到，客户周二回电还盘，邀我电复，我未处理。但是，周四客户又来电接受我周一的发盘，则这笔交易达成。（　　）

2. 一项接受由于电讯部门的延误，发盘人收到此项接受时已超过该发盘的有效期 ，那么该逾期接受丧失接受效力，合同未成立。（　　）

3. 我国某公司10月2日向美商发盘，以每打84.50美元CIF纽约的价格提供全棉男衬衫500打，限10月15日复到有效。该盘于10月7日抵达美商，10月8日我国该公司发现问题，向美商发传真要求撤销该发盘，该发盘不能撤销。（　　）

4. 公司对外发盘，国外的客户在发盘的有效期内回电接受，但在同一电文中要求将装运期提前一个月，这是有效接受。（　　）

三、名词解释

1. 国际货物买卖合同

2. 交易磋商

3. 接受

四、问答题

1. 构成一项有效的接受必须具备什么条件？

2. 国际货物买卖合同包括哪些内容？

职业技能实训：

上海永胜进出口贸易公司主要经营手工工具、棉纺织品、玩具、茶叶和文化用品等业务，产品深受欧洲、北美和亚洲地区国家的客户欢迎。业务员沈浩受聘于永胜公司，利用公司的网络平台资源大量地向客户发布供货信息。某日收到来自英国 MANDARS Import & Export Co., Ltd 公司的来函，其对公司的纯棉女裙有兴趣。于是沈浩联系上 MANDARS 公司的 Smith 经理进行交易磋商。

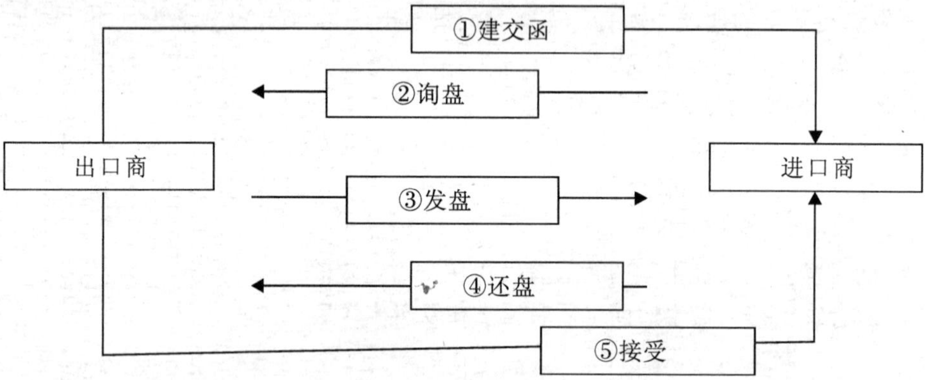

图 2－1　交易磋商流程

工作任务：模拟沈浩和 Smith 之间的交易磋商，即发出建交函— Smith 询盘—沈浩发盘— Smith 还盘—沈浩接受的整个贸易磋商流程。

职业拓展实训：

我某公司于 4 月 15 日向外商 A 发盘，限 4 月 20 日前回复我方，外商于 17 日上午发出信件但该信件在传递中延误，21 日才到达我方。我公司以对方答复逾期为由，不予处理。当时该货物的市价已上涨，我公司遂以较高价格于 22 日将货物售予外商 B。25 日外商 A 来电称：信用证已开出，要求我方尽早装运。我方立即复电外商 A：接受逾期，合同不成立。合同是否成立？

项目三　合同的签订

任务一　拟定品质条款

☞ 学习目标

1. 了解国际贸易合同中品质条款的重要性。

2. 掌握国际贸易中表示品质的方法。

3. 掌握合同中品名、品质条款的内容，重点掌握拟定品质条款应该注意的事项。

☞ 技能目标

1. 能够正确拟定国际贸易合同中的品质条款。

2. 能够灵活处理国际贸易中买卖双方的品质纠纷。

☞ 导入案例

我国某公司同日本公司签订出口羊绒衫合同，共出口羊绒衫10 000件，价值100万美元。合同规定羊绒含量为100%，商标上也标明“100%羊绒”。当对方对我方公司出口羊绒衫进行检验后，发现羊绒含量不符合合同规定而提出索赔，要求赔偿200万美元，最后我方公司赔偿数10万美元结案。

◈ 思考题

请结合上述案例资料，讨论回答以下问题：

1. 导致我方公司损失的原因是什么？

2. 我方公司应该吸取什么教训？

一、商品的品名

1. 商品品名的重要性

商品的品名也称为商品的名称，是指用来区别不同商品的称呼，在国际贸易中表明买卖双方交易的是何种物品。从法律角度来说，买卖合同中，要订明商品名称，因为这关系到买卖双方交接货物的权利和义务，任何一笔交易都必须要付出对价。从业务角度来说，要有具体名称，交易才能存在，不然就没有物质基础。所以商品名称是交易的前提，商品名称不存在交易就不存在。

2. 规定商品名称应该注意的问题

（1）商品的名称必须明确具体，要既能反映商品的内容，又避免笼统空泛，如“中间机械性产品”。

（2）有些商品的名称在不同的地方不一致，因此，商品的名称尽可能要采用国际上通用的名称，最好参阅《海关税则》中商品分类目录编码（H. S.），采用地方性名称要首先取得双方共识。

（3）目前通行的班轮运费是按照商品规定运费标准，但由于商品名称不统一，存在着同一商品因名称不同而收取不同费率的现象。因此，确定商品名称的时候应该从降低关税、节省运费和方便进出口的角度选用合适的品名。

（4）选用的名称最好翻译得准确生动，还要符合进口国当地的风俗习惯。

二、商品的品质

商品的品质是指商品的内在质量与外观形态的结合。内在质量指的是商品的化学成分、物理性能、生物特征等；外观形态指的是商品的款式、结构、色泽、造型等。合同中的品质条款是构成商品说明的重要组成部分，是买卖双方交接货物的依据。《联合国国际货物买卖合同公约》规定，卖方交付货物必须符合约定的品质。如卖方交货不符合约定的品质条件，买方有权要求损害赔偿，也可要求修理或交付替代货物，甚至拒收或撤销合同。在国际贸易中，表示商品品质的方法有以下几种：

（一）用实物表示商品品质的方法

1. *看货买卖*

看货买卖指买卖双方根据成交货物的实际品质进行交易。这种方法多半用于拍卖、寄售和展卖业务中，尤其适用于具有独特性质的商品，如珠宝、首饰、字画及特定工艺制品。

2. *凭样品买卖*

样品通常是指从一批商品中抽出来的或由生产、使用部门设计、加工出来的，足以反映和代表整批商品品质的少量实物。交易的一方向对方提交样品，让对方确认。对方确认后，出口方以后向进口方所交货物的品质必须与被确认的样品相同。这种用样品达成的交易称为"凭样品买卖"。具体方式有以下三种：

（1）卖方样品。

由卖方提供的样品称为卖方样品。凡凭卖方样品作为交货依据者，称为凭卖方样品买卖。在采用卖方样品成交中，要注意以下几个问题：

①卖方所提供的样品必须能够代表整批货物的平均品质水平，不应过高或过低。若样品品质过高，卖方交货会有困难，进而引起双方之间的纠纷；而品质过低则会使卖方成交困难，即便成交也会在价格上受到损失。

②为防止买方日后对卖方所交货物的品质故意挑剔，卖方在向买方提供标准样时，应自己留存一份，作为日后向买方交货的依据，同时也要向商检机构上交一份同样的样品，作为处理双方之间可能发生品质纠纷的依据。这些由卖方及商检机构留存的样品称为复样。

③严格区分标准样和参考样。标准样是卖方交货、买方验货的品质依据，对买卖双方具有法律约束力。参考样则是卖方主动向国外客户寄送的，以介绍商品为目的的样品，希望国外客户能通过了解样品来了解自己的业务，进而在未来与自己建立业务联系、达成交易。参考样通常只说明商品品质的一种状态，以供买方参考，卖方并不承担交货品质与其完全一致的责任。在实际业务中，如果订立合同时采用了某种文字说明表示商品的品质，同时又向买方寄送过样品，此时就要在合同中明确规定所寄送样品为参考样，否则卖方就要承担所交货品质既要符合合同的规定，又要与样品完全一致的责任。

④由于凭卖方样品成交的商品多数属于品质难于规格化、标准化的商品，所以交货品质不可能做到与样品完全一致。因此，在以样品表示商品的品质时，一般要在合同中规定"交货品质与样品大体相符"，以便合同能够顺利履行。

（2）买方样品。

买方为了使其订购的商品符合自身要求，有时也提供样品由卖方依样承制，如卖方同意按买方提供的样品成交，称为凭买方样品买卖。在采用买方样品成交中，要注意以下几个问题：

①按买方提供的样品生产加工产品时，为避免与对方国家其他厂商发生工业产权纠纷，应在合同中明确规定，如果日后因此而发生有关工业产权纠纷，责任由买方承担。

②为避免日后在交货品质上发生争议，卖方自己可以根据买方提供的样品进行复制或提

供类似的样品。

（3）对等样品。

卖方可根据买方提供的样品，加工复制出一个类似的样品交买方确认，这种经确认后的样品称为对等样品或回样，也称之为确认样品。

（二）用文字说明表示商品品质的方法

1. 凭规格买卖

商品规格是指用于反映商品品质的若干主要指标，如商品的化学成分、含量、纯度、性能、容量、长短、粗细等。

例1：花生　　含油量（最低）60%
含水量（最高）6%
不完善粒（最高）13%
杂质（最高）1%

例2：印花布

纱支（支数）	纱线密度（每英寸）	阔幅（英寸）
30×36	72×69	35/36

2. 凭等级买卖

商品的等级是指同一类商品按其规格上的差异，分为品质优劣各不相同的若干等级。同类商品，按品质上的不同，分为优劣不同的若干等级。

例3：中国一级锡锭

按照买卖双方所熟悉的惯例，各种等级锡锭的规格如下：

特级锡　含锡量最低99.95%

一级锡　含锡量最低99.90%

二级锡　含锡量最低99.75%

三级锡　含锡量最低99.00%

例4：AA级鲜鸡蛋，蛋壳浅棕色，清洁，大小均匀

按照买卖双方所熟悉的惯例，各种等级鸡蛋的规格如下：

AA级　每只净重60～65克

A级　每只净重55～60克

B级　每只净重50～55克

C级　每只净重45～50克

D级　每只净重40～45克

E级　每只净重35～40克

3. 凭标准买卖

商品的标准是指将商品的规格和等级予以标准化，一般由标准化组织、政府机关、行业团体、工商组织及商品交易所等制定、公布，并在一定范围内实施。如英国为BS，美国为ANSI，法国为NF，德国为DIN，日本为JIS等，另外，还有国际标准，如国际标准化组织ISO标准，国际电工委员会（IE）制定的标准等。由于各国的标准常常随着生产技术的发展和情况的变化进行修改和变动，所以某个国家或某个部门颁布的某类产品的标准往往会有不同年份的版本。版本不同，质量标准的内容也不尽相同。因此，在买卖货物采用标准时，应当注明采用标准的版本年份。

例 5：盘尼西林，符合《中华人民共和国药典》××年版本

例 6：母水貂皮长大衣，中国标准，胸围长 120cm×115cm

另外，还要注意国际上两个常用的标准：FAQ 标准和 GMQ 标准。

FAQ 标准（Fair Average Quality）：良好平均品质，又被称为“大路货”。对于某些品质变化较大而难以规定统一标准的农副产品往往采用“良好平均品质”，即一定时期内某地出口货物的平均品质水平，一般是指中等货而言。良好平均品质的具体含义在国际上并不统一，基本上可以概括为两种情况：一是指农产品每个生产年度的“中等货”，由农产品生产国对收获的农产品进行广泛抽样后制定并公布，作为该年度该农产品的 FAQ 标准；二是指某一季度或某一装船月份在装运地发运的同一种商品的“平均品质”，可以由买卖双方联合抽样或共同委托检验人员抽样，送交指定的机构检验决定。

GMQ 标准（Good Merchantable Quality）：上好可销品质，是指卖方必须保证其交付的货物品质良好，合乎销售条件，在成交时无须以其他方式证明产品的品质。这种方法比较抽象笼统，在执行中容易引起争执，所以在国际贸易中一般很少使用。它主要适应于木材和冰冻产品类。

4. 凭说明书和图样买卖

凭说明书和图样买卖通常出现在机械产品、仪器仪表和成套设备等技术密集型产品的交易中。这些商品的结构复杂，对材料、设计、技术等的要求也比较严格，其品质很难用少数几项指标和简短的文字予以说明。在这种情况下，一般可以用说明书并附以图片、图表、图纸、各种数据等来表示产品的品质。

例 7：品质和技术数据必须与卖方所提供的产品说明书严格相符

5. 凭商标和品牌买卖

商标是指生产者或商号用来说明其所生产或出售的商品的标志，它可由一个或几个具有特色的单词、字母、数字、图形或图片等组成。牌号是指工商企业给其制造或销售的商品所冠的名称，以便与其他企业的同类产品区分开来。有些商品的品质稳定，在市场上已经树立了良好的商业信誉，其商标、牌号本身就代表了一定的质量水平，可以用来表示商品的品质。在凭商标、牌号买卖商品时，卖方不向买方提供样品，双方在合同中也不规定商品具体的规格，但卖方交货时仍需要承担默示担保义务，即必须按该牌号或商标通常具有的品质交付货物，否则不仅构成违约，而且要对买方进行相应的赔偿，还会损害商标或品牌的声誉。

例 8：中华牌牙膏

例 9：大白兔奶糖

在用品牌或商标来表示商品品质时，如果同一品牌或商标的产品具有不同的型号或规格，则合同中除了使用商标或品牌外，还必须订明型号或规格。

6. 凭产地名称买卖

有些产品，尤其是一些传统的农副产品和土特产品，因其受产地的自然条件和传统加工工艺的影响较大，品质优异且具有特色，用产地名称就可以说明其品质。

例 10：中国东北大豆

例 11：金华火腿

三、合同中的品名和品质条款

（一）品质条款的内容

品质条款是合同中的一项主要条款，它是买卖双方对商品质量、规格、等级、标准、商标、牌号等的具体规定。卖方以约定的品质交货，否则买方有权提出索赔或拒收货物，以致撤销合同。合同中的品质条款也是商检机构进行品质检验、仲裁机构进行仲裁和法院解决品质纠纷案件的依据。

合同中的品质条款要列明商品名称，凭说明买卖的，要列明商品的规格或等级、标准或牌号等；凭样品买卖的，要列明样品的编号和寄送日期。由于商品品种不同，表示品质的方法不一，因此，品名和品质条款的内容及其繁简应视商品特性而定。

例 12：长虹牌彩色电视机

型号：SC374，制式：PAL/BG，电压：220V，功率：50HZ

双圆头插座带遥控

例 13：样品号 NT045，长毛绒玩具熊，24 英寸

（二）订立品质条款应注意的问题

1. 合同中的品质规定应尽量明确、具体，而不要笼统、含混

不宜用“大约”、“左右”、“合理误差”等用语，也不能使用绝对化的词句，以免日后交货时由于双方对这些用语理解的不一致而产生品质纠纷。

2. 尽量不要同时用几种方法来表示商品的品质

大多数情况下，不能同时用两种方法表示商品的同一品质特征；在凭样品成交时，就不必再在合同中规定表示同一品质特征的规格。如果在合同的品质条款中已规定了表示商品品质的具体规格，同时又为买方提供了样品，则必须同时明确以什么作为买方检验货物品质的最终依据。

3. 注意品质条款各项指标之间的相互关系，要做到相互一致，避免矛盾和脱节

例如，在买卖某种农产品时，如果规定了杂质含量为 3%，同时又规定矿物质含量为 1%，这样，为使矿物质含量符合要求，需反复加工，结果很可能使杂质含量大大低于合同规定，这实际上意味着卖方以较低的价格向买方提交了高品质的货物。

4. 品质条款的表示要注意灵活性和科学性

首先，品质条款的规定要适度，不要过高也不要过低；其次，要根据交易的目的、交易标的物的用途，合理选择足以说明商品内在性质的重要指标作出规定；最后，要注意对品质条款不能规定得太死。为了避免卖方交货品质与合同规定不符而构成违约，在制成品交易中可以在合同中加订品质公差条款，在其他产品，特别是农副产品的交易中，则在合同中加订品质机动幅度并辅之以品质增减条款。

（1）品质公差。

品质公差指工业制成品由于科技水平或生产水平所限而产生的公认的误差。如手表每天出现误差若干秒，这种误差是公认允许的。即使合同中没有规定，只要卖方交货品质在公差范围内，也不视作违约，买方无权拒收货物，也不得要求调整价格，这一方法主要适用于工业制成品。

（2）品质机动幅度。

对某些农副产品，如果将品质规定得过死、过细，日后实际交货时就很难做到品质与合同规定相符，卖方会处于被动地位，容易引起一些品质纠纷。对这类商品的品质规定要用机动幅度，允许卖方所交货物的品质指标可有一定幅度范围内的差异。只要卖方所交货物的品质没有超出机动幅度的范围，买方就无权拒收货物，但可根据合同规定调整价格。这一方法主要适用于初级产品。品质机动幅度的规定方法有以下三种：

①规定范围；

例 14：棉坯布，幅宽 41 或 42 英寸

②规定极限；

例 15：活黄鳝，每条 75 克以上

③规定上下差异；

例 16：C708 中国灰鸭绒，含绒量 90%，允许上下 1% 的浮动

（3）品质增减条款。

在合同的品质条款中，规定买卖双方要根据商品在品质机动幅度内的品质差异来调整合同的价格，这称为品质增减条款。

例 17：中国花生　　含油量（最低）60%，含水量（最高）6%
不完善粒（最高）13%，杂质（最高）1%
如果实际装运货物的含油量高出或低于 1%，则价格相应增减 1%，不足整数部分按比例计算。

知识练习与实训

知识练习：

一、单项选择题

1. 珠宝、首饰等商品具有独特性质，在出口确定其品质时（　　）。

A. 最好用样品磋商　　B. 最好用文字说明
C. 最好看货洽谈成交　　D. 最好用图片说明

2. 凭样品买卖时，如果合同中无其他规定，那么卖方所交货物（　　）。

A. 可以与样品大致相同　　B. 必须与样品完全一致
C. 允许有合理公差　　D. 允许在包装规格上有一定幅度的差异

3. 品质公差主要用于（　　）。

A. 农副产品　　B. 初级产品　　C. 土特产品　　D. 工业制成品

4. 国际标准化组织针对制造业及服务业制定了品质管理及品质保证标准，是（　　）系列标准。

A. ISO 4000　　B. ISO 8000　　C. ISO 9000　　D. ISO 14000

5. 在国际贸易中，对于某些品质变化较大而难以规定统一标准的农副产品，其交货时规定品质的常用方法是（　　）。

A. 良好平均品质　　B. 上好可销品质　　C. 看货买卖　　D. 凭样品买卖

6. 我方欲进口一套机电设备，一般应选用的表示品质的方法是（　　）。

A. 凭卖方样品买卖　　B. 凭买方样品买卖

C. 凭商标买卖　　D. 凭说明书买卖

7. 我国出口大豆一批，合同规定大豆含油量最低为18%，水分最高为14%，杂质最高为1%，这种规定品质的方法是（　　）。

A. 凭等级买卖　　B. 凭标准买卖　　C. 凭说明书买卖　　D. 凭规格买卖

8. 对工业制成品交易，一般在品质条款中灵活制定品质指标，通常使用（　　）。

A. 品质公差　　B. 品质机动幅度

C. 规定一个约量　　D. 品质与样品大致相符

二、多项选择题

1. 符合FAQ标准的商品，称为（　　）。

A. 上等品　　B. 中等货　　C. 大路货

D. 低等品　　E. 良好平均品质

2. 按照买方提供的样品，卖方复制后寄至买方确认，确认后的样品被称为（　　）。

A. 复样　　B. 回样　　C. 对等样

D. 参考样　　E. 确认样品

3. 下列表示商品品质的方法不属于实物表示法的有：（　　）。

A. 看货成交　　B. 看样成交　　C. 规格表示法　　D. 等级表示法

三、问答题

1. 签订国际货物买卖合同中的品质条款应注意的问题是什么？

2. 什么是品质机动幅度和品质公差？在合同中订立品质机动幅度和品质公差的目的是什么？

职业实训：

1. 我某公司向国外某客户出口榨油大豆一批，合同中规定大豆的具体规格为含水分14%、含油量18%、含杂质1%。国外客户收到货物不久，我方便收到对方来电称：我方的货物品质与合同规定相差较远，具体规格为含水分18%、含油量10%、含杂质4%，并要求我方给予合同金额40%的损害赔偿。对方的索赔要求是否合理？合同中就这一类商品的品质条款应如何规定为宜？

2. 我国内某单位向英国出口一批大豆，合同规定水分最高含量为14%，杂质不超过2.5%。成交前我方曾向买方寄过样品，订约后又电告对方：成交货物与样品相似。当货物抵达英国后，买方提出货物与样品不符，并出具相应证书证明货物的质量比样品低10%，以此要求我方赔偿15 000英镑的损失。我方能否以该项交易并非凭样品买卖而不予理赔？为什么？

任务二　拟定数量条款

☞ 学习目标

1. 了解国际贸易合同数量条款的重要性。

2. 了解各种计量单位之间的换算关系，掌握重量的计算方法。

3. 掌握合同中数量条款的内容，掌握表示数量机动幅度的方法。

☞ 技能目标

1. 能够正确拟定国际贸易合同中的数量条款。
2. 能够灵活处理国际贸易中买卖双方的数量纠纷。

☞ 导入案例

我某出口公司在某次交易会上与外商当面谈妥出口大米 10 000 公吨，每公吨 USD 275 FOB 中国口岸。但我方公司在签约时，合同上只笼统地写了 10 000 吨，我方当事人主观上认为合同上的吨就是指公吨。后来，外商来证要求按长吨供货。如果我方照证办理则要多交大米 160. 5 公吨，折合美元为 44 137. 5 美元。于是，双方发生争议。

◈ 思考题

请结合上述案例资料，讨论回答以下问题：

1. 贸易双方为什么会发生纠纷？
2. 通过以上案例，说明如何避免发生国际贸易数量纠纷？

一、数量条款的法律意义

数量条款也是合同中的主要条款，它约定了买卖双方所交易的商品数量。正确掌握成交数量，对促进交易的达成和争取有利的价格具有重要的作用。数量是买卖双方交接货物的依据。根据《联合国国际货物买卖合同公约》的规定：按约定的数量交付货物是卖方的一项基本义务。如果卖方交付货物数量大于合同规定的数量，买方可以拒收多交的部分，也可以收取多交部分中的一部分或全部，但应按合同价款执行；如卖方交货数量少于合同规定，卖方应在规定的交货期内补交不足部分，但不得给买方造成不合理的不便或承担不合理的开支，即便如此，买方也保留要求损害赔偿的权利。

二、常用的度量衡制度和计量单位

（一）度量衡制度

由于各国度量衡制度有所不同，因此，在国际贸易中使用的计量单位存在差异。目前，在国际贸易中使用比较广泛的度量衡制度有公制（The Metric System，也称为米制）、英制（The British System）、美制（The U. S. System）和国际单位制（The International System of Units）。其中，公制广泛用于亚洲和非洲的大多数国家，美制主要在北美洲国家和地区使用，英制则主要在英联邦国家使用。

在我国，国务院颁布的《中华人民共和国计量法》规定：“国家采取国际单位制。国际单位制计量单位和国家选定的其他计量单位为国家法定计量单位。”目前，除了个别领域外，一般不允许使用非法定的计量单位。我国出口商品，除照顾对方国家的贸易习惯约定采用公制、英制或美制计量单位外，应使用我国法定计量单位。我国进口机器设备和仪器等要使用法定计量单位；否则，一般不允许进口。

（二）计量单位

不同的商品计量单位不同，不同国家所采用的度量衡制度不同，使用的计量单位也不同。在确定进出口货物的数量时，首先要根据商品的性质，在特定的度量衡制度下选择不同的计量单位来表示商品的数量。目前，国际货物贸易中常用的计量单位可概括为以下几种：

1. 重量（Weight）单位

如公吨（metric ton）、长吨（long ton）、短吨（short ton）、公斤（kilogram）、克（gram）、盎司（ounce）等，适用于羊毛、谷物等农副产品、矿产品和部分工业制成品的交易。

2. 个数（Number）单位

如件（piece）、双（pair）、套（set）、打（dozen）、卷（roll）、令（ream）、罗（gross）、袋（bag）、包（bale）等，适用于大多数工业制成品，尤其是日用消费品、工业品、机械产品以及一部分土特产品的交易。

3. 长度（Length）单位

如米（meter）、英尺（foot）、英寸（inch）、码（yard）等，适用于金属绳索、丝绸、布匹等类商品的交易。

4. 面积（Area）单位

如平方米（square meter）、平方英尺（square foot）、平方码（square yard）等，适用于玻璃板、地毯、皮革等商品的交易。

5. 体积（Volume）单位

如立方米（cubic meter）、立方英尺（cubic foot）、立方码（cubic yard）等，适用于木材、天然气和化学气体等商品的交易。

6. 容积（apacity）单位

如蒲式耳（bushel）、加仑（gallon）、公升（litre）等，适用于各种谷物和流体货物的交易。

三、重量计算方法

在国际贸易中，许多商品的数量都是按重量计量的，而由于商品的性质、商业习惯及计量目的不同，计算重量的方法有许多种。对商品重量的计算方法主要有以下几种：

（一）按毛重（Gross Weight）计算

毛重是指商品本身的重量加包装物的重量。某些价格较低的商品，包装价与商品价差不多；或因包装本身不便分别计量，常按毛重计价，称为“以毛作净”（Gross for Net）。

例 1：玉米，1 000 公吨，以毛作净

（二）按净重（Net weight）计算

净重是指商品本身的重量，即除去包装物后的商品实际重量。国际贸易中，由于净重可以反映商品的真实数量，所以凡是按重量成交的商品，绝大部分都以净重计价。如果在合同中没有明确规定交货的数量是按毛重还是按净重计算，习惯上也是按净重计算。净重和毛重之间存在如下关系：

净重 = 毛重 − 皮重

这里的皮重指的是商品内外包装的总重量。皮重的计算方法有：

1. 按实际皮重（Actual Tare）计算

通过对商品包装进行逐件称量，再进行加总，得出总皮重。用这种方法计算皮重结果最精确，但也最麻烦，费用耗费也最多。因此，只有在单价较高的商品的交易中才采用这种方法求得皮重。

2. 按平均皮重（Average Tare）计算

如果货物的包装比较规范，重量相差不大，就可从整批货物中抽取几件，称其包装的重量，除以抽取的件数，得出平均数，再以平均每件的皮重乘以总件数，算出全部包装重量。

3. 按习惯皮重（Customary Tare）计算

以市场公认的皮重为单件皮重，无须对包装实际过秤而以习惯上的皮重计算。适用于包装材料和规格规范化比较定型的商品，如装运粮食的机制麻袋，每个已公认为两磅半。

4. 按约定皮重（Computed Tare）计算

以买卖双方事先约定的包装重量作为计量的基础，而不需要经实际过秤。

（三）按公量（Conditioned weight）计算

有些商品如棉花、羊毛、生丝等有较强的吸湿性，其所含水分受客观环境的影响较大，故其重量很不稳定，国际上采用公量计重。公量就是用科学方法除去商品中的水分（干燥重量），加上标准水分后所得的重量。公量的计算公式如下：

$$公量 = 商品干净重 \times (1 + 标准回潮率)$$

$$商品干净重 = \frac{商品的实际重量}{(1 + 实际回潮率)}$$

$$公量 = [商品的实际重量 \times (1 + 标准回潮率)] / (1 + 实际回潮率)$$

例 2：有一批原棉烘干前重 110 千克，烘干后为 100 千克，按标准回潮率 8.5% 计算，那么其公量为多少？

解：公量 $= 100 \times (1 + 8.5\%) = 108.5$（千克）

例 3：中国羊毛，1 000 公吨（公量）出口到美国，在中国境内实际回潮率为 14%，按标准回潮率 11% 计算，交货时货物的实际重量应为多少公吨？

$$\begin{aligned} 解：实际重量 &= 公量 \times \frac{1 + 实际回潮率}{1 + 标准回潮率} \\ &= 1\,000 \times \frac{1 + 14\%}{1 + 11\%} \\ &= 1\,027.03\ (公吨) \end{aligned}$$

（四）按理论重量（Theoretical weight）计算

有固定规格的货物只要其规格一致、尺寸相符、重量大体相同，从其件数或张数就可以推算出重量，这种重量称为理论重量，如钢板、马口铁等。

（五）按法定重量（Legal weight）和实物净重（Net weight）计算

法定重量是商品重量加上直接接触商品的包装物料的重量；而除去这部分重量所表示出来的纯商品重量则称为实物净重。

四、数量条款的规定

（一）数量条款的基本内容

买卖合同中的数量条款，主要包括成交商品的数量和计量单位。按重量成交的商品，还需订明计算重量的方法。

例 4：中国大米 1 000 公吨，麻袋装，以毛作净。5%溢短装，由卖方选择，按合同价格计算。(Chinese Rice，1 000 metric tons，Gross for Net，5% more or less at seller's option at the contract price.)

（二）订立数量条款的注意事项

1. 正确掌握成交货物的数量

对于出口商品数量的掌握，应考虑以下四点：

（1）国外市场的供求情况。要正确运用市场供求变化的规律，按照国外市场实际需要合理确定成交量，以保证我国出口商品卖得适当的价钱；对于我国主销市场和常年稳定供货的地区与客商，应经常保持一定的成交量，防止因成交量过小，或供应不及时，使国外竞争者乘虚而入，使我们失去原来的市场和客户。

（2）国内货源情况。在有生产能力和货源充足的情况下，可适当扩大成交量；反之，则不应盲目成交，以免给生产企业和履行合同带来困难。

（3）国际市场的价格动态。当价格看跌时，应多成交，快脱手；而当价格看涨时，不宜急于大量成交，应争取在有利时机出售。

（4）国外客户的资信状况和经营能力。对资信情况不明晰和资信欠佳的客户，不宜轻易签订成交数量较大的合同，对小客户也要适当控制成交数量，而对大客户成交数量过小，将缺乏一定的吸引力。总之，要根据客户的具体情况确定适当的成交数量。

对进口商品数量的掌握，要考虑以下三个因素：

（1）国内的实际需要。应根据实际需要确定成交量，以免盲目成交。

（2）国内的支付能力。当外汇充裕而国内又有需要时，可适当扩大进口商品的数量。如外汇短缺，应控制进口，以免浪费外汇和出现不合理的贸易逆差。

（3）市场行情的变化。当行情对我有利时，可适当扩大成交数量；反之，应适当控制成交数量。

2. 数量条款应当明确具体

例 5：中国盘锦产大米 500 公吨，单层新麻袋装，以毛作净

对计量单位的规定，以吨计量时，要订明是长吨、短吨还是公吨；以罗为单位时，要注明每罗的打数，力求避免使用含糊不清和笼统的字句，以免引起争议；对于“溢短装”和“约”量必须在合同中订明增减或伸缩幅度的具体百分比。在合同中一般不宜采用“大约”、“近似”、“左右”等字样，如果采用了约数，又没有在合同中订明增减或伸缩幅度的具体百分比，根据国际商会制定的《跟单信用证统一惯例》的规定：对约数可解释为不超过 10%的增减幅度。

3. 合理规定数量机动幅度

在粮食、矿砂、化肥和食糖等大宗商品的交易中，由于受商品特性、货源变化、船舱容量、装载技术和包装等因素的影响，要求准确地按约定的数量交货，有时存在一定的困难，为了使交货数量具有一定范围内的灵活性和便于履行合同，买卖双方可在合同中规定数量机动幅度条款，即数量增减条款或溢短装条款。只要卖方交货数量在约定的增减幅度范围内，就算按合同规定数量交货，买方就不得以交货数量不符为由而拒收货物或提出索赔。为了订好数量机动幅度条款，需要注意下列几点：

（1）数量机动幅度的大小要适当。

数量机动幅度的大小通常都以百分比表示，如 3% 或 5% 不等。关于分批装运中机动幅度的规定：第一，只对合同数量规定一个百分比的机动幅度，而对每批分运的具体幅度不作规定，在此情况下，只要卖方交货总量在规定的机动幅度内，就算按合同数量交了货；第二，除规定合同数量总的机动幅度外，还规定每批发运数量的机动幅度，在此情况下，卖方总的交货量，就要受上述总机动幅度的约束，而不能只按每批发运数量的机动幅度交货，这就要求卖方根据过去累计的交货量，计算出最后一批应交的数量。

（2）机动幅度选择权的规定要合理。

在合同规定有机动幅度的条件下，由谁行使这种机动幅度的选择权则有三种情况：第一，由卖方选择。一般来说，机动幅度是由履行交货的一方，也就是由卖方选择；第二，由船方选择。如果涉及海洋运输，交货量的多少与承载货物的船只的舱容关系非常密切，在租用船只时，就得跟船方商定。所以，在这种情况下，交货机动幅度一般是由负责安排船只的一方（如 FOB 的买方）选择，或是干脆由船长根据舱容和装载情况做出选择；第三，由买方选择。

因此，为了明确起见，由谁行使数量机动幅度的选择权最好是在合同中作出明确合理的规定。过去，我国按 FOB 条件从国外进口一项大宗商品，合同规定卖方交货总数和每批装船数量均有 5% 的机动幅度，此项机动幅度都由卖方确定。显然，此项规定是极不合理的，今后应当避免。此外，当成交某些价格波动剧烈的大宗商品时，为了防止卖方或买方利用数量机动幅度条款，根据自身的利益故意增加或减少装船数量，也可在机动幅度条款中加订："此项机动幅度只是为了适应船舶实际装载量的需要时才能适用。"

（3）溢短装数量的计价方法要公平合理。

溢短装数量的计价方法有以下四种：第一，按合同价格计算；第二，按装船日的行市计算；第三，按到货日的行市计算；第四，按双方协议的价格计算。

目前，对机动幅度范围内超出或低于合同数量的多装或少装部分，一般是按合同价格结算，这是比较常见的做法。但是，数量上的溢短装在一定条件下关系到买卖双方的利益。在按合同价格计价的条件下，交货时市价下跌，多装对卖方有利；但如市价上升，多装却对买方有利。因此，为了防止有权选择多装或少装的一方当事人利用行市的变化，有意多装或少装以获取额外的好处，也可在合同中规定，多装或少装的部分不按合同价格计价，而是按照装船时或货到时的市价计算，以体现公平合理的原则。如双方对装船时或货到时的市价不能达成协议，则可交由仲裁解决。

知识练习与实训

知识练习：

一、单项选择题

1. 商品的毛重是指（　　）。

A. 商品的包装重量　　B. 商品自重加内包装的重量

C. 商品的自重　　D. 商品自重加内外包装的重量

2. 按重量买卖的商品，若合同中未规定计算重量的方法时，习惯上按（　　）计重。

A. 毛重　　B. 净重　　C. 公量　　D. 毛、净重各50%

3. 出口羊毛计算重量，通常采用的计量方法是（　　）。

A. 毛重　　B. 净重　　C. 公量　　D. 理论重量

4. 买卖合同中规定溢短装条款，是允许卖方（　　）。

A. 在交货质量上有一定幅度的差异　　B. 在交货数量上有一定幅度的差异

C. 在包装规格上有一定幅度的差异　　D. 在交货品质上有一定幅度的差异

5. 根据《UCP600》，除非信用证规定货物的数量不得有增减外，在所支付款项不超过信用证金额的条件下，货物数量准许有（　　）的增减幅度。

A. 4%　　B. 5%　　C. 8%　　D. 10%

6. 我方向国外出口商品50公吨，每公吨300美元，合同数量可增减10%。国外开来信用证金额为15 000美元，数量约50公吨。我方在交货时，市场价格呈下跌趋势，我方应交货(　　)。

A. 40公吨　　B. 45公吨　　C. 50公吨　　D. 55公吨

7. 在国际贸易中，适用于低值商品的计量方法是（　　）。

A. 毛重　　B. 净重　　C. 理论重量　　D. 公量

8. 国际贸易中最常见的计重办法是（　　）。

A. 毛重　　B. 净重　　C. 公量　　D. 理论重量

9. 合同中的数量，买方在交货时可溢交或短交百分之几，这种规定叫（　　）。

A. 数量机动幅度条款　　B. 品质公差条款

C. 数量增减条款　　D. 溢短装条款

10. 合同中的数量条款为“1 000M/T 允许5%增减幅度”，则卖方交货数量可以是(　　)。

A. 940M/T　　B. 1 100M/T

C. 1 500M/T　　D. 950M/T到1 050M/T之间任意数量

二、多项选择题

1. 计算重量的方法有（　　）。

A. 毛重　　B. 净重　　C. 公量

D. 理论重量　　E. 法定重量

2. 国际贸易中使用的计量单位主要有（　　）。

A. 高度　　B. 数量　　C. 长度

D. 宽度　　E. 体积和容器

3. 有关名词的概念，正确的有（　　）。

A. 公量是指在计算货物重量时，用科学仪器抽去商品中所含的水分，再加上标准含水量所求得的重量

B. 净重是指除去包装物后的商品实际重量，即商品本身的重量

C. 法定重量是指商品加上直接接触商品的包装物料，如销售包装等的重量

D. 某些价格较低的商品，包装价与商品价差不多或因包装本身不便分别计量，常按毛重计价，称为“以毛作净”

4. 合同中的数量条款为“1 000M/T With 5% more or less at Seller's option”，则卖方交货数量可以是（　　）。

A. 950M/T　　B. 1 000M/T　　C. 1 500M/T

D. 1 050M/T　　　E. 950M/T 到 1 050M/T 之间任意数量

5. 在国际贸易中，常用的度量衡制度有（　　）。

A. 公制　　B. 英制　　C. 美制　　D. 国际单位制

6. 数量条款主要涉及（　　）

A. 数量机动幅度的确定　　B. 计量单位的确定

C. 计量方法的确定　　D. 成交数量的确定

E. 品质公差的确定

三、问答题

1. 何谓溢短装条款？溢短装的选择权由谁掌握比较合适？

2. 国际货物买卖合同中数量条款应注意哪些问题？

职业实训：

1. 某进出口公司出口一批商品，合同和信用证都规定不准分批装运，数量为 20 公吨，纸箱包装，每箱 20 公斤，共 1 000 箱，按《UCP600》的规定，卖方可否多交或少交货物？理由何在？

2. 某公司拟对美国出口某商品 1 万公吨，对外报价为每公吨（以毛作净）300 美元，FOB 新港，国外回电要求改报 CFR 旧金山。运价表中运费为每吨 50 美元（按短吨计算）。我方业务员以 CFR = FOB + 运费计算，运费为每吨 50 美元，报价为 CFR 价 350 美元。此报价是否正确？

任务三　拟定包装条款

☞ 学习目标

1. 了解国际贸易合同中包装条款的重要性。

2. 掌握包装的类型和要求、运输包装标志的类型和内容，了解国际贸易中中性包装的作用。

3. 掌握合同中包装条款的内容以及拟定包装条款的注意事项。

☞ 技能目标

1. 能够正确拟定国际贸易合同中的包装条款。

2. 能够灵活处理国际贸易中买卖双方的包装纠纷。

☞ 导入案例

国内某贸易公司向英国出口一批大豆，合同中规定数量为 2 000 公吨，用麻袋装。出口方在转运中由于麻袋数量不足，有 200 公吨的货物改用了塑料袋装。

◈ 思考题

请结合上述案例资料，讨论回答问题：若进口方收到货物后发现这一情况，可以采取什么处理方法？为什么？

一、包装条款的意义

国际贸易中商品种类繁多，性质特点和形状各异，因而它们对包装的要求也各不相同，除少数商品难以包装、不值得包装或根本没有包装的必要而采取裸装或散装的方式外，其他绝大多数商品都需要有适当的包装。商品包装的意义在于便于商品的运输、装卸、搬运、储存、保管、清点、美化宣传、提高身价、吸引顾客、扩大销路、增加售价，便于消费者认购、携带和使用。总之，包装是为了保护商品在流通过程中的品质完好和数量完整，实现商品的使用价值和增值。

在国际货物买卖中，包装是说明货物的重要组成部分，包装条件是买卖合同中的一项主要条件。根据《联合国国际货物买卖合同公约》第35条规定，卖方必须按照合同规定的方式装箱或包装。如卖方交付的货物未按合同约定的条件装箱或包装，就构成了违约，买方有权拒收货物。因此，为了明确双方当事人的责任，通常都在买卖合同中对商品的包装作出明确和具体的规定。

根据包装在商品流通过程中所起的作用不同，可分为运输包装和销售包装两类。

二、运输包装

运输包装习惯上称为大包装或外包装，其主要作用在于保护商品，防止在储运过程中发生货损货差。运输包装又分为：

（一）单件运输包装

单件运输包装指货物在运输过程中作为一个计件单位的包装。单件运输包装又可以进行如下分类：

（1）按包装形式不同，可分为箱、袋、桶、瓶、罐、坛、篓等。

（2）按包装材料不同，可分为纸制包装，金属包装，木制包装，塑料包装，麻制品包装，竹、柳、草制品包装，玻璃制品包装和陶瓷包装等。

（二）集合运输包装

集合运输包装指将若干单件运输包装组合成一件大包装，以便于有效地保护商品，提高装卸效率和节省运输费用。在国际贸易中，常见的集合运输包装有如下几种：

1. 集装箱（Container）

目前国际上通用的集装箱规格很多，但最通用的是8英尺×8英尺×20英尺和8英尺×8英尺×40英尺两种。20英尺集装箱的载货重量，最多可达18公吨，其容量为31～35立方米。一般计算集装箱的流量时，通常以20英尺集装箱为一个标准单位，通称“TEU”。

2. 托盘（Pallet）

托盘是按一定规格制成的单层或双层平板载货工具，在平板上将若干单件包装的商品，码在托盘上，然后用绳索、收缩薄膜或拉伸薄膜等物料，将商品与托盘组合加固起来，组成一个运输单位，便于在运输过程中使用机械进行装卸、搬运和堆放。托盘货物一般重1～1.5公吨。托盘通常以木制为主，但也有用塑料、金属等制成的。常见的托盘有平板托盘和箱型托盘等。

3. 集装袋和集装包（Flexible Container）

集装袋和集装包是一种用合成纤维或复合材料编织成的圆形大包，可容 1 ~4 公吨货物，最多可达 13 公吨。主要用于装载粉粒状货物，如化肥、矿砂、面粉、食糖、水泥等，有些国家为了提高货物的装卸速度和港口码头的使用效率，常常在信用证上规定进口货物必须使用集合运输包装，否则不准卸货。

（三）运输包装的标志

运输包装的标志指在货物的运输包装明显处、印刷一定的图形或文字，以资人们识别或提醒人们操作时注意的标志。运输包装标志有以下三种：

1. 运输标志（Shipping Mark）

运输标志又称唛头，通常是由一个简单的几何图形和字母、数字及简单的文字组成。其作用在于使货物在装卸、运输、保管过程中容易被有关人员识别，以防错发错运。运输标志的主要内容包括：

（1）目的地的名称或代号；

（2）收、发货人的代号；

（3）件号、批号。

唛头写在产品的运输包装上，分正唛和侧唛。一般来说正唛是买方提供的，会显示商品的牌子、名称、合同号、型号、目的地等资料。而侧唛则显示商品的尺寸、毛重、净重等资料，用于买方在目的国收货拆柜后，辨认货物之用。图 3 - 1 为正唛和侧唛示例图：

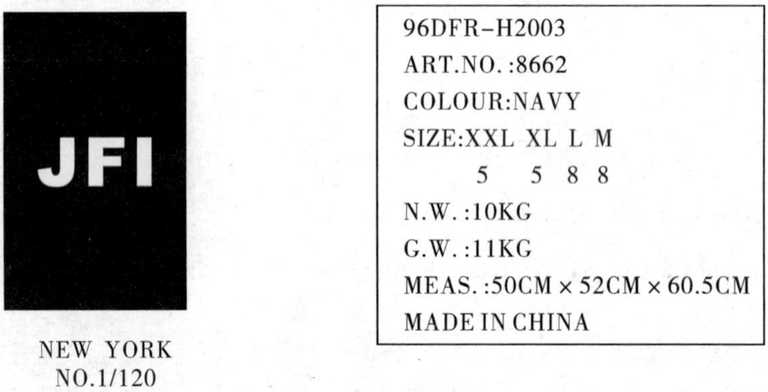

正唛　　侧唛

图 3 - 1　唛头

此外，有的运输标志还包括原产地、合同号、许可证号和体积与重量等内容。联合国欧洲经济委员会简化国际贸易程序工作组，在国际标准化组织和国际货物装卸协调协会的支持下，制定了一套运输标志向各国推荐使用。该标准运输标志包括：

（1）收货人或买方名称的英文字母缩写或简称；

（2）参考号：如运单号、订单号、发票号、合同号；

（3）目的地：货物最终目的地或目的港的名称；

（4）件号：包装货物的每件货物的顺序号和总件数均需标上，如：“NO. 1/100”、“NO. 2/100”、“NO. 100/100”。

2. 指示性标志

指示性标志指提示人们在装卸、运输和保管货物过程中需要注意的事项的标志。如在易碎商品的外包装上标以“小心轻放”，在受潮后易变质的商品外包装上标以“防止受潮”，并配以图形指示，故指示性标志又称为安全标志或注意标志。为了统一各国运输包装指示标志的图形与文字，一些国际组织，如国际标准化组织、国际航空运输协会分别制定了运输包装指示性标志，并建议各会员国予以采纳。图 3－2 是部分指示性标志。

图 3－2　指示性标志

3. 警告性标志

警告性标志又称危险品标志，是指在易燃品、爆炸品、有毒品、腐蚀性物品、放射性物品的运输包装上用表明其危险性质的文字或图形加以说明。它可引起人们在运输、储存、保管、搬运等活动中的注意。如图 3－3 所示。

图 3－3　警告性标志

三、销售包装

销售包装又称为小包装、内包装、直接包装和陈列包装，是直接接触商品并随商品进入零售网点和消费者或用户直接见面的包装。除了保护货物外，销售包装还拥有便于消费者识别、选购、携带和使用的功能，更具有美化宣传和无声推销的作用。销售包装又分为零售包装和批发包装两种。

在进出口业务中，在商品的销售包装上，我们应该注意以下问题：

（1）了解进口国对销售包装的规定。在国际贸易中，由于各国国情不同，以及文化差异的存在，对商品的包装材料、结构、图案及文字标识等要求不同，了解这些规定，对我国外贸出口大有裨益。在销售包装材料上，某些国家作出了特殊规定。如美国环境保护局规定，为了防止儿童误服药品、化工品，凡属于防毒包装条例和消费者安全委员会管辖的产品，必须使用保护儿童安全盖。在销售包装的文字内容上，某些国家要求较高。如日本政府规定，凡销往日本的药品，必须说明成分、服用方法以及功能，否则海关就有权扣留，不能进口。在销售包装上文字的语种要求上，很多国家也有特别的规定。例如，加拿大政府规定，进口商品说明必须有英法文对照；运往法国的产品的装箱单及商业发票必须用法文。

（2）销售包装的图案和色彩应适应有关国家的民族习惯和爱好，在设计装潢画面时，应投其所好，以利扩大出口。如阿拉伯国家规定进口商品的包装禁用六角星图案，因为六角星与以色列国旗中的图案相似，阿拉伯国家对有六角星图案的东西非常反感和忌讳；利比亚对进口商品的包装禁止使用猪和女性人体的图案。

（3）出口商品的销售包装上应印有条形码标志。条形码（见图 3－4）是由一组配有数字的黑白及粗细间隔不等的平行条纹所组成，它是一种利用光电扫描阅读设备为计算机输入数据的特殊代码语言。目前，世界许多国家都在商品包装上使用条形码。只要将条形码对准光电扫描器，计算机就能自动地识别条形码的信息，确定品名、品种、数量、生产日期、制造厂商及产地等，并据此在数据库中查询其单价，进行货款结算，打出购货清单，有效地提高了结算的效益和准确性。目前，许多国家的超级市场都使用条形码技术进行自动扫描结算，如果商品包装上没有条形码，即使是名优商品，也不能进入超级市场而只能当作低档商品进入廉价商店，有些国家甚至对某些商品包装作出无条形码标志即不予进口的规定。为扩大出口，1941 年 4 月我国正式加入国际物品编码协会，该协会分配给我国的国别号为 690，凡标有 690、691、692 条形码的商品，即表示是中国出产的商品。

图 3－4　条形码标志

四、中性包装和定牌

1. 中性包装

中性包装是指既不标明生产国别、地名和厂商的名称，也不标明商标或牌号的包装，包括无牌中性包装和定牌中性包装两种。前者是指包装上既无生产地名和厂商名称，又无商标、品牌；后者是指包装上仅有买方指定的商标或品牌，但无生产地名和出口厂商的名称。

采用中性包装的目的主要是为了打破进口国家和地区实行的各种限制和政治歧视，是扩大商品出口的一种竞争手段。目前，某些出口商品使用中性包装已成为国际贸易中的一种习惯做法。我们采用中性包装有利于打破某些国家和地区对我国商品实行关税和不合理的配额限制，使我国商品能进入这些国家和地区的市场。

2. 定牌

定牌是指卖方按买方要求在其出售的商品或包装上标明买方指定的商标或品牌。定牌的具体做法有以下几种：

（1）对某些国外大量的、长期的、稳定的订货，为了扩大销售，可以接受买方指定的商标，不加注生产国别的标志，即定牌中性包装。

（2）接受国外买方指定的商标或品牌，但在商标或品牌下标明“中华人民共和国制造”或“中国制造”。

（3）接受国外买方指定的商标或品牌，同时在商标或品牌下注明由买方所在国家工厂制造，即定牌定产地。

五、包装条款的内容

包装条款一般包括包装材料、包装方式、包装规格、包装标志和包装费用负担等内容。在拟定包装条款时应注意：

（一）在合同中要明确规定包装材料、包装方式和规格

例如：“纸箱包装，每箱6块”；“布包，每包30匹，每匹45码”。

（二）根据商品的特点和运输方式的要求选择合适的包装材料、包装方式及包装规格，同时还要考虑进口国的要求

1. 包装材料

在选择包装材料时，除了要使其能满足货物的通常要求，还应该考虑到进口国对包装材料的特殊要求。例如，美国规定，为防止植物病虫害的传播，禁止使用稻草作包装材料，如被海关发现，必须当场销毁，并支付由此产生的一切费用。在订立条款时就应该充分考虑到这些方面，同时应该使用合同中规定的材料来包装。

案例：我国向加拿大出口一批货物，合同规定用塑料袋包装。由于备货时没有塑料袋，我方改用纸袋包装。货到后，为了适应市场的需要，加拿大进口商不得不雇人重新更换包装。后来加方向我方提起索赔，我方只得赔偿加方的损失。

分析：此案例就是因为我方擅自更改包装材料，导致包装材料不能符合进口国市场的需要，从而给进口商造成了损失，这样必然就会遭到索赔。在实际操作中，千万不要以为只改变包装没有改变货物品质就不是违背合同的。

2. 包装方式

包装方式既包括货物一个计件单位的包装，也包括若干单位包装组合成的一件大包装的规格。比如麻袋的大小，又如用盒装货物时，一盒应装几个或多重的货物等。包装的方式也应该满足商品运输以及销售的要求。

（三）约定包装时，应明确具体，不宜笼统规定

在国际贸易中，有时也使用“海运包装”或“习惯包装”等术语，但这种术语的内容不明确，各国理解不一，应避免使用。如要使用，应再订明使用什么包装材料。

（四）根据包装费用负担的不同情况，关于包装费用的内容可能在合同中列出，也可能不在合同中列出

包装费用由谁负担也是包装条款所需涉及的问题，包装费用由谁负担有三种规定方法：

1. 包装费包括在货价之内

这是一种通常的做法，一般不需要在合同中另外列明，即货物价格中已经计入包装费用，由卖方负担。

2. 包装费不包括在货价之内，或货价内只包括部分费用

这主要是针对国外客户对我出口商品包装有特殊要求时所采取的一种方法。如外商有特殊要求，可以采用包装费用由买方负担，或由买方提供包装物料（包括商标和其他装潢物料）。采取这种做法，必须在合同中加以明确规定，并且规定费用支付和包装物料运送的到达时间和方法。因包装费用或物料不及时交付所导致的生产和交货延误，应由对方负责。在规定到达时间，应留有一定余地。即使是由对方负担费用，我们也不能接受由于技术等条件所制约而办不到的包装要求。

3. 包装材料按货物价格计算

在货物成交数量采取“以毛作净”的情况下，货物的皮重成为成交数量的一部分，实际上是包装材料取得了与货物本身一样的价格。一般适用于包装费用便宜和货物单位重量价格也不高的情况，如粮食的麻袋包装等。

知识练习与实训

知识练习：

一、单项选择题

1. 在买卖合同的包装条款及有关运输的单据中，涉及运输包装上的标志是(　　)。

A. 警告性标志　　B. 指示性标志　　C. 运输标志　　D. 条形码标志

2. 在国际贸易中，运输标志的式样和文字一般由（ ）。

A. 买方提供　　B. 卖方提供

C. 运输部门设计并刷制　　D. 生产经营单位设计并刷制

3. “小心轻放”、“禁用手钩”等标志是（　　）。

A. 运输标志　　B. 指示性标志　　C. 警告性标志　　D. 识别标志

4. 定牌中性包装是指（　　）。

A. 有商标、品牌，无产地、厂名　　B. 无商标、品牌，无产地、厂名

C. 无商标、品牌，有产地、厂名　　D. 有商标、品牌，有产地、厂名

5. 运输标志是指（　　）。

A. 商品内包装上的标志　　B. 商品外包装上的标志

C. 运输工具上的标志　　D. 待运货物的标志

6. 某外商订购我“华生”牌电扇，但要求改用“钻石”商标，并要求包装上不能有任何“中国制造”或类似字样，这属于（　　）。

A. 无牌中性包装　　B. 定牌中性包装　　C. 普通包装　　D. 无牌包装

二、多项选择题

1. 国际标准化组织推荐的标准运输标志，应包括的内容是（　　）。

A. 收货人名称的缩写或简称　　B. 参考号（订单号、发票号）

C. 目的地　　D. 件号或箱号　　E. 产地标志

2. 出口商品采用中性包装就是（　　）。

A. 包装上仅有外商指定的商标或牌号，但无生产地名和厂商名称

B. 包装上既无商标、牌号，又无生产地名和厂商名称

C. 在采用外商指定的商标或牌号同时，标示“中国制造”字样

D. 包装上无商标或牌号，仅注明“中国制造”字样

E. 习惯包装

3. 运输包装上的标志，按其用途可分为（　　）。

A. 运输标志　　B. 指示性标志　　C. 警告性标志

D. 质量标志　　E. 使用性标志

4. 包装条款的内容主要包括（　　）。

A. 包装材料　　B. 包装方式　　C. 包装规格

D. 包装标志　　E. 包装费用

三、问答题

1. 订立国际货物买卖合同中的包装条款应注意哪些问题？

2. 什么是中性包装？在什么情况下使用中性包装？

职业实训：

1. 菲律宾客户与上海某自行车厂洽谈进口“永久牌”自行车10 000辆，但要求我方改用“剑”牌商标，并在包装上不得注明“Made In China”字样。买方为何提出这种要求？我方能否接受？为什么？

2. 我某公司出口一批货物，合同中约定用牛皮纸包装，但在履约时，卖方没有找到足够的包装材料，于是用价格较贵的塑料纸包装，货物完好无损地到达了目的地，此时恰逢该商品价格暴跌。对方在检查货物后，以我方违反包装条件为由，拒收货物。对方拒收是否合理？为什么？

3. 某公司外售杏脯1.5公吨，合同规定用纸箱包装，每箱15公斤（内装15小盒，每小盒1公斤）。交货时，因为没有这样包装的货物，该公司改为小包装交货（每箱15公斤，内装30小盒，每小盒0.5公斤）。结果外商以货物包装不符合规格为由提起索赔，我方理亏，不得不进行赔偿。试对此案例进行分析。

任务四 拟定价格条款

☞ 学习目标

1. 了解国际贸易合同中价格条款的重要性。

2. 掌握进出口商品价格的制定原则和方法，了解影响商品价格的各种因素，掌握主要贸易术语的价格换算、佣金与折扣的含义及计算方法、国际货物买卖合同中价格条款的规定办法、作价方法，了解计价货币的选择、出口换汇成本和盈亏率的计算。

3. 掌握合同中价格条款的内容以及拟定价格条款的注意事项。

☞ 技能目标

1. 能够正确拟定国际贸易合同中的价格条款。

2. 能够灵活处理国际贸易中买卖双方的价格纠纷。

☞ 导入案例

位于铁路交通干线的我国内地某外贸公司，于2009年5月向法国出口60公吨石墨电极。由于该公司在上海设有办事处，便以FOB术语成交，每公吨425美元，FOB上海，共计25 500美元，即期信用证，装运期2009年5月28日之前。这样，货物于2009年5月20日运到上海，由上海办事处负责订箱装货。不料货物到达上海的第五天，仓库失火，抢救不及，全部货物受损无法出售。办事处立即通知内地的公司总部要求尽快补发60公吨货物，否则无法按期装船。但恰逢该外贸公司货源紧张，只好要求法商将信用证的有效期和装运期各延长15天，所有损失也只能由该公司负担。

◈ 思考题

请结合上述案例资料，讨论回答以下问题：

1. 我贸易公司应吸取什么教训？

2. 在拟定价格条款的时候，应该注意什么问题？

在国际货物买卖中，如何确定进出口商品价格和规定合同中的价格条款，是交易双方最为关心的一个重要问题。在实际业务中，正确掌握进出口商品价格，合理采用各种作价办法，选用有利的计价货币，适当运用与价格有关的佣金和折扣，并订好合同中的价格条款，对体现对外政策、完成进出口任务和提高外贸经济效益，都具有十分重要的意义。

一、出口价格的核算

（一）价格制定的原则

价格制定是指在国际贸易中，经过核算后，向对方报价或接受对方的报价，确定商品的成交价格。价格制定是一个复杂的问题，在确定进出口商品价格时，一般应遵循下列三个原则：

1. 按照国际市场价格水平作价

国际市场价格是以商品的国际价值为基础在国际市场竞争中形成的，是交易双方都能接受的价格，也是我们确定进出口商品价格的客观依据。

2. 要结合国别、地区政策作价

为了使外贸配合外交，在参照国际市场价格水平的同时，也可适当考虑国别、地区政策。

3. 要结合购销意图

进出口商品价格在国际市场价格水平的基础上，可根据购销意图来确定，即可略高或略低于国际市场价格。

（二）影响进出口商品价格的因素

在确定进出口商品价格时，除遵循以上原则外，还要考虑以下因素：

1. 商品的质量和档次

在国际市场上，一般都是按质论价，即优质高价，劣质低价。品质的优劣、包装装潢的好坏、款式的好坏和新旧以及商标、牌名的知名度，都会影响商品的价格。

2. 交货地点和交货条件

在国际贸易中，由于交货地点和交货条件不同，买卖双方承担的责任、费用和风险也不同，在确定进出口商品价格时，必须首先考虑这一因素。例如，在同一距离内成交的同一商品，按 CIF 条件成交与按 DES（到货港船上交货）条件成交，其价格应当不同。

3. 运输距离

国际商品买卖，一般都要经过长途运输，运输距离的远近关系到运费和保险费的开支，从而影响到商品价格。因此，在确定商品价格时，必须核算运输成本，作好比价工作。

4. 季节性需求的变化

在国际市场上，某些节令性商品，如赶在节令前到货，抢行应市，即能卖上好价。过了节令的商品往往售价很低，甚至以低于成本的“跳楼价”出售。因此，应充分利用节令因素，争取以有利的价格成交。

5. 成交数量

按国际贸易的习惯做法，成交量的大小直接影响价格，成交量大，在价格上应予适当的优惠，或采用数量折扣办法；反之，成交量小，可适当提价。

6. 支付条件和汇率变动的风险

支付条件是否有利和汇率变动风险的大小，都影响商品的价格。例如，在其他条件相同的情况下，采取预付货款同采取凭信用证付款方式，其价格应有区别。同时，确定商品价格时，一般应采用对自身有利的货币成交。如采用不利货币成交时，应把汇率风险考虑到商品价格中去，即适当提高价格，降低买价。

此外，交货期的远近、市场销售习惯和消费者的爱好等因素，对确定价格也有不同程度的影响，我们必须通盘考虑和正确掌握。

（三）加强商品成本核算

在价格掌握上，要注意加强成本核算，以提高经济效益，防止出现不计成本、不计盈亏和单纯追求成交量的偏向。尤其在出口方面，强调加强成本核算，掌握出口总成本、出口销售外汇净收入和人民币净收入的数据，并计算和比较各种商品出口的盈亏情况，更有现实意义。出口总成本是指出口商品的进货成本加上出口前的一切费用和税金。出口销售外汇净收入是指出口商品按 FOB 价出售所得的外汇净收入。出口销售人民币净收入是指出口商品的 FOB 价按当时的外汇牌价折成人民币的数额。

1. 出口商品换汇成本

出口商品换汇成本是以某种商品的出口总成本与出口所得的外汇净收入之比，得出用多少人民币换回一美元。出口商品换汇成本如高于银行的外汇牌价，则出口为亏损；反之，则说明出口盈利。其计算公式为：

出口商品换汇成本 = 出口总成本（人民币）/出口销售外汇净收入（美元）

例 1：某出口商品每公吨进货成本 7 000 元人民币，商品流通费用 2 000 元人民币，成交价为 CIFC 3% 每公吨 1 200 美元，其中含运费 42.37 美元，保险费 8.58 美元，佣金 36 美元。求该商品的换汇成本。

解：出口总成本 = 7 000 + 2 000 = 9 000（元）

FOB = CIFC − C − I − F

= 1 200 − 36 − 8.58 − 42.37

= 1 113.05（美元）

换汇成本 = 9 000/ 1 113.05

= 8.09（RMB/USD）

2. 出口商品盈亏率

出口商品盈亏率是指出口商品盈亏额与出口总成本的比率。出口盈亏额是指出口销售人民币净收入与出口总成本的差额，前者大于后者为盈利，反之为亏损。计算公式为：

出口商品盈亏率 =（出口销售人民币净收入 − 出口总成本）/出口总成本 × 100%

例 2：例 1 中，设该出口商品共 200 公吨，求盈亏率（人民币对美元为 1 : 6.5）。

解：出口销售人民币净收入（FOB）=（CIFC − C − I − F）× 6.5

=（1 200 − 36 − 8.58 − 42.37）× 6.5

= 1 113.05 × 6.5 = 7 234.83（元）

盈亏额 = 7 234.83 − 9 000 = −1 765.175（元）

盈亏率 = −1 765.175 /9 000 = −19.6%

3. 出口创汇率

出口创汇率是指加工后成品出口的外汇增值额与原料外汇成本的比率。外汇增值额是指成品出口外汇成本之差，如原料为国产品，其外汇成本可按原料的 FOB 出口价计算；如原料是进口的，则按该原料的 CIF 价计算。计算公式为：

出口创汇率 =（成品出口外汇净收入 − 原料外汇成本）/原料外汇成本 × 100%

例 3：某商品进口原料每公吨 CIF 价为 32 250 美元，加工成品出口外汇净收入为每打 120 美元，每公吨进口原料可加工 300 打商品出口，求每公吨进口原料的外汇增值额和外汇增值率。

解：外汇增值额 = 成品出口外汇净收入 − 原料外汇成本

= 120 × 300 − 32 250

= 3 750（美元）

外汇增值率 = 3 750/32 250 × 100% = 11.63%

（四）掌握不同术语间价格换算方法

现将最常用的 FOB、CFR 和 CIF 三种价格的换算方法及公式介绍如下：

1. FOB 价换算为其他价

CFR 价 = FOB 价 + 国外运费

CIF 价 = （FOB 价 + 国外运费）/（1 − 保险费率 × 投保加成）

CIF 价 = FOB 价 + 国外运费 + 保费 = FOB 价 + 国外运费 + CIF 价 × 投保加成 × 保险费率

2. CFR 价换算为其他价

FOB 价 = CFR 价 − 国外运费

CIF 价 = CFR 价/（1 − 投保加成 × 保险费率）

3. CIF 价换算为其他价

FOB 价 = CIF 价 ×（1 − 投保加成 × 保险费率）− 国外运费

CFR 价 = CIF 价 ×（1 − 投保加成 × 保险费率）

例 4：某出口公司对外报价牛肉罐头 2.20 美元/听 CIF 古晋，按发票金额加成 10% 投保一切险，保险费率 0.3%，客户要求改报 CFR 价格，请问该报多少？

解：CFR 价 = CIF 价 ×（1 − 投保加成 × 保险费率）

= 2.2 × [1 −（1 + 10%）× 0.3%] = 2.193（美元）

二、价格制定的方法

一般来说，买卖双方事先应确定价格。但是，在实际业务中，有的买卖双方认为应以将来某个时间的市场价格作为具体的成交价格，或者根据实际情况的需要调整价格，于是，买卖双方事先不确定价格或确定一个基础价格，具体的成交价格留待以后确定。因此，价格制定的方法可以分为以下几种：

（一）固定作价

买卖双方明确约定成交价格，履约时按此价格结算货款。这是我国进出口贸易中最常见的作价方法，也是国际上常用的方法。若无特殊规定，合同价格视为固定价格。合同价格一旦确定，必须严格执行，不可任意改动。采用固定价格，买卖双方要承担价格变动的风险。要减少价格风险可能给某一方带来损失，可采取：预测价格可能变化、慎重选择订约对象等措施。在价格条款中应至少具备如下四个方面：

（1）计价的数量单位，如“每公吨”；

（2）单位价格，如“100”；

（3）计价货币，如“美元”；

（4）贸易术语，如“FOB 广州”；

（5）其他约定。

例 5：USD 100/MT FOB Guangzhou

（二）非固定作价

非固定作价即一般业务上所说的“活价”，适用于行情频繁变动、价格涨落不定且交货期较长的合同，可以使买卖双方避免承担市价变动的风险。从我国进出口合同的实际做法看，主要有以下几种做法：

1. 具体价格待定

具体价格待定即在价格条款中不规定出具体价格，而是规定定价时间和定价方法或只规定作价时间而不规定作价方法。具体做法有以下两种：

（1）在价格条款中规定定价时间和作价方法

例 6：“按提单日期的国际市场价格计算”

（2）在价格条款中只规定定价时间

例7：“由双方在××年×月×日协商确定价格”

由于对作价方式未作出规定，容易导致双方发生争议，一般用于双方长期交往，有比较固定的交易习惯的合同。

2. 暂定价格

合同中先订立一个初步价格，作为开立信用证和初步付款的依据，待双方确定最后价格后再进行最后结算，多退少补。最后价格以交货前一段时间的市场情况作为依据。暂定价格往往用于与信用可靠、业务关系密切的客户之间的交易。

3. 部分价格固定，部分不固定

为了照顾买卖双方的利益，解决在定价方法上可能存在的分歧，可以采用部分固定价格，部分非固定价格的方法。尤其是分期交货的合同，可以在订约时将交货期近的价格固定下来，其余的在交货前一定期限内由双方议定价格。这种方法适用于大宗交易、分批交货的合同。

（三）价格调整条款（滑动价格）

在国际货物买卖中，随着许多国家通货膨胀的加剧，有的合同除规定的具体价格外，还规定有各种不同的价格调整条款。价格调整条款又称价格修正条款，是指在定约时只规定初步价格，同时规定，如原材料价格和工资等发生变化，按原材料价格和工资等的变化来计算合同的最终价格。例如：“如卖方对其他客户的成交价高于或低于合同价格的5%，对本合同未执行的数量，双方协商调整价格。”这种做法的目的是把价格变动的风险规定在一定范围之内，以提高客户经营的信心。该条款主要适用于生产加工周期较长的机器设备等商品的合同。

三、佣金与折扣的运用

在价格条款中，有时会涉及佣金和折扣。价格条款中所规定的价格，可分为包含有佣金或折扣的价格和不包含这类因素的净价。包含有佣金的价格，在业务中通常称为“含佣价”。

（一）佣金

1. 佣金的含义

在国际贸易中，有些交易是通过中间代理商进行的，因中间商介绍生意或代买代卖而向其支付一定的酬金，此项酬金叫佣金。凡在合同价格条款中，明确规定佣金的百分比，叫做明佣。不标明佣金的百分比，甚至连佣金字样也不标示出来，有关佣金的问题，由双方当事人另行约定，这种暗中约定佣金的做法叫做暗佣。佣金直接关系到商品的价格，货价中是否包括佣金和佣金比例的大小，都影响商品的价格。显然，含佣价比净价要高。正确运用佣金，有利于调动中间商的积极性和扩大交易。

2. 佣金的规定方法

（1）在商品价格中包括佣金时，通常应以文字来说明。例如，“每公吨200美元CIF旧金山包括2%佣金（U.S.$200 PER M/T CIF San Francisco including 2% commission）”。

（2）也可以在贸易术语上加注佣金的缩写英文字母“C”和佣金的百分比来表示。例如：“每公吨200美元CIF C 2%旧金山（U.S.$200 PER M/T CIFC2% San Francisco）”。

（3）商品价格中所包含的佣金除用百分比表示外，也可以用绝对数来表示。例如，“每公吨付佣金 25 美元”。

如中间商为了从买卖双方获取“双头佣金”或为了逃税，有时要求在合同中不规定佣金，而另按双方暗中达成的协议支付。佣金的规定应合理，其比率一般掌握在 1% 至 5% 之间，不宜偏高。

3. 佣金的计算与支付方法

在我国进出口业务中，佣金的计算方法不一致，有按成交金额约定的百分比计算的，也有按成交商品的数量计算。在按成交金额计算时，有的以发票总金额作为计算的佣金的基数，有的则以 FOB 总值为基数来计算佣金。

关于计算佣金的公式如下：

佣金额 = 含佣价 × 佣金率

净价 = 含佣价 - 单位货物佣金额

上述公式也可写成：

净价 = 含佣价 × （1 - 佣金率）

含佣价 = 净价/（1 - 佣金率）

例 8：某商品出口成交价每公吨 1 000 美元 FOBC5% 广州，该商品应付佣金多少？

解：佣金 = 含佣价 × 佣金率 = 1 000 × 5% = 50（美元）

佣金的支付一般有两种做法：一种是由中间代理商直接从货价中扣除佣金；另一种是在委托人收清货款之后，再按事先约定的期限和佣金比率，另行付给中间代理商。在支付佣金时，应防止错付、漏付和重付等事故的发生。

（二）折扣

1. 折扣的含义

折扣是指卖方按原价给予买方一定百分比的减让，即在价格上给予适当的优惠。国际贸易中使用的折扣，名目很多，除一般折扣外，还有为扩大销售而使用的数量折扣，为实现某种特殊目的而给予的特别折扣以及年终回扣等。凡在价格条款中明确规定折扣率的，叫做明扣。折扣直接关系到商品的价格，货价中是否包括折扣和折扣率的大小都影响商品的价格，折扣率越高，则价格越低。

2. 折扣的规定方法

在国际贸易中，折扣通常在规定价格条款时，用文字明确表示出来。例如“CIF 伦敦每公吨 200 美元，折扣 3%”（U. S. $ 200 per metric ton CIF London including 3% discount），此例也可以这样表示“CIF 伦敦每公吨 200 美元，减 3% 折扣”（U. S. $ 200 per metric ton CIF London less 3% discount）。折扣也可以用绝对数来表示，如“每公吨折扣 6 美元”。

在实际业务中，也可以用 CIFD 或 CIFR 来表示 CIF 价格中包含折扣。这里的 D 和 R 是 Discount 和 Rebate 的缩写。鉴于贸易术语中加注的 D 或 R 含义不清，可能引起误解，故最好不使用此缩写语。

3. 折扣的计算与支付方法

折扣通常是以成交额或发票金额为基础计算出来的。

折扣额 = 原价（或含折扣价）× 折扣率

卖方实际净收入 = 原价 - 单位货物折扣额

折扣一般是在买方支付货款时预先予以扣除的，也有的折扣金额不直接从货价中扣除，而按暗中达成的协议另行支付给买方，这种做法通常在给暗扣或回扣时采用。

例9：某出口商品对外报价为FOB上海价每打50美元，含3%折扣，如出口该商品1 000打，试计算其折扣额和实收外汇。

解：折扣额 = 1 000 × 50 × 3% = 1 500（美元）

实收外汇 = 1 000 × 50 − 1 500 = 48 500（美元）

四、价格条款

1. 价格条款的内容

合同中的价格条款，一般包括商品的单价和总值两项基本内容，至于确定单价的作价办法和与单价有关的佣金与折扣的运用，也属价格条款的内容。商品的单价通常由四个部分组成，即计量单位、单位价格金额、计价货币和贸易术语，如在价格条款中可规定“每公吨200美元CIF伦敦”（USD 200/MT CIF London）。总值是指单价与成交商品数量的乘积，即一笔交易的货款总金额。

2. 规定价格条款的注意事项

（1）合理确定商品的单价，防止作价偏高或偏低。

（2）根据经济意图和实际情况，在权衡利弊的基础上选用适当的贸易术语。

（3）争取选择有利的计价货币，以免遭受币值变动带来的风险。如采用不利的计价货币时，应当加订保值条款。

（4）灵活运用各种不同的作价办法，以避免价格变动的风险。

（5）参照国际贸易的习惯做法，注意佣金和折扣的合理运用。

（6）如交货品质和数量约定有一定的机动幅度，则对机动部分的作价也应一并规定。

（7）如包装材料和包装费另行计价时，对其计价办法也应一并规定。

（8）单价中涉及的计量单位、计价货币、装卸地名称，必须书写正确、清楚，以利于合同的履行。

知识练习与实训

知识练习：

一、单项选择题

1. 如果我对外报价中包含有折扣，则折扣率越高，商品的实际价格（　　）。

A. 越高　　B. 越低　　C. 不变　　D. 不确定

2. 下列关于我国出口单价表述正确的是：（　　）。

A. FOB伦敦每吨120美元　　B. 每箱95英镑CIF伦敦

C. CIF纽约每件80元　　D. 每箱200美元CFR美国

3. 价格条款的正确写法是（　　）。

A. 每件3.50元CIF香港　　B. 每件3.50美元CIF

C. 每件3.50元CIFC伦敦　　D. 每件3.50美元CIFC 2%伦敦

4. 某公司对外报价为每公吨500美元CIF纽约，外商要求改报CIFC5%纽约，我方报价应为（　　）。

A. 526.3美元　　B. 525美元　　C. 526.5美元　　D. 526.9美元

5. FOBC3中的“C3”是指（　　）。

A. 含3%的佣金　　B. 含3%的折扣　　C. 含3成的佣金　　D. 含3成的折扣

6. 下面哪一项不属于商品单价的组成部分：（　　）。

A. 计价货币　　B. 单位价格金额　　C. 贸易术语　　D. 运输方式

7. 某公司对外出口报价是每公吨500美元CIFC5%纽约，该报价是（　　）。

A. 含佣价　　B. 净价　　C. 成本价　　D. 折扣价

二、多项选择题

1. 非固定价格包括（　　）。

A. 暂定价格　　B. 部分固定、部分非固定价格

C. 待定价格　　D. 滑动价格

2. 影响成交价格的因素有（　　）。

A. 商品的质量、档次　　B. 运输距离

C. 交货条件和交货地点　　D. 成交数量

E. 国际市场价格走势　　F. 支付条件

3. 采用非固定价格的前提是（　　）。

A. 选择作价时间　　B. 明确订立作价标准

C. 订立价格调整条款　　D. 做好盈亏分析

4. 订立价格条款应注意的问题有（　　）。

A. 合理确定商品单价　　B. 选择适当的贸易术语

C. 选择有利的计价货币　　D. 灵活运用计价方法

E. 合理运用佣金和折扣

5. 在国际货物买卖中，作价的方法主要有（　　）。

A. 固定作价　　B. 价格调整条款　　C. 非固定作价　　D. 预付款

6. 折扣（　　）。

A. 从性质上看是一种优惠　　B. 是为了照顾老顾客、扩大销售等目的

C. 是付给中间商的报酬　　D. 以成交额或发票金额为基础计算

7. 按CIFC3%成交，出口外汇净收入需从成交价格中扣除（　　）。

A. 进货成本　　B. 国外运费　　C. 保险费　　D. 佣金

8. 在进出口合同中，单价条款包括的内容是（　　）。

A. 计量单位　　B. 单位价格金额　　C. 计价货币　　D. 贸易术语

三、问答题

1. 国际货物买卖合同中的价格条款的基本内容是什么？

2. 国际贸易中作价方法有哪些？如何运用？

职业实训：

1. 判断下列我方出口单价的写法是否正确，如有误，请更正并说明理由。

（1）每箱 35 美元 CIF 美国

（2）每公吨 7 500 日元 CIFC3% 大阪

（3）每打 75 元 FOB 伦敦

（4）每公吨 600 英镑 CFRC3% 上海

2. 某出口公司与某国一佣金商达成协议，CIFC5% 总金额 50 000 美元，装运期为订约后 2 个月从中国港口装运。签订合同后，该佣金商即来电要求我出口公司支付佣金 2 500 美元。我方复电称：佣金需待货物装运并收到全部货款后才能支付。于是，双方发生了争议。这起争议发生的原因是什么？

任务五　拟定装运条款

☞ 学习目标

1. 了解国际贸易合同中装运条款的重要性。

2. 了解运输方式的类型，掌握海洋运输方式的种类和特点以及海运提单的性质、种类和作用。

3. 掌握合同中装运条款的内容。

☞ 技能目标

1. 能够正确拟定国际贸易合同中的装运条款。

2. 能够灵活处理国际贸易中买卖双方有关装运的纠纷。

☞ 导入案例

我某公司与南美商人按 CIF 条件达成一笔花生酥糖交易，我方在规定时间内将货物装上直驶目的港的班轮，由于货轮陈旧，船速太慢且沿途到处揽活，结果航行 4 个月才到达目的港。花生酥糖因受热时间过长，全部软化，难以销售。外商就此向我方提出索赔。

◈ 思考题

请结合上述案例资料，讨论回答以下问题：

1. 我公司是否应该赔偿？

2. 我公司应该吸取什么教训？

商品装运是卖方履行的一项重要义务，也是买方非常关心的一个问题。商品装运涉及的内容较多，包括装运的时间和地点、是否允许分批装运和转运、运输方式和运输路线、装卸率和装卸费、装运通知、装运单据等。因此，在国际货物买卖合同中，要明确装运条件，规定好货物的运输方式和交付条件，以保证进出口交货任务得以顺利完成。

一、国际货物运输方式

国际贸易货物运输有很多种方式，包括海洋运输、铁路运输、航空运输、邮包运输及多式联运等。在实际业务中，要根据进出口货物的特点、货运量大小、距离远近、运费高低、风险程度、自然条件和装卸港口的具体情况等因素的变化，选择合适的运输方式。

（一）海洋运输

海洋运输是指利用商船在国内外港口之间通过一定的航区和航线运输货物的方式。与其他运输方式相比，海洋运输具有运量大、运费低、对货物的适应性强的优点。海运船舶的运载能力远远大于铁路和公路运输车辆的运载能力，世界大型油船为 50 万吨级。按照规模经济的观点，因为运量大、航程远，分摊给每吨货物的运输成本就少，因此海运的运价相对低廉。远洋运输的船舶可适应多种运输的需要。现在许多船舶是专门根据货物的需要设计的，如多用途船舶、专用化船舶的产生，为不同货物的运输提供了条件。但是，海洋运输也有易受自然条件和气候等因素影响，风险较大、速度相对较慢的缺点。因而，对不能经受长途长时间运输的货物和易受气候条件影响以及急需的货物，一般不宜采用海运。海洋运输的方式可以分为班轮运输和租船运输两种。

1. 班轮运输

班轮是指按照预定的航行时间表，沿着固定的航线，按照既定的港口顺序，收取相对固定的运费，经常从事航线上各港口之间运输的船舶。

（1）班轮运输的特点。

①有四个固定的基本特点，即固定的航线、固定的航行时间、固定的停靠港口、相对固定的运费。

②由船方负责配载装卸，装卸费包括在运费中，货方不再另付装卸费，船货双方也不计算滞期费和速遣费。

③船、货双方的权利、义务与责任豁免，以船方签发的提单条款为依据。

④班轮承运货物的品种、数量比较灵活，货运质量较有保证，且一般采取在码头仓库交接货物的方式，故为货主提供了较便利的条件。

（2）班轮运费。

班轮运费包括基本运费和附加运费两部分。前者是指货物从装运港到卸货港所应收取的基本运费，是构成全程运费的主要部分；后者是指对一些需要特殊处理的货物，或者由于突然事件的发生或客观情况变化等原因而需另外加收的费用。

基本运费的计收标准为：

①按货物毛重计收，即以重量吨（Weight Ton）（1 公吨、1 长吨或 1 短吨）来计收运费。运价表内货物名称后用“W”表示。

②按货物的体积或容积计收，即尺码吨（Measurement Ton）。1 尺码吨一般以 1 立方米或 40 立方英尺（相当于 1.132 8 立方米）为计量单位。运价表中用“M”表示。

③按毛重或体积计收，由船公司选择其中收费较高的作为计费标准。在运价表中以“W/M”表示。

④按商品价格计收，又称为从价运费，通常只有黄金、白银、宝石等贵重物品才按此收费，是按货物在装运地 FOB 价的百分之几收费，一般不超过 5%。在运价表中以“A. V.”表示。

⑤在货物毛重、体积或 FOB 价格三者中选择最高的一种计收。在运价表中以“W/M or ad Val”表示。

⑥从货物重量或尺码中选择其高者，再加上从价运费。在运价表中以“W/M plus ad Val”表示。

⑦按货物件数计收运费。这种方式一般只针对包装固定，包装内的数量、重量、体积也固定不变的货物，按箱、捆、件等特定的运费率计收运费。

⑧由船方与货主临时议定价格。这种方式通常是在承运粮食谷物、矿石、煤炭等大宗货物，运价较低、装卸容易的农副产品和矿产品时使用。在运价表中以“Open”（议价货）表示。

上述计算运费的重量吨和尺码吨统称为运费吨，又称计费吨，现在国际上一般都采用公制。

附加费是指除基本运费外，另外加收的各种费用。附加费的计算办法，有的是在基本运费的基础上，加收一定百分比；有的是按每运费吨加收一个绝对数计算。常见附加运费有超重附加费、超长附加费、选港附加费、直航附加费、转船附加费及港口附加费。

班轮运费的计算公式为：

总运费 = 基本运费率 ×（1 + 附加费率）× 货运量

班轮运费的计算方法如下：第一步，找出适用的运费表，如航运公司运费表、班轮公司的运费表等；第二步，在运费表上查出货物的基本费率。如果是等级费率表，那么，先在等级表中查出该货物的等级，然后按航线找出该等级的费率；第三步，找出该航线的附加费；第四步，计算运费。

例 1：某轮船公司规定的货物分级表如下：

货名	计算标准	等级
农机（包括拖拉机）	W/M	9
未列名豆	W	3
钟及零件	M	10
五金及工具	W/M	10
人参	AV/M	20
玩具	M	11

上述轮船公司规定由中国口岸至东非主要港口的费率如下表：

等级	运费（HKD）
1	243.00
2	254.00
3	264.00
4	280.00
…	…
9	404.00
10	443.00
11	477.00
…	…
20	1 120.00
AV	2.9%

（1）现有大豆500公斤运至东非主要港口，试计算运费（燃料附加费40%）。

（2）现有工具100箱，每箱0.45立方米，每箱重量为580公斤。试计算该批货物运往东非某主要港口的运费（燃料附加费40%，港口拥挤费10%）。

解：（1）在货物分级表中，查出大豆是3级货，计费标准是“W”，在中国口岸至东非主要港口的费率表中查到，3级货的基本费率是每运费吨HKD264。

因此，运费 $=0.5\times264+0.5\times264\times40\%$

$=0.5\times264\times(1+40\%)$

$=184.8$（港元）

（2）在货物分级表中，查出工具是10级货，计费标准是“W/M”，在中国口岸至东非主要港口的费率表中查到，10级货的基本费率是每运费吨HKD443。

因此，运费 $=0.58\times443+0.58\times443\times40\%+0.58\times443\times10\%$

$=0.58\times443\times(1+40\%+10\%)$

$=385.41$（港元）

例2：上海运往肯尼亚蒙巴萨港口门锁一批计100箱，每箱体积为20CM × 30CM × 40CM，毛重为25公斤。当时燃油附加费为30%，蒙巴萨港口拥挤附加费为10%。门锁属于小五金类，计收标准是W/M，等级为10级，基本运费为每运费吨443.00港元，试计算应付运费多少？

解：先分清该批货物是按重量（W）收费还是按体积（M）收费［本题应按重量（W）收费］。该批商品的总重量为：

$25\times100=2\,500$（公斤）

$2\,500\div1\,000=2.5$（公吨）

运费 = 基本运费率 ×（1 + 附加费率）× 计费重量

$=443\times(1+30\%+10\%)\times2.5$

$=1\,550.50$（港元）

2. 租船运输

租船运输又称不定期船运输，在租船运输业务中，没有预订的船期表，船舶经由航线和停靠的港口也不固定，须按船租双方签订的租船合同来安排，有关船舶的航线和停靠的港口、运输货物的种类以及航行时间等，都按承租人的要求，由船舶所有人确认，运费或租金也由双方根据租船市场行市在租船合同中加以约定。

租船运输的方式包括：

（1）定程租船，又称航次租船，是指由船舶所有人负责提供船舶，在指定港口之间进行一个航次或数个航次，承运指定货物的租船运输。定程租船就其租赁方式的不同分为单程（单航次）租船、来回航次租船、连续航次租船或包运合同等几种。在定程租船的合同中，还应明确规定装运货物的条件，尤其是要规定装卸费用由谁负担。

定程租船的装卸费有四种不同的规定方法：①船方负担装货费和卸货费，又可称为“班轮条件”（GROSS TERMS；LINER TERMS；BERTH TERMS）；②船方管装不管卸（FO）；③船方管卸不管装（FI）；④船方装和卸均不管（FIO）；⑤船方不管装卸、理舱和平舱（FIOST）。

（2）定期租船，是指由船舶所有人将船舶出租给承租人，供其使用一定时间的租船运输。承租人也可将此期租船充作班轮或程租船使用。

（3）光船租船，是指船舶所有人将船舶出租给承租人使用一个时期，但船舶所有人所提供的船舶是一艘空船，即无船长，又未配备船员，承租人自己要任命船长、船员，负责船只的给养和船舶营运管理所需的一切费用，实际上属于单纯的财产租赁。

（二）铁路运输

相比其他运输方式，铁路运输的优点是一般不受气候条件的影响，可保障全年的正常运输，而且运量较大，速度较快，有高度的连续性，运输过程中可能遭受的风险也较小，办理铁路货运手续比海洋运输简单，而且发货人和收货人可在就近的始发站和目的站办理托运和提货手续。铁路运输在国际贸易运输中占有相当重要的地位，对于内陆国家、地区尤为重要。我国与多个国家陆地相连，铁路相通，这种已经存在一百多年的古老运输方式，使欧亚大陆连成一片，有力促进了我国与欧亚各国的贸易往来。同时，铁路运输也是我国对港澳贸易和通过香港转运世界各地货物的一个重要渠道。铁路运输可分为国际铁路货物联运和国内铁路货物运输两种。

1. 国际铁路货物联运

在国际上，通过有关国家铁路之间的协商，订立国际铁路货物联运协定或协议，使得相关国家铁路在货物运输组织上相互衔接，这种利用各国铁路衔接的直通运输为国际贸易货物的交流提供了一种经济便捷而又安全的运输方式，称为国际铁路货物联运。国际铁路货物联运的定义是：在两个或两个以上国家铁路全程货物运送中，使用一份运送单据，并以参加运送国家铁路连带责任办理货物的全程运送，在一国铁路向另一国铁路移交货物时，无需发、收货人参加。国际铁路货物联运有以下特征：

（1）涉及面广。每运送一批货物都要涉及两个或两个以上的国家、几个国境站。

（2）货物运输条件高。要求每批货物的运输条件，如包装、转载、票据的编制、添附文件及车辆使用都要符合有关国际联运的规章、规定。

（3）办理手续复杂。货物必须在两个或两个以上的国家铁路参加运送，在办理国际铁路联运时，其运输票据、货物、车辆及有关单证都必须符合有关规定和一些国家的正当要求。

（4）使用一份铁路货物联运票据完成货物的跨国运输。

（5）运输责任方面采用统一责任制。

（6）仅使用铁路一种运输方式。

国际铁路联运通常要依据有关国际条约进行，目前，有关的国际公约有两个：

（1）《国际铁路货物联运协定》（简称《国际货协》）。

1951 年 11 月由苏联、捷克、罗马尼亚、东德等 8 个国家共同签订了一项铁路货运协定——《国际铁路货物联运协定》，1954 年 1 月我国加入，其后，朝鲜、越南、蒙古也陆续加入，至今共有 12 个国家加入《国际货协》。目前，我国对朝鲜、蒙古以及俄罗斯、独联体各国的一部分进出口货物均采用国际铁路联运方式运送。

（2）《国际铁路货物运送公约》（简称《国际货约》）。

《国际货约》是 1890 年欧洲各国在瑞士首都伯尔尼举行的各国铁路代表会议上制定的。1938 年修改时改称《国际铁路货物运送公约》，又称《伯尔尼货运公约》，同年 10 月 1 日开始实行。在第一次和第二次世界大战期间曾经中断，战后又重新恢复，以后为适应国际形势的不断发展变化又屡经修改。参加国共有 24 个：德国、奥地利、比利时、丹麦、西班牙、芬兰、法国、希腊、意大利、列支敦士登、卢森堡、挪威、荷兰、葡萄牙、英国、瑞典、瑞士、土耳其、前南斯拉夫、保加利亚、匈牙利、罗马尼亚、波兰、前捷克斯洛伐克。

2. 国内铁路运输

这里的国内铁路运输主要是指对香港、澳门特区的铁路运输。铁路运输是大陆地区和港澳开展贸易的一种运输方式。港澳两地的日用品一直由大陆供应，随着内地对该地区的出口不断扩大，运输也逐渐增加。为了确保该地区的市场供应，在内地开设了直达该地区的快运列车，对繁荣稳定港澳市场，以及该地区的经济发展起到了积极作用。

对香港地区的铁路运输由境内铁路运输和港段铁路运输两部分组成。具体的业务做法是：如到香港或九龙，首先要发货人按照《国内铁路运输规程》的规定，把货物从始发站托运到深圳北站，交由设在深圳北站的外运结构接货（不卸车），海关、商检、边检三机构联检后原车过轨转香港段铁路运交买方；如到澳门，将货物运到广州南站，由外运结构接货，经联检后转船运往澳门。

（三）航空运输

航空运输指利用飞机运送货物的现代化运输方式。近年来，采用航空运输的方式日趋普遍，航空货运量越来越大，航空运输的地位日益提高。航空运输与海洋运输、铁路运输相比，其优点是运输速度快、货运质量高，且不受地面条件的限制等。但是，航空运输运费比较高，运输量不大。因此，它最适宜运送急需物资、鲜活商品、精密仪器和贵重物品。

1. 国际空运货物的运输方式

（1）班机运输。

班机是指在固定的航线上定期航行的航班，即有固定始发站、目的站和途经站的飞机。班机的航线基本固定，定期开航，收、发货人可以确切地掌握起运和到达的时间，保证货物安全迅速地运达目的地，对运送鲜活、易腐的货物以及贵重货物非常有利。其不足之处是舱位有限，不能满足大批量货物及时出运的需要。

（2）包机运输。

包机运输可分为整架包机和部分包机：

①整架包机，指航空公司或包机代理公司，按照与租机人事先约定的条件和运价，将整架飞机租给租机人，从一个或几个航空站装运货物至指定目的地的运输方式。运费随国际航空运输市场的供求情况而变化。

②部分包机，指几家航空货运代理公司联合包租一架飞机，或者由包机公司把一架飞机的舱位分别分给几家航空货运代理公司，适合一吨以上但不足装一整架飞机的货物，运费较班机低，但运送时间则比班机要长。

（3）集中托运。

集中托运是航空货运代理公司把若干批单独发运的、发往同一方向的货物集中起来，组成一票货，向航空公司办理托运，并采用一份总运单集中发运到同一站，由航空货运代理公司在目的地指定的代理人收货、报关并分拨给各实际收货人的运输方式。以这种托运方式，货主可得到较低的运价，使用比较普遍，是航空货运代理的主要业务之一。

（4）航空快递。

航空快递是由一个专门经营该项业务的公司和航空公司合作，通常为航空货运代理公司或航空速递公司派专人以最快的速度在货主、机场和用户之间运送和交接货物的快速运输方式。该项业务是两个空运代理公司之间通过航空公司进行的，是最快捷的一种运输方式。

航空快递业务的主要形式有：

①门到门服务。

发货人需要发货时，打电话给快递公司，快递公司派人到发货人所在地取件，根据不同的目的地进行分拣、整理、核对、制单、报关，利用最近的航班，通过航空公司将快件运往世界各地。发件地的快递公司将所发快件的有关信息通告中转站或目的站的快件公司。快件到达中转站或目的地机场后由中转站或目的港的快件公司负责办理清关、提货手续，将快件及时送交收货人手中，并将有关信息反馈到发件地的快递公司。

②门到机场服务。

快件到达目的地机场后，当地快件公司及时将有关到货信息告知收货人，清关、提货手续可由收货人自己办理，也可委托快件公司或其他代理公司办理。适用于货物价值较高或目的地海关当局对货物或物品有特殊规定的快件。

③专人派送。

这种方式是指发件的快递公司指派专人携带快件在最短的时间内，采用最快捷的交通方式，将快件送交到收货人手中。

门到门服务是最方便、最快捷的，使用最普遍的方式；门到机场的服务，简化了发件人的手续，但需要收货人安排清关、提货手续；专人派送服务是一种特殊服务，费用较高，使用较少。

2. 航空运输的运费

航空运费是指从始发机场至到达机场的运费，不包括提货、报关、仓储等其他费用，航空运费仅适用于单一方向的运输。

航空运费的计算一般由航空公司规定。在货物体积小、重量大时，按实际重量计算；在货物体积大、重量小时，按体积计算。在集中托运时，一批货物由几件不同的货物组成，有轻货也有重货，其计费重量则采用整批货物的总毛重或总的体积重量，按两者之中较高的一个计算。

（四）集装箱运输

集装箱运输是指以集装箱这种大型容器为载体，将货物集合组装成集装单元，以便在现代流通领域内运用大型装卸机械和大型载运车辆进行装卸、搬运作业和完成运输任务，从而更好地实现货物“门到门”运输的一种新型、高效率和高效益的运输方式。集装箱是20世纪60年代初出现的现代化运输方式，是现代化运输业发展的必然趋势，发展很快。尽管集装箱船在世界商船总吨位中仅占3%，却占杂货运量的1/4，有些国家的货物装箱运输的比重已达80%以上。

1. 集装箱运输的特点

集装箱运输，特别是在海洋运输中具有许多优点：一是运输量大。事先把要运输的零散货物装在箱子里，便于机械化装卸，大大缩短了船只在港口停泊的时间和货物在仓库里存放的时间，加快了货物运送的速度，降低了运输费用，而且箱子规格统一，在同容积船上装的货物也多，增加了运输量；二是减少物品的破损。集装箱装卸，可以保证货物完整无损，几乎可以完全消除物品的耗损量，大大减少损坏与赔偿。如平时运送玻璃板，损坏率达15%，采用集装箱运输，仅损坏0.2%～1%；三是节约包装材料。散装运输和采取简单包装的包装材料多是一次性使用的，而集装箱则可多次使用，并可减少装箱和拆箱费用，降低货运费用，对顾客有利。总之，集装箱化可以加快运输速度，降低运费，便于海陆联运。集装箱运输的缺点主要是包装费用稍贵，对货物有重量限制。

2. 集装箱货物装箱方式

根据集装箱货物装箱数量和方式可分为整箱和拼箱两种。

（1）整箱（Full Container Load，FCL）是指货主自行将货物装满整箱以后，以箱为单位托运的集装箱。这种情况通常在货主有足够货源装载一个或数个整箱时采用，除有些大的货主自己置备有集装箱外，一般都是向承运人或集装箱租赁公司租用一定的集装箱。空箱运到工厂或仓库后，在海关人员的监管下，货主把货装入箱内，加锁、铅封后交承运人并取得站场收据，最后凭收据换取提单或运单。

（2）拼箱（Less than Container Load，LCL）是指承运人（或代理人）接受货主托运的数量不足整箱的小票货运后，根据货物的性质和目的地进行分类整理，把去同一目的地的货物，集中到一定数量拼装入箱。由于一个箱内有不同货主的货拼装在一起，所以叫拼箱。这种情况在货主托运数量不足装满整箱时采用。拼箱货的分类、整理、集中、装箱（拆箱）、交货等工作均在承运人码头集装箱货运站或内陆集装箱转运站进行。

3. 集装箱货物交接方式

如上所述，集装箱货运分为整箱和拼箱两种，因此在交接方式上也有所不同，纵观当前国际上的做法，大致有以下四类：

（1）整箱交，整箱接（FCL/FCL）。

货主在工厂或仓库把装满货后的整箱交给承运人，收货人在目的地同样以整箱接货，换言之，承运人以整箱为单位负责交接。货物的装箱和拆箱均由货主负责。

（2）拼箱交，拆箱接（LCL/LCL）。

货主将不足整箱的小票托运货物在集装箱货运站或内陆转运站交给承运人，由承运人负责拼箱和装箱运到目的地货站或内陆转运站，由承运人负责拆箱，拆箱后，收货人凭单接货。货物的装箱和拆箱均由承运人负责。

（3）整箱交，拆箱接（FCL/LCL）。

货主在工厂或仓库把装满货后的整箱交给承运人，在目的地的集装箱货运站或内陆转运站由承运人负责拆箱后，各收货人凭单接货。

（4）拼箱交，整箱接（LCL/FCL）。

货主将不足整箱的小票托运货物在集装箱货运站或内陆转运站交给承运人，由承运人分类调整，把同一收货人的货物集中拼装成整箱，运到目的地后，承运人以整箱交，收货人以整箱接。

上述各种交接方式中，以整箱交、整箱接效果最好，也最能发挥集装箱的优越性。

（五）国际多式联运

国际多式联运是指按照多式联运合同，以至少两种不同的运输方式，由多式联运经营人把货物从一国境内接运货物的地点运至另一国境内指定交付货物的地点。国际多式联运具有责任统一、手续便捷、节省费用、降低运输成本、减少中间环节、缩短时间、提高运输质量和运输组织水平、运输更加合理化、实现门对门运输的优点。构成多式联运应具备以下几个条件：

（1）必须有一个多式联运合同，合同中明确规定多式联运经营人和托运人之间的权利、义务、责任和豁免。

（2）必须是国际两种或两种以上不同运输方式的连贯运输。

（3）必须使用一份包括全程的多式联运单据，并由多式联运经营人对全程运输负总的责任。

（4）必须有一个多式联运经营人对全程运输负总的责任。

（5）必须是全程单一运费费率，其中包括全程各段运费的总和、经营管理费用和合理利润。

在国际多式联运方式下，无论货物运输距离有多远，由几种运输方式共同完成，且不论运输途中货物经过多少次转换，所有运输事项均由多式联运经营人负责办理。托运人只需办理一次托运，订立一份运输合同，一次支付费用，一次保险，从而省去托运人办理托运手续的许多不便。同时，由于多式联运采用一份货运单证，统一计费，因而也可简化制单和结算手续，节省人力和物力。此外，一旦运输过程中发生货损货差，由多式联运经营人对全程运输负责，从而也可简化理赔手续，减少理赔费用。目前，我国开办的国际多式联运线路有十余条，由我国内地或港口可达欧、美、非洲的港口或内地城市。

（六）大陆桥运输

大陆桥运输（Land-bridge Transport）是指以横贯大陆的铁路（或公路）运输作为中间的桥梁，把大陆两端的海洋运输连接起来的集装箱连贯运输方式。大陆桥运输属于多式联运范围。目前，世界主要有两条大陆桥，即北美大陆桥和欧亚大陆桥。

1. 北美大陆桥

北美大陆桥包括美国大陆桥和加拿大大陆桥，这两条大陆桥是平行的，都是连接大西洋和太平洋的大陆通道，主要运送从远东国家经北美销往欧洲的货物，是世界上第一条大陆桥，现在已经萎缩。

2. 欧亚大陆桥

欧亚大陆桥包括西伯利亚大陆桥和中荷大陆桥。西伯利亚大陆桥，是以俄罗斯西伯利亚铁路作为桥梁，把远东地区与波罗的海和黑海沿岸以及西欧大西洋口岸连接起来，主要运送远东国家经西伯利亚到欧洲各国或亚洲的伊朗、阿富汗等国的货物。经过这条路线运往欧洲的货物要比经苏伊士运河缩短路程约 8 000 公里，时间减少 20 天左右。中荷大陆桥也称第二条欧亚大陆桥，东起我国连云港，途经陇海、兰新、北疆铁路进入独联体，西至荷兰鹿特丹，1992 年正式营运。

（七）公路、内河、邮政和管道运输

1. 公路运输

公路运输（Road Transport）是一种现代化运输方式，也是车站、港口和机场集散进出口货物的重要手段。它具有机动灵活、速度快、方便等特点，但其载货量有限，运输成本高，易造成货损事故。公路运输适于同周边国家的货物输送，以及我国内地同港、澳地区的部分货物运输。

2. 内河运输

内河运输（Inland Water Transport）是水上运输的重要组成部分，是连接内陆腹地与沿海地区的纽带，在运输和集散进出口货物中起着重要的作用。它具有投资少、运量大、成本低的特点。我国长江、珠江等一些港口已对外开放，同一些邻国还有国际河流相通，这为我国外贸物资通过河流运输和集散提供了有利条件。

3. 邮政运输

邮政运输（Parcel Post Transport）是一种简便的运输方式，手续简便、费用不高。它包括普通邮包和航空邮包两种，适于量轻体小的货物。托运人按照邮局规章办理托运，付清定额邮资，取得邮政包裹收据（Parcel Post Receipt），交货手续即告完成。邮件到达目的地后，收件人可凭邮局到件通知提取。

4. 管道运输

管道运输（Piping Transport）是一种特殊的运输方式，主要适用于运送液体、气体货物，如石油、天然气等。它具有固定投资大、建成后成本低的特点。我国至朝鲜早已铺设管道，以供朝鲜石油之用。

二、装运条款

（一）装运时间

装运时间又称装运期或交货时间、交货期，是指卖方履行交货的时间，是合同中的一项重要条款。在合同签订后，卖方能否按规定的装运时间交货，直接关系到买方能否及时取得货物，以满足其生产、消费或转售的需要。因此，《联合国国际货物买卖合同公约》第33条规定，卖方必须按合同规定的时间交货。有些西方国家法律规定，如果卖方未按合同规定的时间交货，即构成卖方的违约行为，买方有权撤销合同，并要求卖方赔偿其损失。

1. 装运时间的规定方法

国际贸易合同中，对装运期的规定方法一般有以下几种：

（1）明确规定具体装运时间。这种规定方法可以是在合同中订明某年某月装运或某年跨月装运，或某年某季度装运，或跨年跨月装运等。但装运时间一般不能只确定在某一个日期上，如“2010年1月10日装运”，而应该是确定在某一段时间内，如“2010年5月份交货（装运）”、“2010年7/8月装运”、“2010年11月15日前装运”。这里须注意，按有关惯例的解释，凡是“以前”字样的规定，一般不包括那个指定的日期。

这种规定方法，期限具体，含义明确，双方不至于因在交货时间的理解和解释上产生分歧，因此，在合同中采用较普遍。

（2）规定在收到信用证后若干天或若干月内装运。例如，在合同中订明：“收到信用证后45天内装运”、“收到信用证后3个月内装运”等。主要适用于下列情况：

①按买方要求的花色、品种和规格或专为某一地区或某商号生产的商品，或一旦买方拒绝履约难以转售的商品，为防止遭受经济损失，则可采用此种规定方法。

②在一些外汇管制较严的国家或地区和一些实行进口许可证或进口配额的国家，合同签订后，买方因申请不到进口许可证或其国家不批准外汇，迟迟不开信用证。卖方为避免因买方不开证而带来的损失，也可采用这种方法来约束买方。

③合同签订后，买方因市场货物价格下跌对其不利迟迟不开信用证，卖方为避免买方不及时开证而带来的损失，也可采用这一办法来约束买方。

④对某些信用较差的客户，为促其按时开证，也可采用此方法。

2. 规定装运时间应注意的问题

（1）应该考虑货源和船源的实际情况，使船货衔接。如对货源心中无数，盲目成交，就有可能出现到时交不了货，形成有船无货的情况，无法按时履约。在按CIF和CFR条件出口和FOB条件下进口时，还应考虑船源的情况。如对船源无把握而盲目成交，或没留出安排舱位的合理时间，规定在成交的当月交货或装运，则可能出现到时租不到船或订不到舱位而出现有货无船的情况，或要经过多次转船，造成多付运费，甚至倒贴运费的情况。

（2）对装运期限的规定应适度。应视不同商品租船订舱的实际情况而定，装运期过短，势必给船货安排带来困难，过长也不合适，特别是在采用收到信用证后若干天内装运的条件下，会造成买方挤压资金，影响资金周转，从而反过来影响卖方的售价。

（3）要根据不同货物和不同市场的需求，规定交货期。如无妥善装载工具和设备，易腐烂、易潮、易融化的货物一般不宜在夏季、雨季装运。

（二）装运港和目的港

装运港（Port of Shipment）又称装货港（Loading Port），是指货物起始装运的港口。目的港（Port of Destination）又称卸货港（Unloading Port），是指货物最终卸下的港口。

1. 装运港和目的港的规定方法

（1）在一般情况下，装运港和目的港分别规定各为一个。

例如：装运港—大连，目的港—鹿特丹

（2）有时按实际业务的需要，也可分别规定两个或两个以上的装运港或目的港。

例如：装运港—大连/天津/青岛，目的港—伦敦/利物浦/鹿特丹

（3）在磋商交易时，如明确规定装运港或目的港有困难，可以采用选择港办法。一种是在两个或两个以上的港口中选择一个，如 CIF 伦敦，选择港汉堡或鹿特丹；另一种是笼统规定某一航区为装运港或目的港，如“地中海主要港口”、“西欧主要港口”等。

2. 确定国内外装运港和目的港的注意事项

（1）规定国外装运港和目的港时应注意的问题。

①要根据我国对外政策的需要来考虑，不应选择我国政府不允许往来的港口为装卸港。

②对国外装卸港的规定应力求具体明确。在磋商交易时，对外商笼统地提出以“欧洲主要港口”或“非洲主要港口”为装运或目的港时，不宜轻易接受。因为国际上对此无统一解释，且各港距离远近不一，条件各异，基本运费和附加运费相差很大。

③不能接受内陆城市为装卸港。因为一旦接受这一条件，我方就要承担从港口到内陆城市的运费和风险。

④必须注意装卸港口的具体条件，如有无直达班轮、港口装卸条件及运费和附加费水平等。如租船运输时，还应进一步考虑码头泊位的深度、有无冰封期、冰封的具体时间以及对船舶国籍有无限制等港口制度。

⑤应注意国外港口有无重名。世界各国港口重名很多，例如，维多利亚港世界上有 12 个之多，波特兰、波士顿、的黎波里等也有数个。为防止差错和引起纠纷，应在合同中订明港口所在的国家或地区。

（2）确定国内装运港和目的港时应注意的问题。

①在出口业务中，规定装运港时，一般以接近货源地的港口为宜，以方便运输和节省运费。对统一对外成交而分口岸交货的某些货物，由于在成交时还不能最后确定装运港，可以规定为“中国口岸”或两个以上具体港口为装运港，这样较灵活主动。按 FOB 术语成交的合同，应考虑对方来船大小与我港口水深，以免船进不了港，引起争议。

②在进口业务中，规定目的港时，一般应选择接近用货单位或消费地区的港口。但根据我国目前的港口条件，为避免港口到船集中造成卸货困难，目的港有时也可规定为“中国口岸”，并规定“买方应在装运期前××天内将港口名称通知卖方”。

（三）分批装运和转运

1. 分批装运

分批装运（Partial Shipment）又称分期装运（Shipment by Installments），是指一个合同项下的货物分若干批或若干期装运。在大宗货物或成交数量较大的交易中，买卖双方根据交货数量、运输条件和市场销售等因素，可在合同中规定分批装运条款。

国际商会制定的《跟单信用证统一惯例》规定，除非信用证另有规定，一般允许分批装运。为了避免不必要的争议，争取早出口、早收汇，防止交货时发生困难，除非买方坚持不允许分批装运，原则上应明确在出口合同中订入“允许分批装运”。

《跟单信用证统一惯例》规定：“运输单据表面上注明货物是使用同一运输工具装运并经同一路线运输的，即使每套运输单据注明的装运日期不同及装运港、接受监管地不同，只要运输单据注明的目的地相同，也不视为分批装运。”该惯例对定期、定量分批装运还规定：“信用证规定在指定时期内分期支款或装运，其中任何一期未按期支款或装运，除非信用证另有规定，则信用证对该期及以后各期均告失效。”

案例：我国与某国一公司成交羊毛出口600公吨，合同规定3至5月份内分批装运。后国外来证要：“Shipment during March/May first shipment 100M/T, second shipment 200M/T, third shipment 300M/T.”结果我方于3月份装200M/T，4月份装400M/T，货发后遭银行拒付。

分析：本案中信用证明确规定3～5月份分批装运，第一批100公吨，第二批200公吨，第三批300公吨。但是我方未按规定的批次和批量装运，因此属于违约。

2. 转运

《跟单信用证统一惯例》规定，除非信用证另有规定，可准许转运。为了明确责任和便于安排装运，买卖双方是否同意转运以及有关转运的办法和转运费的负担等问题，应在买卖合同中订明。

（四）装运通知

卖方是否要向买方发出装运通知，根据贸易术语的不同，对此有不同的要求。在卖方承担保险和运输的情况下，对卖方发装运通知的要求不是很严格。但是，如果是在由买方承担保险和运输的情况下，则对卖方发装运通知的要求就显得很重要。在《国际贸易术语解释通则》（1990年）里规定，当买卖双方按CFR或CPT条件成交时，卖方交货后，必须给予买方关于货物装船的充分通知，以保证买方能够及时办理货物运输保险。因此，装运通知就构成了CFR或CPT合同中装运条款的重要内容。

（五）滞期、速遣条款

在班轮运输条件下，班轮公司有固定的航行时间，装卸时间、装卸效率及奖惩无须在买卖双方之间确定。但是，在租船运输条件下，由于装卸费、装卸效率及奖惩在托运人和承运人之间要洽商，因此，在买卖双方之间也需要洽商，而且买卖双方之间就这些问题洽商在前，托运人（可能是买方，也可能是卖方）和承运人之间的洽商在后。

1. 装卸时间

关于装卸时间的规定方法主要有：

（1）日或连续日；

（2）累计24小时好天气工作日；

（3）连续24小时好天气工作日（国际上运用最多）。

2. 滞期费和速遣费

船方为了约束和鼓励租船人在规定的时间内完成装卸和提前完成装卸，在合同里规定了滞期费和速遣费。滞期费是指在规定的装卸期限内，租船人未完成装卸作业，给船方造成经济损失，租船人对超过的时间应向船方支付一定的罚金。速遣费是指在规定的装卸期限内，租船人提前完成装卸作业，使船方节省了船舶在港的费用开支，船方应向租船人就可节省的时间支付一定的奖金。按惯例，速遣费一般为滞期费的一半。程租合同中的滞期费和速遣费与买卖合同中的有关条款要保持一致。

（六）其他装运条款

对于某些运往美国内陆地区的货物，买卖双方在合同中会订立 OCP 条款。OCP 是 Overland Common Points 的缩写，即陆上运输通常可到达的地点。OCP 地区是指美国内陆地区，按美国相关规定，以美国西部九个州为界，即以落基山脉为界，其以东地区均定为内陆地区范围，该地区约占全美三分之二的面积。从远东地区向美国 OCP 地区出口货物，如按 OCP 条款达成交易，出口商可以享受较低的 OCP 海运优惠费率，进口商在内陆运输中也可以享受 OCP 优惠费率；反之，凡从美国内陆地区启运经西海岸港口装船出口的货物同样可按 OCP 运输条款办理。该条款是太平洋航运公会为争取运往美国内陆地区的货物经美国西海岸港口转运而制定的。

采用 OCP 条款要注意以下问题：

（1）货物最终目的地必须属于 OCP 地区范围。

（2）货物必须经由美国西海岸港口中转。因此，签订 CFR 和 CIF 出口合同时，目的港必须是美国西海岸港口。

（3）在贸易合同、信用证及提单上的目的港栏加注 OCP 字样，如“LOS ANGELES OCP”，并且在提单目的港一栏中除填明美国西部海岸港口名称外，还要加注内陆地区的城市名称。如目的港是 LOS ANGELES 但须转运 CHICAGO，则目的港一栏填“LOS ANGELES OCP ”，在提单的货物内容下面或货物唛头中加“CIF LOS ANGELES（OCP CHICAGO）”。

三、运输单据

（一）海运提单

1. 海运提单的性质和作用

海运提单简称提单，是指证明海上运输合同和货物由承运人接管或装船，以及承运人据以保证交付货物的凭证。海运提单的作用主要表现为以下三个方面：

（1）货物收据。提单是承运人发给托运人的收据，确认承运人已收到提单所列货物并已装船，或者承运人已接管了货物，已代装船。

（2）物权凭证。提单是货物所有权的凭证，谁持有提单，谁就有权要求承运人交付货物，并且享有占有和处理货物的权利，提单代表了其所载明的货物。

（3）运输契约的证明。提单是托运人与承运人的运输契约证明。承运人之所以为托运人承运有关货物，是因为承运人和托运人之间存在一定的权利义务关系，双方权利义务关系以提单作为运输契约的凭证。

2. 海运提单的格式和内容

目前，各船公司所制定的提单虽然格式不完全相同，但其内容大同小异。根据我国

《海商法》第73条规定，提单正面内容，一般包括下列各项：

（1）货物的品名、标志、包数或者件数、重量或体积，以及运输危险货物时对危险性质的说明（Description of the goods, mark, number of packages or pieces, weight or volume, and a statement, if applicable, as to the dangerous nature of the goods）；

（2）承运人的名称和主营业所（Name and principal place of business of the carrier）；

（3）船舶的名称（Name of the ship）；

（4）托运人的名称（Name of the shipper）；

（5）收货人的名称（Name of the consignee）；

（6）装货港和在装货港接收货物的日期（Port of loading and the date on which the goods were taken over by the carrier at the port of loading）；

（7）卸货港（Port of discharge）；

（8）多式联运提单增列接收货物地点和交付货物地点（Place where the goods were taken over and the place where the goods are to be delivered in case of a multimodal transport bill of loading）；

（9）提单的签发日期、地点和份数（Date and place of issue of the bill of loading and the number of originals issued）；

（10）运费的支付（Payment of freight）；

（11）承运人或者其代表的签字（Signature of the carrier or of a person acting on his behalf）。

此外，本条第2款又规定："提单缺少前款规定的一项或者几项的，不影响提单的性质，但是必须符合《海商法》关于提单的定义和功能的规定。"根据这一规定，不难看出，除在内陆签发多式联运提单时船舶名称、签发海运提单时多式联运提单的接收货地点和交付货物的地点以及运费的支付这三项外，其他八项内容是必不可少的，目前各船公司制定的提单内容与此相仿。

提单背面的条款：

（1）1924年签署的《关于统一提单的若干法律规则的国际公约》，简称《海牙规则》；

（2）1968年签署的《布鲁塞尔议定书》，简称《维斯比规则》；

（3）1978年签署的《联合国海上货物运输公约》，简称《汉堡规则》。

3. 海运提单的种类

（1）根据货物是否已装船，提单分为已装船提单和备运提单。

已装船提单（Shipped on Board B/L）是指承运人在已将货物装上指定的船只后签发的提单。这种提单的特点是提单上面有载货船舶的名称和装货日期，同时还应由船长或其代理人签字。

备运提单（Received for Shipment B/L）是指承运人在收到托运的货物后准备在装船期间签发给托运人的提单。这种提单上面没有装船日期，也无载货的具体船名，将来货物能否装运，何时装运，都很难预料，因此，买方一般都不愿意接受这种提单。

在国际贸易中，一般都必须是已装船提单。《跟单信用证统一惯例》规定，在信用证无特殊规定的情况下，要求卖方必须提供已装船提单，银行一般不接受备运提单。

（2）根据不同运输方式，提单可分为直达提单、转船提单和联运提单。

直达提单（Direct B/L）是指轮船装货后，中途不经过转船而直接驶往目的港时承运人签发的提单。这种提单不能出现“在某地转船”的字样。在国际贸易中，如果信用证规定不准转船，托运人就必须取得直达提单方能结汇。

转船提单（Transhipment B/L）是指货物在装运港装船后，不直接驶往目的港，而须在中途其他港口换装另一船只运往目的港，有的甚至换船不止一次，而由第一承运人在装运港签发的提单。这种提单一般注明“在某港转船”的字样。

联运提单（Through B/L）亦称全程提单，是指海陆、海空、海河等联运货物，由第一程承运人或其代理人收取全程运费后并负责代办下一程运输手续，在装运港签发的包括全程运输的提单。

转船提单和联运提单的区别在于前者仅限于转船，后者可在中途转换其他运输工具。

（3）根据货物外表状况有无不良批注，提单分为清洁提单或不清洁提单。

清洁提单（Clean B/L）是指货物装船时，表面状况良好，承运人在签发提单时未加任何货损、包装不良或其他有碍结汇批注的提单。

不清洁提单（Unclean B/L）是指承运人收到货物之后，在提单上加注货物外表状况不良，或货物存在缺陷和包装破损等批注的提单。

（4）根据提单抬头不同，提单可以分为记名提单、不记名提单和指示提单。

记名提单（Named B/L）又称收货人抬头提单，是指在提单的收货人栏内，具体写明收货人的名称。这种提单的特点是收货人已经确定，不得进行转让，在国际贸易中很少使用。

不记名提单（Blank B/L）是指提单收货人一栏没有指明任何收货人名称，而只注明提单持有人（Bearer）字样的提单，承运人交货只凭单不凭人。这种提单可以转让，而且不需要任何背书手续，仅凭提单交付即可，提单持有人凭提单提货。由于这种提单不凭人，只凭单，谁持有提单，谁就可以提货。因此，采用这种提单的风险大。

指示提单（Order B/L）是指在收获人栏内，只填写“凭指示”或者“凭某人指示”字样的提单。这种提单通过指示人的背书，可以转让，因而在国际上使用较为广泛。

指示提单转让时有两种背书方式：空白背书和记名背书。空白背书（Endorsed By Blank）仅由背书人（提单转让人）在提单的背面签字盖章，而不注明被背书人（提单受让人）的名称；记名背书（Special Indorsement）是指在提单背面既有背书人签字盖章又有被背书人的名称。

（5）根据提单背面是否有条款，提单分为全式提单和简式提单。

全式提单（Long Form B/L）是指在大多数情况下使用的既有正面内容又有背面提单条款的提单。背面提单条款规定了承运人与托运人的权利与义务。

简式提单（Short Form B/L）又称略式提单，是指省略了提单背面条款的提单。简式提单的背面无条款，只在提单正面列出必须记载的事项。

（6）按提单使用有效性，提单可分为正本提单和副本提单。

正本提单（Original B/L）是指提单上有承运人、船长或其代理人签字盖章，并注明签发日期的提单。这种提单在法律上和商业上都是公认有效的单证。提单上必须标有“正本”字样，以示与副本提单的区别。

副本提单（Copy B/L）是指提单上没有承运人、船长或其代理人签字盖章，仅供工作上参考使用的提单。

（7）集装箱提单。

集装箱提单（Container B/L）是指以集装箱装运货物所签发的提单。集装箱提单有两种形式：一种是在普通的海运提单上加注“用集装箱装运”字样；另一种是使用多式联运提单，这种提单的内容增加了集装箱号码和封号。

（8）其他类型提单。

①舱面提单（ON DECK B/L）。

舱面提单是指承运货物装在船舶甲板上所签发的提单，故又称为甲板货提单。由于货物装在甲板上风险较大，因此托运人一般都向保险公司加保甲板险。承运人在签发提单时加批“货装甲板”字样。

②过期提单（Stale B/L）。

过期提单有两种含义，一是指出口商在装船后延滞过久才交到银行结汇的提单。《跟单信用证统一惯例》规定，银行将拒绝接受迟于装运日期后21天提交的单据；二是指提单晚于货物到达目的港，这种提单也称为过期提单。过期提单对买方不利，影响收货人及时提货、转售，甚至可能造成费用损失。因此，除非信用证另有规定，银行不接受过期提单。

③预借提单（Advanced B/L）。

信用证规定的最迟装运期已届临，而此时货物因故尚未装船，为了取得与信用证规定相符的提单，托运人要求承运人在货物装船前先行签发已装船提单，这种提单称为预借提单。预借提单是一种违法的提单。

④倒签提单（Anti-dated B/L）。

货物实际装船的日期晚于信用证规定的最迟装运日期，若按实际装船日期签发提单，会造成单、证不符，托运人无法结汇。为了使提单日期与信用证规定相符，承运人根据托运人的请求，按信用证规定的装运期签发提单，这种提单称为倒签提单。倒签提单也是一种违法的提单。

案例：我国某公司与瑞士某公司签订出售某农产品3 500公吨的合同，每公吨CIF鹿特丹24英镑，共值84 000英镑。装船日期为当年12月至次年1月，对方以不可撤销的即期信用证进行支付。我国某公司在租船装运时，因原订货船临时损坏，在国外修理，不能在预定时间到达我国口岸装货，临时改派香港某公司期租船装运，但又因连日风雪，迟至2月11日才装运完毕，2月13日开航。我某公司为了取得符合信用证所规定的装船日期（即19××年12月1日至次年1月31日）的提单，要求外轮代理公司按19××年1月31日签发提单，并以此提单向我银行办理议付。货物到达鹿特丹，经买方聘请律师上船查阅航行日志，查实提单的签发日期是伪造的，立即凭证向当地法院起诉，并由法院发出扣船通知。船由外轮公司以30 000英镑提保放行，我方经4个月谈判，共赔偿20 600英镑，买方才撤回上诉而结案，既损失了外汇，又对外造成了不良影响。

分析：本案例中使用的提单即倒签提单，是一种违法的提单，买方有权对这种提单拒付货款，并进行索赔。

（二）铁路运输单据

铁路运输单据是由铁路运输承运人签发的货运单据，是收、发货人同铁路之间的运输契约。其正本在签发后与货物同行，副本签发给托运人，用于贸易双方结算货款。在货物发生损失时，还可以用于向铁路部门进行索赔。与海运提单不同的是，铁路运单不是物权凭证。铁路运输可分为国际铁路联运和国内铁路运输，前者使用国际铁路联运运单，后者使用国内铁路运单。通过铁路对港、澳出口的货物，由于国内铁路运单不能作为对外结汇的凭证，故使用承运货物收据这种特定性质和格式的单据。

1. 国际铁路联运运单（Rail Waybill）

国际铁路货物联运所使用的铁路运单和运单副本是发、收货人与铁路之间缔结的运输契约，对双方都具有法律效力。运单随同货物自始发站到终点站运行，货到终点站，运单作为通知、清点和交付货物的凭证连同货物一并交给收货人。运单副本在始发站经铁路加盖承运日期戳后，退回给发货人，它是发货人连同其他单证向银行办理结汇的主要单据之一。由于国际铁路货物联运分为快运和慢运两种，故在运单及其副本上加有不同的标记。凡须快运的货物，则在运单及其副本的正反两面的上边和下边加印有红线；慢运货物则使用不加注红线的运单和运单副本。铁路运单及其副本，不同于海运提单，它不是代表货物所有权的物权凭证。

2. 承运货物收据（Cargo Receipt）

承运货物收据是在特定运输方式下所使用的一种运输单据，它既是承运人出具的货物收据，也是承运人与托运人签订的运输契约。我国内地通过铁路运往港、澳地区的出口货物，一般都委托中国对外贸易运输公司承办。当出口货物装车发运后，当地外运公司即签发一份承运货物收据给托运人，以作为对外办理结汇的凭证。承运货物收据的格式及内容和海运提单基本相同，主要区别是它只有第一联为正本。在该正本的背面印有“承运简章”，载明承运人的责任范围。该简章第二条规定，由该公司承运之货物，在铁路、轮船、公路、航空及其他运输机构范围内，应根据各机构的规章办理。可见，这种承运货物收据不仅适用于铁路运输，也可用于其他运输方式。

（三）航空运单

航空运单是由航空运输承运人或其代理人与托运人之间签订的运输契约，也是承运人或其代理人签发的货物收据。航空运单不仅应有承运人或其代理人签字，还必须有托运人签字。航空运单与铁路运单一样，不是物权凭证，不能凭其此提取货物，必须作成记名抬头，不能背书转让。

货物运抵目的地后，承运人向收货人发到货通知，收货人凭到货通知和有关证明提货，在货运单上签收。

航空运单正本一式三份，分别交托运人、航空公司和随机带交收货人，副本若干份由航空公司按规定分发。

（四）多式联运单据

多式联运单据是由多式联运经营人或其代理人签发，是证明多式联运合同和货物已经由多式联运经营人接管并承运，以及多式联运经营人据以按合同条款保证交付货物的单据。它既是货物收据，也是运输合同证明。

多式联运单据可分为可流通形式和不可流通形式。可流通形式单据是指联运中至少有一程是海运的联运单据，并可凭此作为提货依据。可流通形式联运单据的作用与海运提单一样，是证明经营人已经从发货人手中接管并占有了该联运单据上记载的货物的收据，是运输合同证明。在单据作成指示抬头或不记名抬头时，可作为物权凭证，经有效背书后可以转让。这种多式联运单据一般称为多式联运提单。不可流通形式单据是货物收据，也是运输合同契约的证明，但是单据不能背书转让，不是物权凭证。

知识练习与实训

知识练习：

一、单项选择题

1. 班轮运输的运费应该包括（　　）。

   A. 装卸费，不计滞期费、速遣费　　B. 装卸费，但计滞期费、速遣费

   C. 卸货费和应计滞期费，不计速遣费　　D. 卸货费和速遣费，不计滞期费

2. 滞期费是（　　）。

   A. 买方向卖方收取的因卖方延期交货而造成损失的补偿费

   B. 卖方向买方收取的因买方延期交货而造成损失的补偿费

   C. 租船人未按约定日期完成装卸定额，延误了船期而付给船方的罚款

   D. 船方装卸太慢而向货方支付的赔偿费

3. 规定装运期的方法很多，最好不采用（　　）。

   A. 限某年某月装运　　B. 收到信用证若干天装运

   C. 尽快装运　　D. 限某年某月以前装运

4. 提单上若注明了"包装松散"，则该提单是（　　）。

   A. 清洁提单　　B. 不清洁提单　　C. 指示提单　　D. 已装船提单

5. 小件急需品和贵重货物，其有利的运输方式是（　　）。

   A. 海洋运输　　B. 邮包运输　　C. 航空运输　　D. 公路运输

6. 在进出口业务中，经过背书能够转让的单据有（　　）。

   A. 铁路运单　　B. 海运提单　　C. 航空运单　　D. 邮包收据

7. 过期提单（Stale B/L）是指（　　）。

   A. 货物实际装船时间晚于提单签发时间的提单

   B. 晚于提单上所载明货物到达目的港的提单

   C. 晚于货物实际装运日期 21 天签发的提单

   D. 交单时间超过提单签发日期 21 天的提单

8. 海运提单之所以能够向银行办理抵押贷款，是因为（　　）。

   A. 海运提单是承运人签发的货物收据　　B. 海运提单可以转让

   C. 海运提单是运输契约的证明　　D. 海运提单具有物权凭证的性质

9. 一般来说，滞期费是速遣费的（　　）。

   A. 一半　　B. 两倍　　C. 两者相等　　D. 没关系

二、多项选择题

1. 海运提单和航空提单（　　）。

   A. 均为物权凭证　　B. 均为承运人出具的承运货物的收据

   C. 均可背书转让　　D. 均为可转让的物权凭证

   E. 前者是物权凭证，后者不可转让，不是物权凭证

2. 海洋运输的特点是（　　）。

A. 运费低　　B. 运量大　　C. 风险较大
D. 航速慢　　E. 货物中途破损率小

3. 班轮运输的特点是（　　）。
A. 行驶路线及停靠港口固定　　B. 开航及到港时间较固定
C. 运费率相对固定　　D. 装卸费由船方负担
E. 承运货物较灵活，尤其适合少量货物及杂货运输

4. 在进出口业务中，能够作为物权凭证的运输单据有（　　）。
A. 铁路运单　　B. 海运提单　　C. 航空运单　　D. 多式联运单据

5. 在定程租船方式下，对装卸费收取的具体办法有（　　）。
A. 船方不负担装卸费　　B. 船方只负担卸货费，而不负担装货费
C. 船方只负担装货费，而不负担卸货费　　D. 船方负担装卸费

6. 班轮运费中的附加费包括（　　）。
A. 基本运费　　B. 绕航附加费　　C. 港口拥挤附加费　　D. 转船附加费

7. 买方和银行通常不接受的提单有（　　）。
A. 已装船提单　　B. 备运提单　　C. 清洁提单
D. 不清洁提单　　E. 滞期交到银行的过期提单

三、问答题

1. 海运提单的性质和作用是什么？
2. 业务中为何多使用清洁的、已装船的指示提单？
3. 什么是国际多式联运？有何特点？

职业实训：

1. 某公司与外商签订出口合同，数量为 12 000 公吨。买方开来信用证，规定七、八、九、十月份分批等量装运。卖方七、八月份每月运出 3 000 公吨，并分别向银行交单议付，取得货款，九月份因货未备妥，延迟至十月装。卖方将十月份签发的单据到银行议付，遭到银行拒付。银行拒付是否有理，为什么？

2. 我公司出口到海湾国家 A 商品 100 箱，每箱体积 40 厘米 ×30 厘米 ×20 厘米，毛重 30 千克，又知货装外轮，查得《中租表》：A 商品按货物分级表规定计算标准为 M/W，货物等级为 10 级；又查《中国—海湾地区航线等级费率表》，10 级货每运费吨的基本费率为 222 港元，另收燃料附加费 10%。我公司应付给船公司运费多少？

任务六　拟定保险条款

☞ 学习目标

1. 了解共同海损和单独海损的概念。
2. 了解和掌握基本险和附加险的各种险别的责任起讫和除外责任。
3. 掌握合同中保险条款的内容和保险业务的办理程序。

☞ 技能目标：

1. 能够正确拟定国际贸易合同中的保险条款。

2. 能够独立办理国际货物运输的保险业务。

3. 能够灵活处理国际贸易中买卖双方有关保险方面的纠纷。

☞ **导入案例**

某货轮在某港装货后，航行途中不慎发生触礁事故，船舶搁浅，不能继续航行。事后船方反复开倒车强行浮起，但船底划破，致使海水渗入货舱，造成货物部分损失。为使货轮继续航行，船长发出求救信号，船被拖至就近港的船坞修理，暂时卸下大部分货物。前后花了10天，共支出修理费5 000美元，增加各项费用支出（包括员工工资）共3 000美元。当船修复后继续装上原货起航。次日，忽遇恶劣气候，使船上装载的某货主的一部分货物被海水浸湿。

◈ **思考题**

请结合上述安全资料，讨论回答以下问题：

1. 从货运保险义务方面分析，以上所属的各项损失，各属于什么性质的损失？

2. 在投保了平安险的情况下，被保险人有权向保险公司提出哪些赔偿要求？为什么？

一、海上货物运输保险承保的风险

1. 海上风险

海上风险（Perils of Sea）又叫海难，包括海上发生的自然灾害和意外事故。

（1）自然灾害（Natural Calamities）。自然灾害是指由非常的自然力量所造成的灾害，如恶劣气候、暴风雨、雷电、海啸、洪水、地震等。

（2）意外事故（Fortuitous Accidents）。意外事故是指非意料之中的原因或不可抗拒的原因造成的事故，如搁浅、触礁、碰撞、沉没等。

2. 外来风险

外来风险（Extraneous Risks）是指海上风险以外的其他外来原因所致的风险。外来风险可分为一般外来风险和特殊外来风险两种。

（1）一般外来风险指偷窃、钩损、雨淋、串味等。

（2）特殊外来风险指军事、政治、国家政策法令和行政措施等外来风险。常见的特殊外来风险有战争、罢工、交货不到拒收等。

二、海上货物运输保险中保险人承保的损失

海上货物运输的损失又称海损（Average），指货物在海运过程中由于海上风险而造成的损失。海损也包括在与海运相连的陆运和内河运输过程中的货物损失。根据损失的程度不同，海损可以分为全部损失和部分损失。

1. 全部损失

全部损失（Total Loss）简称全损，指运输过程中的整批货物或不可分割的一部分货物全部发生损失。就其损失情况不同，又可分为实际全损和推定全损。

（1）实际全损。实际全损是指该批保险货物完全灭失或货物受损后已失去原有的用途。如整批货物沉入海底无法打捞，船被海盗劫去，货物被敌方扣押，船舱进水、舱内水泥经海水浸泡无法使用，船舶失踪半年仍无音讯等。具体来讲，构成被保险货物实际全损的情况有下列几种：

①保险标的完全灭失，即保险标的的实体已经完全毁损或不复存在。如大火烧掉船舶或货物，糖、盐这类易融货物被海水融化，船舶遭飓风沉没，船舶碰撞后沉入深海等。

②保险标的丧失属性，即保险标的的属性已被彻底改变，不再是投保时所描述的内容。例如，货物发生了化学变化使得货物分解，在这类情况下，保险标的丧失商业价值或使用价值，均属于实际全损。但如果货物到达目的地时损失虽然严重，但属性没有改变，经过一定的整理，还可以以原来的商品名义降价处理，那就只是部分损失。

③被保险人无法挽回丧失了的保险标的。在这种情况下，保险标的仍然实际存在，可能丝毫没有损失，或者有损失而没有丧失属性，但被保险人已经无可挽回地丧失了对它的有效占有。比如，一根金条掉入了大海，要想收回它是不可能的；再如，战时保险货物被敌方捕获并宣布为战利品。

④保险货物的神秘失踪。按照海上保险的惯例，船舶失踪到一定合理的期限，就被宣布为失踪船舶。在和平时期，如无相反证据，船舶的失踪被认为是由海上风险造成的实际全损。船舶如果失踪，船上所载货物也随之发生“不明原因失踪”，货主可以向货物保险人索赔实际全损。

（2）推定全损。推定全损是指货物发生事故后，被保险货物的实际损失已不可避免，或为避免实际全损所需的费用与继续运送货物到目的地的费用总和超过保险价值。具体来讲，保险货物的推定全损有以下几种情况：

①保险标的的实际全损不可避免。如船舶触礁地点在偏远而危险的地方，因气候恶劣，不能进行救助，尽管货物实际全损还没有发生，但实际全损将不可避免地发生；又如，货物在运输途中严重受损，虽然当时没有丧失属性，但可以预计到达目的地时丧失属性是不可避免的。这类情况下被保险人就可以按推定全损索赔。

②保险标的遭受保险事故之后，使被保险人丧失了对保险标的的所有权，而收回这一所有权所花费用估计要超过收回后标的价值。

③保险货物严重受损，其修理、恢复费用和续运费用的总和大于货物本身的价值，该批货物就构成了推定全损。

例如：有一台精密仪器价值15 000美元，货轮在航行途中触礁，船身剧烈震动而使仪器受损。事后经专家检验，修复费用为16 000美元，如拆为零件销售，可卖2 000美元。该仪器属于何种损失？

分析：该种损失属于推定全损。因为其修理、恢复费用和续运费用总和大于货物本身的价值。

2. 部分损失（Pratical Loss）

部分损失是指保险标的的损失没有达到全部损失的程度的一种损失。按照损失的性质来划分，部分损失可分为共同海损和单独海损。

（1）共同海损。共同海损（General Average，G. A.）是指当载货船舶在海上遇到了自然灾害和意外事故，威胁到船货等各方共同的安全时，为了结束这种威胁、维护船货安全，或者使得航程得以继续安全，由船方有意识地、合理地采取措施而造成的特殊损失或支出特殊额外费用的行为。在船舶发生共同海损后，凡属共同海损范围内的牺牲和费用，均可通过共同海损清算，由有关获救受益方（即船方、货方和运费收入方）根据获救价值按比例分摊，然后再向各自的保险人索赔。共同海损分摊涉及的因素比较复杂，一般均由专门的海损理算机构进行理算（Adjustment）。

共同海损需要同时具备以下几个条件：

①必须确实遭遇危难，即共同海损的危险必须是实际存在的，或者是不可避免的，而不是主观臆测的。

②必须是主动地、有意识地采取的合理措施，其费用必须是额外的。

③必须是为船、货共同的安全而采取的措施。如果只是为了船舶或货物单方面的利益而造成的损失，则不能作为共同海损。

④必须是属于非常性质的损失。

（2）单独海损。单独海损（Particular Average，P. A.）是指在海上运输中，由于保单承保风险直接导致的船舶或货物本身的部分损失。它属于特定方面的损失，不涉及其他货主和船方。单独海损由特定利益方承担。

共同海损和单独海损的主要区别在于：

①造成损失的原因不同。共同海损是因采取人为的、故意的措施而导致的损失；而单独海损则是因意外的、偶然的事故所直接导致的损失。

②涉及的利益方不一样。共同海损是为船货各方的共同利益所受的损失；而单独海损则只涉及损失方个人的利益。

③损失承担的方式不同。共同海损应由受益方分摊；而单独海损则由损失方自己承担。

按照货物险保险条例，不论投保何种货运险险种，由于海上风险而造成的全部损失和共同海损均属保险人的承保范围。对于推定全损的情况，由于货物并未全部灭失，被保险人可以选择按全损或按部分损失索赔。倘若按全损处理，则被保险人应向保险人提交“委付通知”，把残余标的物的所有权交付给保险人，经保险人接受后，可按全损得到赔偿。

三、海上货物运输保险中保险人承保的费用

海上风险还会造成费用支出，主要有施救费用和救助费用两种。

1. 施救费用

施救费用是指当标的物遭遇保险范围内的灾害事故时，由被保险人或其代理人、受让人等采取施救措施所支出的费用。施救费用由保险人负责支付。

2. 救助费用

救助费用是指在标的物遭遇保险责任范围内的灾害事故时，由保险人和被保险人以外的第三者采取救助行动而向其支付的费用。

保险人对施救费用和救助费用都负责赔偿，但以总和不超过货物险保险金额为限。

四、海上货物运输保险中保险人承保的保险险别

保险险别是确定保险人和被保险人权利和义务的条款，也是保险人承保责任大小和收取保费多少的依据。

（一）基本险别

基本险又称主险，是保险人对承保货物所负担的最基本的保险责任，是投保人必须投保，并且是单独投保的险别。根据我国现行的《海洋货物运输保险条款》的规定，在基本险别中包括平安险、水渍险和一切险三种。

1. 平安险

平安险（Free From Particular Average，FPA）的英文原意是指单独海损不赔。平安险的责任范围包括：

（1）被保险货物在运输过程中，由于恶劣气候、雷电、海啸、地震、洪水等自然灾害所造成的整批货物的全部损失。

（2）由于运输工具发生搁浅、触礁、沉没、遇洪水，或与其他物体碰撞，以及失火、爆炸等意外事故造成的货物全部或部分的损失。

（3）运输工具发生意外事故，货物在此前后又在海上遭受自然灾害所造成的部分损失。

（4）装卸或转运时由于一件或整件货物落海所造成的全部或部分损失。

（5）共同海损的牺牲、分摊和救助费用。

（6）被保险人对遭受承保责任内危险的货物，采取抢救、防止或减少受损的措施而支付的合理费用，但以不超过该批被救货物的保险金额为限。

（7）运输工具遭遇海难后，在避难卸货所产生的费用或在中途港存仓与运送货物产生的特别费用。

（8）运输契约订有船舶碰撞条款，按规定应由货方偿还给船方的损失。

简言之，平安险主要承保海上风险造成的全损、共同海损及由意外事故造成的单独海损。平安险是保险人承保责任最小的一种基本险。

2. 水渍险

水渍险（With Particular Average，WPA）的英文原意是单独海损赔偿。保险人的承保范围要大于平安险，其责任范围除包括平安险的责任范围外，还负责被保险货物由于自然灾害所造成的部分损失（单独海损），即水渍险的承保范围包括海上风险造成的全损和部分损失。

3. 一切险

一切险（All Risks）的责任范围除了水渍险的各项责任外，还负责货物在运输途中由于一般外来原因所造成的全损和部分损失，但不包括特殊外来原因造成的损失，即一切险的承保范围包括海上风险和一般外来风险造成的全损和部分损失。一切险并非承保一切风险。

以上三种基本险别，投保人可以任选一种投保。

（二）附加险别

附加险是在投保人投保基本险之后，又加保的险别。附加险承保由于外来原因引起的风险。海洋运输货物保险的附加险种类繁多，归纳起来，可分为一般附加险和特殊附加险两类。

1. 一般附加险

一般附加险承保由一般外来风险造成的全部损失或部分损失。一般附加险主要有如下11种：

（1）偷窃提货不着险（Theft，Piferageand Non Delivery，TPND）：保险有效期内，保险货物被偷走或窃走，以及货物运抵目的地以后，整件未交的损失，由保险公司负责赔偿。

（2）淡水雨淋险（Fresh Water Rain Damage，FWRD）：货物在运输中，由于淡水、雨水以至雪溶所造成的损失，保险公司都应负责赔偿。淡水包括船上淡水舱、水管漏水以及汗等。

（3）短量险（Risk of Shortage）：负责保险货物数量短少和重量的损失。通常包装货物的短少，保险公司必须要查清外包装是否发生异常现象，如破口、破袋、扯缝等，如属散装货物，往往以装船和卸船重量之间的差额作为计算短量的依据。

（4）混杂、沾污险（Risk of Intermixture & Contamination）：保险货物在运输过程中，混进了杂质所造成的损失。例如，矿石等混进了泥土、草屑等因而使质量受到影响；保险货物因为和其他物质接触而被沾污，如布匹、纸第、食物、服装等被油类或带色的物质污染而引起的经济损失。

（5）渗漏险（Risk of Leakage）：流质、半流质的液体物和油类物质，在运输过程中因为容器损坏而引起的渗漏损失。如以液体装存的湿肠衣，因为液体渗漏而使肠发生腐烂、变质等损失，均由保险公司负责赔偿。

（6）碰损、破碎险（Risk of Clash & Breakage）：碰损主要是对金属、木质等货物来说的，破碎则主要是对易碎性物质来说的。前者是指在运输途中，因为受到震动、颠簸、挤压而造成货物本身的损失；后者是在运输途中由于装卸野蛮、粗鲁、运输工具的颠震造成货物本身的破裂、断碎的损失。

（7）串味险（Risk of Odour）：例如，茶叶、香料、药材等在运输途中受到一起堆储的皮第、樟脑等异味的影响使品质受到损失。

（8）受热、受潮险（Damage Caused by Heating & Sweating）：例如，船舶在航行途中，由于气温骤变，或者因为船上通风设备失灵等使舱内水汽凝结、发潮、发热引起货物的损失。

（9）钩损险（Hook Damage）：保险货物在装卸过程中因为使用手钩、吊钩等工具所造成的损失，如粮食包装袋因吊钩钩坏而造成粮食外漏所造成的损失，保险合同在承保该险的条件下，应予赔偿。

（10）包装破裂险（Loss for Damage by Breakage of Packing）：因为包装破裂造成物资的短少、沾污等损失。此外，对于因保险货物运输过程中续运安全的需要而产生的候补包装、调换包装所支付的费用，保险公司也应负责。

（11）锈损险（Risks of Rust）：保险公司负责保险货物在运输过程中因为生锈造成的损失。不过这种生锈必须在保险期内发生，如原装时就已生锈，保险公司不负责任。

上述11种附加险，不能独立承保，必须附属于主险之下。也就是说，只有在投保了主险以后，投保人才允许投保附加险。投保一切险后，上述险别均包括在内。

2. 特殊附加险

特殊附加险指由于特殊外来原因引起的特殊风险造成的损失的特殊险别，包括交货不到险（Faliure to Deliver Risk），进口关税险（Import Duty Risk），舱面险（On Deck Risk），拒收险（Rejection Risk），黄曲霉素险（Aflatoxin Risk），卖方利益险（Seller's Contingent Risk），出口货物到港九或澳门存仓火险责任扩展条款（Fire Risk Extention Clause for Storage of Cargo of Destination Hongkong Including Kowloon，or Macao），罢工险，海运战争险（Ocean Marine Cargo War Risk）等。

投保特殊附加险时，应该将具体险种一一列明。

（三）保险责任的起讫

在海运保险中保险责任的起讫主要采用“仓至仓”条款（Warehouse to Warehouse Clauses W/W）。“仓至仓”条款指保险责任自被保险货物运离保险单所载明的起运地仓库或处所（包括海、陆、河运）开始，直至该货物运离保险单所载明的目的地、收货人最后仓库或储存地或其他储存地为止（若货物不卸保60天为限）。其所指的运输包括海上、陆上、内河和驳船运输的整个运输过程。海上货物运输保险合同中规定保险责任起止期的条款。保险期间自货物从保险单载明的起运港（地）发货人的仓库或储存处开始运输时生效，到货物运达保险单载明目的港（地）收货人的最后仓库或被保人用作分配、分派或非正常运输的其他储存处所为止。如未抵达上述仓库或储存处所，则以被保险货物在最后目的港（地）卸离海轮满60日为止。在货物未经运抵收货人仓库或储存处所并在卸离海轮60天内，须转运到非保险单载明的目的地时，以该项货物开始转运时终止。

战争险的保险责任起讫为只负水面风险（若货物不卸保15天为限）。

五、国际货物运输保险业务流程

在国际货物买卖过程中，由哪一方负责办理投保国际贸易运输保险，应根据买卖双方商订的价格条件来确定。如按FOB条件和CFR条件成交，保险即应由买方办理；如按CIF条件成交，保险就应由卖方办理。

办理国际贸易运输保险的一般程序是：

1. 确定投保国际运输保险的保险险别和保险金额

在选择投保险别时通常要对以下几个因素进行综合考虑：①货物的种类、性质和特点；②货物的包装情况；③货物的运输情况（包括运输方式、运输工具、运输路线）；④发生在港口和装卸过程中的损耗情况等；⑤目的地的政治局势。如在1998年北约空袭南联盟和1999年巴基斯坦政变期间，应该投保战争险。

保险金额是投保人对保险标的的实际投保金额，是计算保险费的基础，也是在保险标的受损时，保险人承担赔偿责任的最高限额。

在国际货物运输业务中，保险金额一般是以被保险货物的发票金额为基础确定的。从买方的进口成本来看，无论以何种贸易条件成交，除去FOB价外，还须承担运费和保险费，所以，保险金额一般是以货物的CIF或CIP价发票金额为基础确定的。但是，在国际贸易中，若货物全部损失，而被保险人得到的补偿却只是CIF或CIP发票金额，那么，已经支付的经营费用和预期利润仍然无法得到补偿。因此，各国保险法和相关国际惯例均规定，国际货物运输保险的保险金额，可以在CIF或CIP货价的基础上适当地加成，一般加一成（10%），加成的多少应视实际需要而定。

保险金额的计算可采用下面的公式：

保险金额 = CIF（或CIP）发票金额 ×（1 + 保险加成率）

2. 填写国际运输保险投保单

投保单是投保人向保险人提出投保的书面申请，投保申请单的主要内容有：

（1）被保险人名称（The Insured's Name）。一般是出口企业名称，如果信用证要求以进口商名称投保或指明要过户给银行，应在投保单上明确表明，以便保险公司按要求制作保险单据。

（2）标记（Marks & Nos.）。与发票、提单上的标记一致，如果标记繁杂，可以简化，如“与×号发票同”（as per invoice NO. ×××）。

（3）包装及数量（Package & Quantity）。写明包装的性质，如箱、捆、包以及具体数量，以集装箱装运的也要注明。

（4）货物名称（Description of Goods）。不能将货物写成百货、食品，而要写具体品名，如服装、大米、小五金等，可写统称但不能与发票所列货名相抵触。

（5）保险金额（Amount Insured）。按买卖合同规定的加成比例计算保险金额，保额小数点后进位成整数（不能用四舍五入法），所用币制应与发票一致。

（6）船名或装运工具（Per Conveyance）。海运应注明船名。

（7）开航日期（Slg. On abt.）。按确定日期或大约月、日填写，但与提单所列开航日期要一致。

（8）航程。即写明从何地起运至何地止，如转内陆，则要写明内陆城市名称，不能笼统写“内陆城市”。

（9）保险险别（Conditions）。要明确具体险别，不能笼统地写“海运保险”（Marine Clauses）。

（10）赔款地点（Claim Payable At...）。通常是在货运目的地，如果在目的地之外的地点，要加以注明。

（11）投保日期（Applicant's Date）。保单上载明的出单日期，不能迟于提单上的开航日期。

一般说来，倘若保险单是以卖方为被保险人的，按商业习惯，卖方在将单证送到银行结汇前，在保险单正本加盖签章（即背书），于是这份保险单的权益随同被保险货物权利的转移而转给单据持有人。

投保申请单项目如发现差错、遗漏等情况，应及时通知保险公司更正，或已出具保险单者，如发现保险单上任何内容有错误、遗漏或变更项目等现象，应及时向保险公司重新出具保险单或签发批单（Endorsement），作为更改保险单的书面文件，批单应粘贴在原保险单上，并经保险公司骑缝盖章为保险单不可分割的一部分；如保险单已寄交收货人，应按原寄单路线寄交收货人，要求粘贴在原保险单上；如投保申请单有虚假或隐瞒真实的情况，发生损失，保险公司可以不负责赔偿。

目前我国有些地区的保险公司为了方便工作，不使用投保申请单，由被保险人自己直接代保险公司缮制保险单，再提供发票及信用证副本给保险公司（或其他类似单据以代替申请单），保险公司据以审核、填制险别及签章。

被保险人的投保申请单与保险单作为保险公司与被保险人双方保险契约的一种形式。保险单也是被保险人向保险公司索赔的书面依据。

3. 支付保险费，取得保险单

保险费按投保险别的保险费率计算。保险费率是根据不同的险别、不同的商品、不同的运输方式、不同的目的地，并参照国际上的费率水平而制订的。它分为一般货物费率和指明货物加费费率两种。前者是一般商品的费率，后者系指特别列明的货物（如某些易碎、易损商品）需在一般费率的基础上另行加收的费率。

交付保险费后，投保人即可取得保险单（Insurance Policy）。保险单实际上是保险人与被保险人之间的保险契约。在发生保险范围内的损失或灭失时，被保险人可凭保险单向保险人索赔。

4. 办理索赔手续

当被保险的货物发生属于保险责任范围内的损失时，被保险人可以向保险人提出赔偿要求。被保险货物运抵目的地后，收货人如发现整件短少或有明显残损时应立即向承运人或有关方面索取货损或货差的证明，并联系保险公司指定的检验理赔代理人申请检验，提出检验报告，确定损失程度，同时向承运人或有关责任方提出索赔。属于保险责任的，可填写索赔清单，连同提单副本、装箱单、保险单正本、磅码单、修理配置费凭证、第三者责任方的签证或商务记录以及向第三者责任方索赔的来往函件等向保险公司索赔。索赔应当在保险有效期内提出并办理，否则保险公司可以不予办理。

六、合同中的保险条款

采用不同的贸易术语，办理保险手续的人就不同。凡采用 FOB 或 CFR 条件成交时，在买卖合同中，应订明由买方投保（To be Covered by the Buyers）；凡以 CIF 条件成交的出口合同，应订明由卖方负责办理投保。

在 CIF 出口合同的保险条款中，必须订明下列内容：

1. 投保金额，或称保险金额

保险金额的计算公式为：

出口货物的保险金额 = CIF 价 × 110%

进口货物的保险金额 = CIF 进口货价

保险费的计算公式为：

出口货物保险费 = CIF 价 × 110% × 保险费率

进口货物保险费 = CIF 进口货价 × 保险费率

例 1：我国某外贸公司按 CFR 条件进口成交一批价值为 12 000 美元的货物。现按 CIF 价格加成 10% 投保一切险和战争险，则计算如下：

（1）查保费率表得出一切险和战争险费率分别为 0.5% 和 0.04%，则总费率为：0.5% + 0.04% = 0.54%

（2）将 CFR 价值转化为 CIF 价值，即：

CIF = 12 000/（1 − 0.54% × 1.1）= 12 072（美元）

（3）得出保险费为：

12 072 × 0.54% = 65.2（美元）

例 2：某出口商品 CFR 天津新港价为 1 200 美元，投保一切险，保险费率为 0.63%，客户要求加一成投保，则保险金额和保险费的计算如下：

CIF = 1 200/（1 − 0.63% × 110%）= 1 208.37（美元）

保险金额 = 1 208.37 × 110% = 1 329.21（美元）

保险费 = 1 329.21 × 0.63% = 8.37（美元）

或保险费 = CIF − CFR = 1 208.37 − 1 200 = 8.37（美元）

该笔保险业务的保险金额为 1 329.21 美元，保险费为 8.37 美元。

2. 险别

凡我国出口以 CIF 或 CIP 条件成交的，通常按照中国人民保险公司现行的货物运输的保险险别并根据商品的特点及海上风险的程度，由双方约定投保的险别。

3. 确定以哪一个保险公司的保险条款为准

目前，我国通常采用中国人民保险公司 1981 年 1 月 1 日生效的货物运输保险条款为依据。但有时国外客户要求按照英国伦敦保险业协会货物保险条款（ICC Clause）为准，我方也可以通融接受。

（1）出口货物保险的做法。

凡按 CIF 和 CIP 条件成交的出口货物，由出口企业向当地保险公司办理投保手续。一般采用逐笔投保的做法。

（2）进口货物保险的做法。

按 FOB、CFR 和 CPT 条件成交的进口货物，均由买方办理保险。为了简化投保手续和防止出现漏保或来不及办理投保等情况，我国进口货物一般采取预约保险的做法，即与保险公司共同议定平均运费率和平均保险费率，由此得出保险金额的计算公式：

保险金额 = FOB（或 FCA）价 ×（1 + 平均运费率 + 平均保险费率）

保险金额 = CFR（或 CPT）价 ×（1 + 平均保险费率）

这里的保险金额均未加成，如投保人要求加成，保险公司也可接受。

（3）保险单证。

保险单证是保险公司和被保险人之间订立的保险合同，也是保险公司出具的承保证明，是被保险人凭以向保险公司索赔和保险公司进行理赔的依据。在国际贸易中，保险单证是可以转让的。

常用保险单证有：

①保险单（Insurance Policy），又称大保单，是一种正规的保险合同，除载明上述投保单上所述各项内容外，还列有保险公司的责任范围以及保险公司与被保险人双方各自的权利、义务等方面的详细条款。

②保险凭证（Insurance Certificate），又称小保单，是一种简化的保险合同，除其背面没有列入详细保险条款外，其余内容与保险单相同，保险凭证也具有与保险单同样的法律效力。

七、拟定保险条款应注意的问题

（1）应尊重对方的意见和要求。有些国家规定，进口货物必须由其买保险，这些国家有 40 多个，如朝鲜、缅甸、印度尼西亚、伊拉克、巴基斯坦、加纳、也门、苏丹、叙利亚、伊朗、墨西哥、阿根廷、巴西、秘鲁、索马里、利比亚、约旦、阿尔及利亚、扎伊尔、尼日利亚、埃塞俄比亚、肯尼亚、冈比亚、刚果、蒙古、罗马尼亚、卢旺达、毛里坦尼亚等。对这些国家的出口，我们不宜按 CIF 价格成交。

（2）如果国外客方要求我们按伦敦保险协会条款投保，我们可以接受客方要求，订在合同里。因为英国伦敦保险协会条款，在世界货运保险业务中有很大的影响，很多国家的进口货物保险都采用这种条款。

（3）经托收方式收汇的出口业务，应争取用 CIF 价格条件成交，以减少风险损失。因为在我们交货后，如货物出现损坏或灭失，买方拒赎单，我保险公司可以负责赔偿，并向买方追索赔偿。

知识练习与实训

知识练习：

一、单项选择题

1. 在保险人所承保的海上风险中，恶劣气候、地震属于（　　）。

A. 自然灾害　B. 意外事物　C. 一般外来风险　D. 特殊外来风险

2. 在保险人所承保的海上风险中，搁浅、触礁属于（　　）。

A. 自然灾害　B. 意外事故　C. 一般外来风险　D. 特殊外来风险

3. 在海运过程中，被保险物茶叶经水浸已不能饮用，这种海上损失属于（　　）。

A. 实际全损　B. 推定全损　C. 共同海损　D. 单独海损

4. 船舶搁浅时，为使船舶脱险而雇用驳船所支出的费用，属于（　　）。

A. 实际全损　B. 推定全损　C. 共同海损　D. 单独海损

5. 某茶叶进出口公司出口茶叶 15 公吨，在海运途中遭受暴风雨，海水涌入舱内，致使一部分茶叶发霉变质，这种损失属于（　　）。

A. 实际全损　B. 推定全损　C. 共同海损　D. 单独海损

6. 战争、罢工风险属于（　　）。

A. 自然灾害　B. 意外事故　C. 一般外来风险　D. 特殊外来风险

7. 在国际货物保险中，不能单独投保的险别是（　　）。

A. 平安险　B. 水渍险　C. 战争险　D. 一切险

8. 根据我国《海洋货物运输保险条款》的规定，承保范围最小的基本险别是（　　）。

A. 平安险　B. 水渍险　C. 一切险　D. 罢工险

9. 为了防止运输中货物被盗，应该投保（　　）。

A. 平安险　B. 一切险

C. 偷窃提货不着险　D. 一切险加保偷窃提货不着险

10. 对于出口货物，通常保险是按 CIF 发票金额加成（　　）投保平安险。

A. 20%　B. 10%　C. 5%　D. 无惯例

二、多项选择题

1. 在海上保险业务中，属于自然灾害风险的有（　　）。

A. 恶劣气候　B. 雷电　C. 海啸

D. 地震　E. 洪水

2. 在海上保险业务中，属于意外事故的有（　　）。

A. 搁浅　B. 触礁　C. 沉没

D. 碰撞　E. 失踪、失火、爆炸

3. 在海上保险业务中，构成被保险货物“实际全损”的情况有（　　）。

A. 保险标的物完全灭失

B. 保险标的物丧失已无法挽回

C. 保险标的物发生变质，失去原有使用价值

D. 船舶失踪到达一定时期

E. 收回保险标的物所有权花费的费用将超过收回后的标的价值。

4. 在海运保险业务中，构成共同海损的条件是（　　）。

A. 共同海损的危险必须是实际存在的

B. 消除船货共同危险而采取的措施是有意合理的

C. 必须属于正常性质的损失

D. 费用支出不是额外的

E. 必须是为船、货共同安全而采取的措施

5. 根据我国《海洋货物运输保险条款》的规定，能够独立投保的险别有（　　）。

A. 平安险　　B. 水渍险　　C. 一切险

D. 战争险　　E. 罢工险

6. 下列风险中属于一般外来风险的有（　　）。

A. 地震、偷窃、战争　　B. 偷窃、串味、短量

C. 洪水、海啸、雨淋　　D. 受潮、雨淋、渗漏

7. 若按 CIF 条件出口，如保下列险作为保险条款，哪个妥当（　　）。

A. 一切险、淡水雨淋险　　B. 水渍险、受潮受热险

C. 偷窃险、战争险、罢工险　　D. 平安险、偷窃险、战争险

E. 平安险、一切险、战争险

8. 出口茶叶，为防止运输途中串味，办理投保时，应投保（　　）。

A. 串味险　　B. 水渍险加串味险

C. 平安险加串味险　　D. 一切险加串味险

E. 一切险

9. 山东一公司对外出口红枣 100 公吨，在驶达目的港途中，遇热带风暴，海水浸入船舱内，导致全部红枣受水浸泡变质，如该批货物已办理了相应的保险，那么这种损失属于（　　）险别的保险责任范围之内。

A. 串味险　　B. 水渍险　　C. 平安险

D. 特殊附加险　　E. 一切险

三、判断题

1. 海上保险业务中的意外事故，是指发生在海上的所有意外事故。（　　）

2. 海上风险所造成的海洋运输货物的损失属于海损。（　　）

3. 船舶失踪达到一定期限可作推定全损处理。（　　）

4. 单独海损是仅由各受损者单独负担的一种损失。（　　）

5. 共同海损是承保风险所直接造成的船货损失。（　　）

6. 共同海损的损失是由受益各方根据获救利益大小按比例分摊。（　　）

7. 在发生保险范围内事故时，由保险人或被保险人以外的第三者采取救助行为而花费的费用叫施救费用。（　　）

8. 平安险不保被保险货物由于自然灾害所造成的部分损失。（　　）

9. 一切险并不承保一切风险所造成的被保险货物的一切损失。（　　）

10. 一般附加险和特殊附加险可以单独投保。（　　）

四、简答题

1. 构成推定全损有哪几种情况？

2. 什么叫共同海损？什么叫单独海损？二者有何区别？

职业实训：

1. 天津港保税区某公司出口一批货物 CFR 价为 7 800 美元，现国外客户来电要求按 CIF 价加 20% 投保海上一切险，我方照办，如保险费率为 1% 时，我方应向客户补收多少保险费？

2. 有一货轮在航行中与流冰相撞，船身一侧裂口，船内部分乙方商品遭浸泡，船长不得不将船就近驶入浅滩，进行排水修补裂口，而后为了浮起船只，又将部分笨重货物抛入海中。船体撞裂、部分乙方货物遭受浸泡损失了 3 万美元，将船舶驶向浅滩产生的一连串损失共为 8 万美元。应如何分摊这些损失？（已知：获救后的船舶价值为 100 万美元；船上货物甲、乙、丙三家货物价值分别为 50 万美元、30 万美元、18 万美元；待收运费 2 万美元）

任务七　拟定支付条款

☞ 学习目标

1. 了解国际贸易合同中支付条款的重要性。

2. 掌握汇票、本票、支票的定义、种类、内容及其流通程序，理解汇付和托收的含义、当事人及流程，熟练掌握信用证的含义、种类、内容及支付的程序。

3. 掌握合同中支付条款的内容。

☞ 技能目标

1. 能够正确拟定国际贸易合同中的支付条款。

2. 能够灵活处理国际贸易中买卖双方有关货款支付的纠纷。

☞ 导入案例

青岛某公司以 CIF 条件对外出口一批货物，买方开来了保兑信用证，该信用证规定：银行收到符合要求的单据后付款 90%，余下的 10% 须等货物到达目的地后，买方通知银行方可支付。当货轮到达目的港外海时，接当地港务局通知，因目的港拥挤，货轮在该港的辅助港卸货。于是，买方以货物未在约定港口卸货为由，拒付货款余额。

◈ 思考题

请结合以上案例资料，讨论回答以下问题：

1. 买方拒付的理由是否合理，为什么？

2. 出口方能否要求付款行及保兑行付款？

3. 我方从本案中应吸取什么教训？

在国际贸易中，货款的支付是买卖双方的基本义务。货款的支付直接影响到买卖双方的

资金周转和融通，以及各种金融风险和费用的负担。因此，支付条件是关系到买卖双方利益的关键问题，应在交易磋商和合同中加以明确。合同中的支付条款一般涉及支付工具与支付方式两个方面的内容。支付工具分为货币和票据，在国际贸易中，票据是最主要的支付工具。国际贸易中的支付方式有很多种，汇付、托收和信用证是基本的支付方式。

一、支付工具

国际贸易货款的收付，采用现金结算的较少，大多使用非现金结算，即使用代替现金作为流通手段和支付手段的信贷工具来结算国际的债权债务。票据是国际通行的结算和信贷工具，是可以流通转让的债权凭证。国际贸易中使用的票据主要有汇票、本票和支票，其中以使用汇票为主。

（一）汇票（Bill of Exchange，Draft）

1. 汇票的含义和基本内容

汇票是一个人向另一个人签发的，要求见票时或在将来的固定时间，或可以确定的时间，对某人或其指定的人或持票人无条件地支付一定金额的书面支付命令。各国票据法对汇票内容的规定不同，一般认为应包括下列基本内容：

（1）应载明“汇票”字样；

（2）无条件支付命令，即汇票上不能记载支付条件；

（3）确定的金额；

（4）付款期限；

（5）付款地点；

（6）受票人又称付款人，即接受支付命令付款的人，在进出口业务中，通常是进口人或其指定的银行；

（7）受款人即受领汇票所规定金额的人，在进出口业务中，通常是出口人或其指定的银行；

（8）出票日期；

（9）出票地点；

（10）出票人签章。

上述基本内容，一般为汇票的要项，但并不是汇票的全部内容。按照各国票据法的规定，汇票的要项必须齐全，否则受票人有权拒付。信用证项下汇票的模板如下：

BILL OF EXCHANGE（汇票）

No.（汇票编号）__________ Date：（出票日期）__________

For：（小写金额）__________

At ______（付款期限）sight of this second of exchange（first of the same tenor and date unpaid）pay to the order of ______（受款人）the sum of ______（大写金额）.

Drawn under __________（出票条款）

L/C No. __________ Dated __________

To. 付款人__________

出票人签章

2. 汇票的种类

汇票从不同的角度可分为以下几种：

（1）按照出票人的不同，汇票可分为银行汇票和商业汇票。银行汇票是指出票人是银行，受票人也是银行的汇票；商业汇票是指出票人是商号或个人，付款人可以是商号、个人，也可以是银行的汇票。

（2）按照有无随附商业单据，汇票可分为光票和跟单汇票。光票是指不附带商业单据的汇票。银行汇票多是光票；跟单汇票又称信用汇票、押汇汇票，是需要附带提单、仓单、保险单、装箱单、商业发票等单据，才能进行付款的汇票。商业汇票多为跟单汇票，在国际贸易中经常使用。

（3）按照付款时间不同，汇票可分为即期汇票和远期汇票。即期汇票是指付款人必须在持票人向其提示时立即付款的汇票；远期汇票是指在一定期限或特定日期付款的汇票。

远期汇票的付款时间，有以下几种规定办法：

①见票后若干天付款（At × × days after sight），即付款人要在汇票的持票人向其提示汇票之日后的若干天付款。

②出票或若干天付款（At × × days after date），即付款人要在汇票开出之日后的若干天对受款人付款。

③指定日期付款，即在汇票上明确规定汇票到期、付款人对受款人进行支付的日期，这也被称为板期付款。

（4）按承兑人的不同，汇票可分为商业承兑汇票和银行承兑汇票。商业承兑汇票是企业或个人承兑的远期汇票，托收中使用的远期汇票即属于此种汇票；银行承兑汇票是银行承兑的远期汇票，信用证中使用的远期汇票即属于此种汇票。

一张汇票往往可以同时具备几种性质。例如，一张商业汇票同时又可以是即期的跟单汇票；一张远期的商业跟单汇票，同时又是银行承兑汇票。

3. 汇票的使用（行为与特征）

汇票的使用有出票、提示、承兑、付款等。如须转让，通常经过背书行为转让；汇票遭到拒付时，还要涉及做成拒绝证书和行使追索等法律权利。

（1）出票，是指出票人在汇票上填写付款人、付款金额、付款日期和地点以及受款人等项目，经签字交给受票人的行为。在出票时，对受款人通常有三种写法：

①限制性抬头。这种规定方法表明，汇票金额只能付给特定的抬头人，但该特定的抬头人不能将汇票下的收款权利转让给他人。出票人开立限制性抬头的汇票，是不愿使汇票流入第三者手中。限制性抬头一般采用以下写法："仅付给 A 公司（Pay to A Co. Only）"或"付给 A 公司不得转让（Pay to A Co. Not Transferable ）"或"付给 A 公司（Pay to A Co. ）"，然后在票据正面加注"不得转让（Not Transferable）"的字样。尽管这种汇票在各种汇票中最具有安全性，但因其流通性差而在贸易中使用较少。

②指示性抬头，指汇票人除写有收款人名称外，其后还有"或其指定人"。例如，"付给中国银行的指定人（Pay to the order of Bank of China）"或"付给中国银行或其指定人（Pay to Bank of China or order）"。指示性抬头有以下特点：可以由受款人根据自己的需要，通过背书将收款的权利转让给其他人，具有一定的流通性；由于汇票的转让需经原债权人背书而具有一定的安全性。对指示性抬头的汇票有安全性和流通性两方面的要求，在实际中应用最广泛。指示性抬头的汇票经抬头人背书后，可自由转让，而且一般可以多次背书转让，

转让次数越多，则汇票的信用价值越高，流通性越好。

③持票人或来人抬头，指不规定汇票的收款人，任何持票人均可作为收款人。这种汇票无须由持票人背书即可转让。我国《票据法》规定，凡签发持票人或来人抬头的汇票无效。

（2）提示，是指持票人将汇票提交付款人要求承兑或付款的行为。付款人见到汇票叫做见票。提示可以分为两种：

①付款提示，指即期汇票或已承兑的远期汇票的持票人向汇票的受票人提交汇票，要求其对汇票付款的行为。

②承兑提示，指远期汇票的持票人向汇票的受票人提交汇票，要求其对汇票承兑的行为。

（3）承兑，指付款人对远期汇票表示承担到期付款责任的行为。付款人在汇票上写明“承兑”字样，注明承兑日期，并由付款人签字，交还持票人。付款人对汇票作出承兑，即成为承兑人。承兑人有在远期汇票到期时付款的责任。

（4）付款，对即期汇票，在持票人提示汇票时，付款人即应付款；对远期汇票，付款人经过承兑后，在汇票到期日付款。付款后，汇票上的一切债务即告终止。

（5）背书。在国际市场上，汇票又是一种流通工具，可以在票据市场上流通转让。背书是转让汇票权利的一种法定手续，就是由汇票持有人在汇票背面签上自己的名字，或再加上受让人的名字，并把汇票交给受让人的行为。经背书后，汇票的收款权利便转移给受让人。汇票可以经过背书不断转让下去。对于受让人来说，所有在他以前的背书人以及原出票人都是他的前手；而对于出让人来说，所有在他让与以后的受让人都是他的后手。前手对后手负有担保汇票必然会被承兑或付款的责任。背书的方式主要有三种：

①限制性背书，也称不可转让背书，即背书人在背书时写明“仅付被背书人”或“付给被背书人，不得转让”等字样并签名。这时被指定的被背书人只能凭票取款，而不能将汇票继续转让给他人。

②空白背书，也称不记名背书，票据背面只有背书人姓名而无受让人签名。此类背书只凭交付即可转让。

③记名背书，又称特别背书、指示背书，指背书人在背书时注明将汇票金额“付背书人或其指定人”，或仅仅说明将汇票金额“付被背书人”（同时没有明确禁止给被背书人继续转让汇票）。这种背书受让人既可以凭票要求付款，也可继续背书将汇票转让。

在国际市场上，一张远期汇票的持有人如想在付款人付款前，取得票款，可以经过背书转让汇票，即将汇票进行贴现。贴现是指远期汇票承兑后，尚未到期，由银行或贴现公司从票面金额中扣减按一定贴现率计算的贴现息后，将余款付给持票人的行为。

（6）拒付。持票人提示汇票要求承兑时，遭到拒绝承兑，或持票人提示汇票要求付款时，遭到拒绝，均称为拒付，也称退票。

除了拒绝承兑和拒绝付款外，付款人拒不见票、死亡或宣告破产，以致付款事实上已成为不可能时，也称拒付。

如果汇票在合理时间内提示，遭到拒绝承兑，或在到期日提示，遭到拒绝付款，便对持票人立即产生追索权，持票人有权向背书人和出票人追索要款。按照有些国家的法律，持票人为了行使追索权及时作出拒付证书。所谓追索权是指汇票遭到拒付，持票人对其前手有请求其偿还汇票金额及费用的权利。拒付证书是由付款地的法定公证人或其他依法有权作出证书的机构如法院、银行、公会、邮局等，作出证明拒付事实的文件，是持票人凭此向前手进行追索的法律依据。如拒付的汇票已经承兑，出票人可凭此向法院起诉，要求承兑汇票的承兑人付款。此外，汇票的出票人或背书人为了避免承担被追索的责任，可在出票时或背书时加注“不受追索”字样。凡加注“不受追索”字样的汇票，在市场上难于贴现。

（二）支票和本票

国际贸易货款的收付，除了使用汇票外，有时也使用本票和支票。

1. 本票

本票是一个人向另一个人签发的，保证于见票时或定期或在可以确定的将来时间，对某人或其指定人或持票人支付一定金额的无条件的书面承诺。简言之，本票是出票人对受款人承诺无条件支付一定金额的票据。

本票可分为商业本票和银行本票。由工商企业或个人签发的称为商业本票或一般本票，由银行签发的称为银行本票。商业本票有即期和远期之分，银行本票则都是即期的。在国际贸易结算中使用的本票，大都是银行本票。有的银行发行见票即付、不记载收款人的本票或是来人抬头的本票，它的流通性与纸币相似。

汇票与本票的区别：

（1）本票的票面有两个当事人，即出票人和收款人；而汇票则有三个当事人，即出票人、付款人和收款人。

（2）本票的出票人即是付款人，即期本票无须办理承兑手续；而远期汇票则要办理承兑手续。

（3）本票在任何情况下，出票人都是绝对的主债务人，一旦拒付，持票人可以立即要求法院裁定，命令出票人付款；而汇票的出票人在承兑前是主债务人，在承兑后，承兑人是主债务人，出票人则处于从债务人的地位。

（4）本票只能开出一张，而汇票可以开出一套，多为一式两份，甚至数份。

（5）《英国票据法》规定外国本票退票时，不需作成拒绝证书，而外国汇票退票时，必须作成拒绝证书。

2. 支票

支票是以银行为付款人的即期汇票，即存款人对银行签发的无条件支付一定金额的委托或命令。出票人在支票上签发一定的金额，要求受票的银行于见票时立即支付一定金额给特定人或持票人。出票人在签发支票后，应负票据上和法律上的责任。前者是指出票人对收款人担保支票的付款；后者是指出票人签发支票时，应在付款银行存有不低于票面金额的存款。如存款不足，支票持有人在向付款银行提示此票要求付款时，就会遭到拒付，这种支票叫做空头支票，开出空头支票的出票人要负法律上的责任。

二、汇付与托收

汇付和托收这两种支付方式都是由买卖双方根据贸易合同互相提供信用的，故属于商业信用。

（一）汇付（Remittance）

1. 汇付方式的当事人

汇付又称汇款，指付款人主动通过银行或其他途径将款项汇交收款人。对外贸易的货款如采用汇付，一般是由买方按合同约定的条件和时间，将货款通过银行汇交给卖方。

在汇付业务中，通常有四个关系人：

(1) 汇款人，即汇出款项的人，在进出口交易中，汇款人通常是进口人。

(2) 收款人，即收取款项的人，在进出口交易中，通常是出口人。

(3) 汇出行，即受汇款人的委托，汇出款项的银行，通常是在进口地的银行。

(4) 汇入行，即受汇出行委托解付汇款的银行。因此，又称解付行，在对外贸易中通常是出口地的银行。

汇款人在委托汇出行办理汇款时，要出具汇款申请书。此项申请书被称作是汇款人和汇出行之间的一种契约。汇出行一经接受申请就有义务按照汇款申请书的指示通知汇入行。汇出行与汇入行之间，事先订有代理合同，在代理合同规定的范围内，汇入行对汇出行承担解付汇款的义务。

2. 汇付的种类

汇付方式可分为信汇、电汇和票汇三种：

(1) 信汇（M/T）是汇出行应汇款人的申请，将信汇委托书寄给汇入行，授权解付一定金额给收款人的一种汇款方式。信汇方式的优点是费用较为低廉，但收款人收到汇款的时间较迟。

(2) 电汇（T/T）是汇出行应汇款人的申请，拍发加压电报或电传给在另一个国家的分行或代理行指示解付一定金额给收款人的一种汇款方式。电汇方式的优点是收款人可迅速收到汇款，缺点是费用较高。

(3) 票汇（D/D）是汇出行应汇款人的申请，代汇款人开立以其分行或代理行为解付行的银行即期汇票，支付一定金额给收款人的一种汇款方式。

票汇与电汇、信汇的不同之处在于，票汇的汇入行无须通知收款人取款，而由收款人持票登门取款；票汇除有限制转让和流通的规定外，经收款人背书，可以转让流通，而电汇、信汇的收款人则不能将收款权转让。

3. 汇付方式在国际贸易中的使用

在国际贸易中，汇付方式通常用于预付货款、随订单付款和赊销等业务，采用预付货款和订货付现的方式，对卖方来说，就是先收款，后交货，资金不受积压，对卖方最为有利；反之，采用赊销贸易时，对卖方来说，就是先交货，后收款，卖方不仅要占压资金而且还要承担买方不付款的风险，因此，它对卖方不利，而对买方最为有利。此外，汇付方式运用于支付订金、分期付款、代付货款尾数以及佣金等费用的支付。

(二) 托收 (Collecting)

托收是指债权人出具汇票委托银行向债务人收取货款的一种支付方式。托收方式一般都通过银行办理，所以，又叫银行托收。托收的具体做法是由出口人根据发票金额开出以进口人为付款人的汇票，向出口地银行提出托收申请，委托出口地银行通过其在进口地的代理行或往来银行代向进口人收取货款。托收的具体程序如图 3-5：

1. 托收方式的当事人

(1) 委托人，指委托银行办理托收业务的客户，通常是出口人。

(2) 托收银行，指接受委托人的委托，办理托收业务的银行。

(3) 代收银行，指接受托收行的委托向付款人收取票款的进口地银行。代收银行通常是托收银行的国外分行或代理行。

(4) 提示行，指向付款人作出提示汇票和单据的银行。提示银行可以是代收银行委托

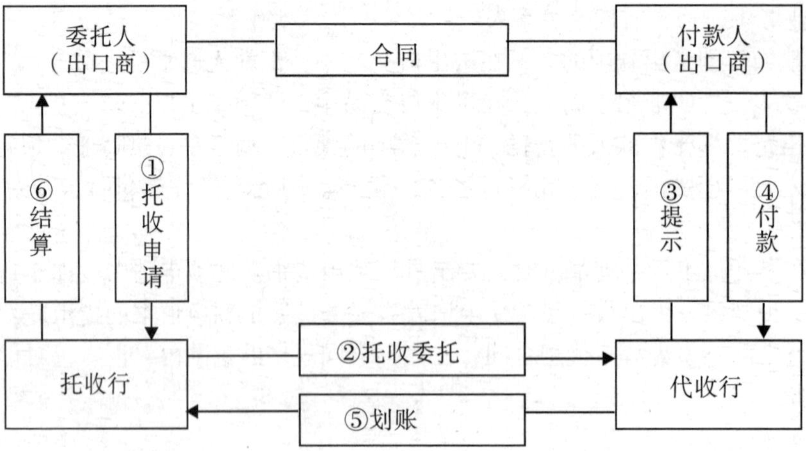

图3-5　托收的程序

与付款人有往来账户关系的银行，也可以由代收银行自己兼任的提示银行。

（5）受票人。除上述托收业务的四个基本当事人外，还要涉及受票人，即根据托收指示，向其作出提示的人。如使用汇票，即为汇票的受票人，也就是付款人，通常为进口人。

按照一般国家的银行做法，委托人在委托银行办理托收时，须附具一份托收委托书，在委托书中明确提出各种指示。银行接受委托后，则按照委托书的指示内容办理托收。

2. 托收的种类

托收可根据所使用的汇票不同，分为光票托收和跟单托收，国际贸易中货款的收取大多采用跟单托收。在跟单托收情况下，根据交单情况不同，又可分为付款交单和承兑交单两种。

（1）付款交单，指出口人的交单以进口人的付款为条件，即出口人发货后，取得装运单据，委托银行办理托收，并在托收委托书中指示银行，只有在进口人付清货款后，才能把装运单据交给进口人。

按付款时间的不同，付款交单又可分为即期付款交单和远期付款交单两种。

①即期付款交单（D/P at Sight），指出口人发货后开具即期汇票连同货运单据，通过银行向进口人提示，进口人见票后立即付款，进口人在付清货款后向银行领取货运单据。

②远期付款交单（D/P after Sight），指出口人发货后开具远期汇票连同货运单据，通过银行向进口人提示，进口人审核无误后即在汇票上进行承兑，于汇票到期日付清货款后再领取货运单据。

不论是即期付款交单或是远期付款交单，进口商必须在付清货款以后，才能取得单据，提取或转售货物。在远期付款交单条件下，如果付款日期和实际到货日期基本一致，仍不失为对买方的一种资金融通方式，进口人可以不必在到货之前，提前付款。但如果付款日期晚于到货日期，买方为了抓住有利行市，不失时机地转售货物，可以采取两种做法：一是在付款到期日之前提前付款赎单，扣除提前付款日至原付款到期日之间的利息，作为买方享受的一种提前付款的现金折扣；另一种做法，即代收行对于资信较好的进口人，允许进口人凭信托收据借取货运单据，先行提货。所谓信托收据，就是进口人借单时提供的一种书面信用担保文件，用来表示愿意以代收行的受托人身份代为提货、报关、存仓、保险、出售并承认货物的所有权仍属银行。货物售出后所得的货款，应于汇票到期时交银行。这是代收行自己向进口人提供的信用便利，而与出口人无关。因此，如代收行借出单据后，汇票到期不能收到货款，则代收行应对委托人负全部责任。但如果出口人指示代收行借单，就由出口人主动授权银行凭信托收据借单给进口人，即所谓付款交单凭信托收据借单，那么进口人在承兑汇票后可以凭信托收据先行借单提货。日后如果进口人在汇票到期时拒付，则与银行无关，应由出口人自己承担风险。这种做法的性质与承兑交单相似，因此，使用时必须从严掌握。

（2）承兑交单（D/A），指出口人的交单以进口人在汇票上承兑为条件，即出口人在装运货物后开具远期汇票连同装运单据，通过银行向进口人提示，进口人承兑汇票后，代收行即将货运单据交给进口人，在汇票到期时，方履行付款义务。承兑交单方式只适用于远期汇票的托收。由于承兑交单是进口人只要在汇票上承兑之后，即可取的货运单据，凭此提取货物。也就是说，出口人已交出了物权凭证，其收款的保障依赖进口人的信用，一旦进口人到期不付款，出口人便会遭到货物与货款全部落空的损失。因此，出口人对接受这种方式，一般采取很慎重的态度。

3. 托收方式的特点

（1）托收的性质为商业信用。银行办理托收业务时，只是按委托人的指示办事，并不承担付款人必然付款的义务。

（2）在进口人拒不付款赎单后，除非事先约定，银行没有义务代为保管货物。

（3）在承兑交单条件下，进口人只要在汇票上办理承兑手续，即可取得货运单据，凭此提取货物。

4. 托收的国际惯例

国际商会为调和各有关当事人之间的矛盾，以利于国际贸易和金融活动的开展，早在1958年即草拟了《商业单据托收统一规则》，并建议各国银行采用该规则。后几经修订，于1995年公布了新的《托收统一规则》，简称《URC522》，并于1996年1月1日生效。

5. 使用托收方式应注意的问题

（1）认真考察进口人的资信情况和经营作风，并根据进口人的具体情况妥善掌握成交金额，不宜超过其信用程度。

（2）对于贸易管理和外汇管制较严的进口国家和地区不宜使用托收方式，以免货到目的地后，由于不准进口或收不到外汇而造成损失。

（3）要了解进口国家的商业惯例，以免由于当地习惯做法，影响安全迅速收汇。

（4）出口合同应争取按CIF或CIP条件成交，由出口人办理货运保险，或也可投保出口信用保险，在不采用CIF或CIP条件时，应投保卖方利益险。

（5）采用托收方式收款时，要建立健全管理制度，定期检查，及时催收清理，发现问题应迅速采取措施，以避免或减少可能发生的损失。

6. 合同中的托收条款

（1）即期付款交单。在合同中应规定“买方凭卖方开具的即期跟单汇票，于第一次见票时立即付款，付款后交单”。

（2）远期付款交单。在合同中应规定“买方对卖方开具的见票后某某天付款的跟单汇票，于第一次提示时即予承兑，并应于汇票到期日即予付款，付款后交单”。

（3）承兑交单。在合同中应规定“买方对卖方开具的见票后某某天付款的跟单汇票，于第一次提示时即予承兑，并于汇票到期日即予付款，承兑后交单”。

三、信用证付款

信用证支付方式是随着国际贸易的发展，在银行与金融机构参与国际贸易结算的过程中逐步形成的。信用证支付方式把由进口人履行付款的责任转为由银行履行付款，保证出口人安全迅速地收到货款，买方按时收到货运单据。因此，在一定程度上解决了进出口人之间互不信任的矛盾；同时，也为进出口双方提供了资金融通的便利。所以，自出现信用证以来，这种支付方式发展很快，并在国际贸易中被广泛应用。当今，信用证付款已成为国际贸易中普遍采用的一种主要的支付方式。

（一）信用证的含义

信用证（Letter of Credit，L/C），是指开证银行应申请人的要求并按其指示向第三方开立的载有一定金额的，在一定的期限内凭符合规定的单据付款的书面保证文件。信用证是国际贸易中最主要、最常用的支付方式。信用证有以下特点：

1. 信用证付款是一种银行信用

在信用证方式下，开证银行承担第一付款责任，即只要出口方提交了表面符合信用证条款规定的单据，则无论汇票上的付款人是进口方还是开证行，也无论进口方能否向开证行付款赎单，开证行都必须对受益人或其指定银行付款。

2. 信用证是一种自足的文件，不依附于贸易合同而独立存在

信用证只是开证行与受益人之间的契约。虽然信用证的开立以交易双方之间的买卖合同为依据，其各项条款与买卖合同条款的内容一致，但它一经开出就成为一项独立的文件，所有当事人，特别是有关银行，只受信用证约束，而不受买卖合同条款的约束。银行在审单时强调的是信用证与基础贸易相分离的书面形式上的认证，即使开证申请人与受益人之间，或开证申请人与开证行之间在其他合同关系下发生了各类争议、纠纷，开证行也不能以此为借口，拒绝对符合信用证规定的单据付款或履行其他义务。

3. 信用证下付款是一种单据的买卖

信用证是凭单付款，不以货物为准。只要出口人提交的单据表面上符合信用证条款的规定和要求，开证行就应承担付款、承兑或议付责任；银行对单据的形式、完整性、准确性、真实性、伪造或法律效力，以及单据上所载的或附加的一般或特殊条件概不负责。另一方面，即使货物与合同相符，若单据与信用证规定不符，银行也有权拒绝付款。因此，出口方如果希望能够安全、迅速地收回货款，就必须使单据在表面上与信用证条款的规定一致，同时各种单据之间也要一致。这也被称为单证一致、单单一致，即严格符合原则。

（二）信用证方式的当事人

（1）开证申请人，指向银行申请开立信用证的人，即进口人或实际买主，在信用证中又称开证人。如银行自己主动开立信用证，此种信用证所涉及的当事人则没有开证申请人。

（2）开证银行，指接受开证申请人的委托，开立信用证的银行，它承担保证付款的责任。开证行一般是进口人所在地银行。

（3）通知行，指受开证行的委托，将信用证转交出口人的银行。它只证明信用证的真实性，并不承担其他义务。通知银行是出口人所在地的银行。

（4）受益人，是指信用证上所指定的有权使用该证的人，即出口人或实际供货人。

（5）议付银行，是指愿意买入受益人交来跟单汇票的银行。议付银行可以是指定的银

行，也可以是非指定的银行，由信用证的条款来规定。

（6）付款银行，是指信用证上指定的付款银行，一般是开证行，也可以是所指定的另一家银行，根据信用证的规定来决定。

（7）保兑行，指根据开证行的请求在信用证上加具保兑的银行。保兑行对信用证独立负责，承担必须付款或议付的责任。在付款或议付后，不论开证行倒闭或无理拒付，都不能向受益人追索。

（三）信用证方式的一般支付程序

跟单信用证的程序如图3-6所示：

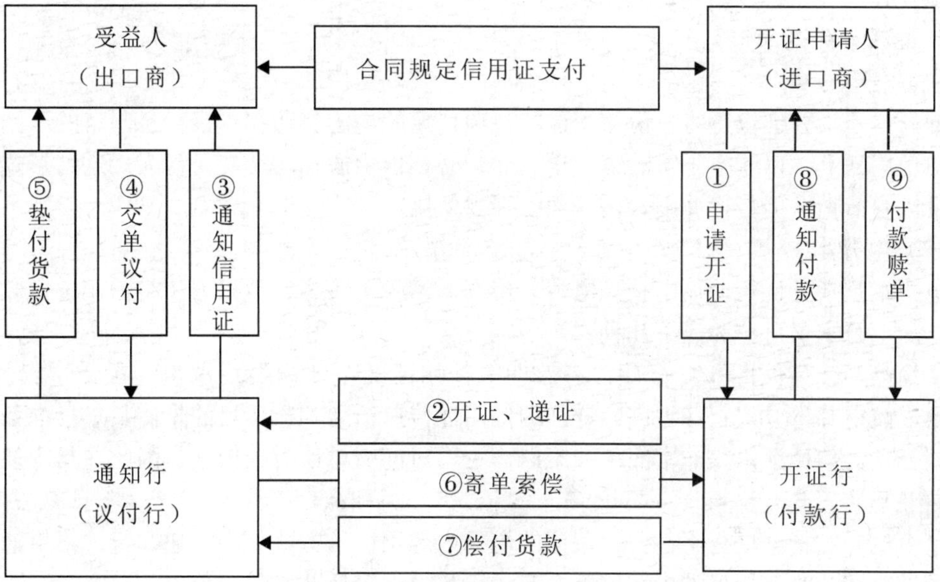

图3-6　跟单信用证的程序

信用证方式支付从一般程序来看，主要有以下几个基本环节：

（1）进出口人在贸易合同中，规定使用信用证的支付方式。

（2）进口人向当地银行提交开证申请书，同时交纳押金或其他保证。

（3）开证行根据申请内容，向出口人（受益人）开出信用证，并寄交通知银行。

（4）通知行核对印鉴或密押无误后，将信用证寄交给出口人。

（5）出口人审核信用证与合同相符合后，按照信用证规定装运货物并备齐各项信用证要求的货运单据，在信用证的有效期内，寄交议付行议付。

（6）议付行按照信用证条款审核单据无误后，按照汇票金额扣除利息，把货款垫付给出口人。

（7）议付行将汇票和货运单据寄开证行（或其指定的付款行）索偿。

（8）开证行（或其指定的付款行）核对单据无误后，付款给议付行。

（9）开证行通知进口人付款赎单。开证人付款并取得货运单据后，凭此向承运人提货。

（四）信用证的主要内容及其开立的形式

1. 信用证的主要内容

（1）对信用证本身的说明，包括信用证的种类、编号、开证日期、受益人与开证申请人的姓名和地址、金额、有效期限、到期地点等。

（2）对汇票的说明，包括汇票的出票人、受票人（付款人）、收款人、付款期限、金额、出票条款等。

（3）对装运货物的说明，主要写明货物的名称、数量、价格、包装等情况。

（4）对运输事项的说明，主要说明货物的起运地、目的地、运输方式、运输期限、能否分批装运及转运等。

（5）对货运单据的说明，主要指对商业发票、运输单据和保险单据的具体要求。

（6）其他事项，包括开证行的名称与地址、开证行保证付款的文句、开证行对议付行的指示及其他一切特殊的规定或要求。

2. 信用证的开立形式

（1）信开本

信开本是指开证银行将一份信用证的各项特定的内容打印在本银行已印就的、固定格式的空白信用证上，以航空邮寄的方式送达通知行，再由通知行转交受益人。这种形式开立的信用证内容清晰，但传递速度较慢，现已很少使用。

（2）电开本

电开本是指开证行使用电报、电传、传真、SWIFT 等各种电讯方法将信用证条款传达给通知行。电开本又可分为以下几种：

①简电开，指仅将 L/C 金额、有效期等信用证的主要内容用电信手段传递给通知行，然后再以航空邮寄方式将各项内容详细的信用证传递给通知行，目的是使其早日准备。以这种形式开立的信用证内容非常简单，难以作为出口商交单议付的依据，因此在其中往往会出现“详情后告（Full Details to Follow）”等语句，说明该信用证只作参考，不具有法律效力。

②全电开，指开证行将一份信用证的全部内容用电信方式传递给通知行，再由通知行转交给受益人。这种信用证的内容完整，有法律效力，可凭此制单交单。

③SWIFT 信用证。SWIFT 是全球银行金融电讯协会（Society for Worldwide Interbank Financial Telecommunication）的简称，于 1973 年在比利时布鲁塞尔成立。该组织设有自动化的国际金融电信网，该协会的成员银行可以通过该电信网办理信用证业务以及外汇买卖、证券交易、托收等。SWIFT 的使用，给银行的结算提供了安全、可靠、快捷、标准化、自动化的通讯业务，从而大大提高了银行的结算速度。由于 SWIFT 的格式具有标准化，目前信用证的格式主要都是用 SWIFT 电文。我国收到的信用证电开本中，SWIFT 信用证占了很大比重。

（五）信用证的种类

信用证根据其性质、期限、流通方式等特点，可以从不同的角度分为以下几种：

1. 跟单信用证和光票信用证

（1）跟单信用证，指开证行凭跟单汇票或仅凭单据付款的信用证。国际贸易所使用的信用证，绝大部分是跟单信用证。

（2）光票信用证，指仅凭不附单据的汇票付款的信用证。在采用信用证方式预付货款时，通常是用光票信用证。

2. 不可撤销信用证和可撤销信用证

（1）不可撤销信用证，指信用证一经开出，在有效期内，未经受益人及有关当事人同意，开证行不得片面修改和撤销，只要受益人提供的单据符合信用证规定，开证行必须履行付款义务。这种信用证对受益人较有保障，在国际贸易中，使用最为广泛。凡是不可撤销的信用证，在信用证中应注明“不可撤销”字样，并载有开证行保证付款的文句。

（2）可撤销信用证，指开证行对所开信用证不必征得受益人或有关当事人的同意，有权随时撤销的信用证。凡是可撤销信用证，应在信用证上注明“可撤销”字样，以资识别。这种信用证对出口人极为不利，因此，出口人一般不接受这种信用证。需要指出的是，只要可撤销信用证已被受益人利用，则开证银行的撤销或修改通知不发生效力。鉴于国际上开立的信用证，绝大部分都是不可撤销的，因此，《UCP600》规定，如信用证中未注明“不可撤销”或“可撤销”字样，应视为不可撤销信用证。

3. 保兑信用证和不保兑信用证

（1）保兑信用证，指开证行开出的信用证，由另一家银行保证对符合信用证条款规定的单据履行付款义务。

信用证的不可撤销是指开证行对信用证的付款责任。保兑则是指开证行以外的银行保证对信用证承担付款责任。不可撤销的保兑的信用证，则意味着该信用证不但有开证行不可撤销的付款保证，而且又有保兑行的兑付保证。两者都负第一性的付款责任，所以这种有双重保证的信用证对出口商最为有利。

（2）不保兑信用证，是指开证银行开出的信用证没有经另一家银行保兑。当开证银行资信好和成交金额不大时，一般都是用这种不保兑的信用证。

4. 即期付款信用证和延期付款信用证

（1）即期付款信用证。注明“即期付款兑现”的信用证称为即期付款信用证。此种信用证一般不需要汇票，也不需要领款收据，付款行或开证行只凭货运单据付款。证中一般列有“当受益人提交规定单据时，即行付款”的保证文句，即期付款信用证的付款行通常由指定通知行兼任。其到期日，一般也是以受益人向付款行交单要求付款的日期。

（2）延期付款信用证。此种信用证不要求受益人出具远期汇票，因此，必须在证中明确付款时间。由于此种信用证不适用于远期汇票，故出口商不能利用贴现市场资金，而只能自行垫款或向银行借款。

5. 承兑信用证

承兑信用证是指由某一银行承兑的信用证，即当受益人向指定银行开具远期汇票并提示时，指定银行即执行承兑，并于汇票到期日履行付款。

6. 议付信用证

（1）公开议付信用证，指开证行对愿意办理议付的任何银行做公开议付邀请和普通付款承诺的信用证，即任何银行均可按信用证条款自由议付的信用证。

（2）限制议付信用证，指开证行指定某一银行或开证行本身进行议付的信用证。

公开议付信用证和限制议付信用证的到期地点都在议付行所在地。这种信用证经议付后，如因故不能向开证行索得票款，议付行有权对受益人行使追索权。

7. 可转让信用证和不可转让信用证

（1）可转让信用证，指信用证的受益人可以要求授权付款、承担延期付款责任、承兑或议付的银行，或当信用证是自由议付时，可以要求信用证中特别授权的转让银行，将信用证全部或部分转让给一个或数个受益人合用的信用证。

（2）不可转让信用证，指受益人不能将信用证的权利转让给他人的信用证。凡信用证中未注明“可转让”的，就是不可转让信用证。

8. 循环信用证

循环信用证是指信用证按全部或部分使用后，其金额又恢复到原金额，可再次使用，直至用完到规定的次数或规定的总金额为止。

（1）按时间循环信用证，指受益人在一定的时间内可多次支取信用证规定的金额。

（2）按金额循环信用证，指在信用证金额议付后，仍恢复到原金额，可再次使用，直至用完规定的总额为止。

①自动式循环使用。每期用完一定金额，不需等待开证行的通知，即可自动恢复到原金额。

②非自动式循环使用。每期用完一定金额后，必须等待开证行的通知到达以后，信用证才能恢复到原金额。

③半自动式循环使用。每次用完一定金额后若干天内，开证行未提出停止循环使用的通知，自第×天起即可自动恢复至原金额。

9. 对开信用证

对开信用证是指两张信用证的开证申请人互以对方为受益人而开立的信用证，多用于易货交易或来料加工和补偿贸易业务。

10. 对背信用证

对背信用证又称转开信用证，指受益人要求原证的通知行或其他银行以原证为基础，另开一张内容相似的新信用证，对背信用证的开证行只能根据不可撤销信用证来开立。对背信用证的开立通常是中间商转售他人货物，或两国不能直接办理进出口贸易时，通过第三者以此种办法来沟通贸易。原信用证的金额（单价）应高于对背信用证的金额（单价），对背信用证的装运期应早于原信用证的规定。

11. 预支信用证

预支信用证指开证行授权代付行（通知行）向受益人预付信用证金额的全部或一部分，由开证行保证偿还并负担利息，即开证行付款在前，受益人交单在后，与远期信用证相反。预支信用证凭出口人的光票付款，也要求受益人附一份负责补交信用证规定单据的说明书，当货运单据交到后，付款行在付给剩余货款时，将扣除预支货款的利息。

12. 备用信用证

备用信用证是指开证行根据开证申请人的请求对受益人开立的承诺承担某项义务的凭证。开证行保证在开证申请人并未履行其应履行的义务时，受益人只要凭备用信用证的规定向开证行开具汇票（或不开汇票），并提交开证申请人未履行义务的声明或证明文件，即可取得开证行的偿付。

（六）国际商会《跟单信用证统一惯例》

1930年，国际商会拟定了一套《商业跟单信用证统一惯例》，并于1933年正式公布，该惯例对跟单信用证当事人的权利和义务以及有关业务和术语作了统一的解释，成为信用证业务的行为准则。随着国际贸易的发展，新的运输方式和通讯方式的出现，以及使用《统一惯例》过程中暴露的问题，国际商会多次对其作了修订，称为《跟单信用证统一惯例》，被各国银行和贸易界所广泛采用，成为信用证业务的国际惯例。1993年，国际商会对《统一惯例》再一次进行修订，修订后的《统一惯例》即《国际商会500号出版物》（UCP500），于1994年1月1日开始实施。2006年10月25日，国际商会又对1993年《UCP500》进行了修订，称为2007年版本《UCP600》。

《统一惯例》并不是国际性的法律，但它已被世界上各国银行普遍接受和使用，并成为一种公认的国际惯例，至今已被170多个国家的银行所采用。

四、银行保函

（一）银行保函的含义及其性质

保函（L/G）又称保证书，是指银行、保险公司、担保公司或个人应申请人的请求，向第三方开立的一种书面信用担保凭证。银行保函通常可分为两种：

1. 见索即付保函

见索即付保函是担保人凭在保函有效期内提交的符合保函条件的要求书（通常是书面形式）及保函规定的任何其他单据支付某一规定的或某一最大限额的付款承诺。见索即付保函是一种独立的付款保证。尽管该保证旨在保障受益人在基础合同项下不受损失，但它独立于申请人和受益人之间的基础合同，并构成担保人和受益人之间的第一性承诺，该承诺自保函开出后即产生约束力。

2. 有条件保函

有条件保函是指保证人向受益人付款是有条件的，只有在符合保函规定的条件下，保证人再予以付款。可见，有条件保函的担保人承担的是第二性的、附属性的付款条款。

（二）银行保函的基本当事人及其主要权利和责任

1. 申请人

申请人又称委托人，指向担保行申请开立保函的一方。委托人的责任有：在担保行按照保函规定向受益人付款后，委托人须立即偿还担保行垫付之款；负担保函项下一切费用及利息；担保人如果认为需要时，应预支部分或全部押金。

2. 受益人

受益人即有权按保函规定出具索款通知或连同其他单据，向担保行索取款项的人。受益人的权利是受益人按照保函规定，提交相符的索款声明，或连同有关单据，有权向担保行索偿，并取得付款。

3. 担保人

担保人指保函的开立人，一般是银行。担保行的责任与权利有：一经接受开立保函申请书，就有责任按照申请书开出保函；一经开出保函就有责任按照保函承诺条件，对受益人付款；如果委托人不能立即偿还担保行已付之款，则担保行有权处置押金、抵押品、担保品，如果仍不足抵偿，则担保行有权向委托人追索不足部分。

4. 通知行

通知行指接受担保行的委托，将保函通知给受益人的银行。

（三）银行保函的主要内容

1. 基本栏目

基本栏目包括保函的编号，开立日期，各当事人的名称、地址，有关交易或项目的名称，有关合同或标书的编号和订约或签发日期等。

2. 责任条款

责任条款即开立保函的银行或其他金融机构在保函中承诺的责任条款，这是构成银行保函的主体。

3. 保证金额

保证金额是开立保函的银行或其他金融机构所承担责任的最高金额，可以是一个具体的金额，也可以是合同有关金额的某个百分率。如果担保人可以按委托人履行合同的程度减免责任，则必须作出具体说明。

4. 有效期

有效期即最迟的索赔日期，或称到期日，它既可以是一个具体的日期，也可以是在某一行为或某一事件发生后的一个时期到期。例如，在交货后三个月或六个月、工程结束后30天等。

5. 索赔方式

索赔方式即索赔条件，指受益人在任何情况下可向开立保函的银行提出索赔。对此，国际上有两种不同的处理方法：一种是无条件的或称见索即付赔偿保函；另一种是有条件的保函。

（四）银行保函的种类

1. 履约保函

在一般货物进出口交易中，履约保函又可分为进口履约保函和出口履约保函。

（1）进口履约保函，指担保人应申请人（进口人）的申请开给受益人（出口人）的保证承诺。保函规定，如出口人按期交货后，进口人未按合同规定付款，则由担保人负责偿还。这种履约保函对出口人来说，是一种简便、及时和确定的保障。

（2）出口履约保函，指担保人应申请人（出口人）的申请开给受益人（进口人）的保证承诺。保函规定，如出口人未能按合同规定交货，担保人负责赔偿进口人的损失。这种履约保函对进口人有一定的保障。

2. 还款保函

还款保函又称预付款保函或定金保函，是指担保人应合同一方当事人的申请，向合同另一方当事人开立的保函。保函规定，如申请人不履行他与受益人订立合同的义务，不将受益人预付或支付的款项退还或还款给受益人，担保人须向受益人退还或支付款项。

五、各种支付方式的选用

（一）信用证与汇付相结合

信用证与汇付相结合用于成交数量大，交货数量机动幅度也比较大的商品。部分货款用信用证支付，余数用汇付方式结算。这种结合通常有两种情况：

1. 先汇付后信用证

先汇付后信用证，即先由进口商以汇付的方式向出口商支付一定的资金，充作定金或部分预付款，其余货款在货物装运后，由出口商凭信用证和规定的单据索取。

2. 先信用证后汇付

先信用证后汇付，即大部分货款在货物装运后，由出口商凭信用证及规定的单据收取，余款在货物抵达目的地后，通过检验，最后确定品质、数量或重量后再行汇款。

（二）信用证与托收相结合

信用证与托收相结合又称部分信用证、部分托收，即指一笔交易的货款部分用信用证支付，其余部分用托收方式结算。具体做法通常是信用证规定受益人（出口方）开立两张汇票，属于信用证项下的货款凭光票付款，全套单据附在托收部分汇票项下，按即期或远期付款交单托收。

（三）汇付、托收、信用证三者相结合

在成套设备、大型机械和大型交通工具的交易中，一般采用按工程进度或交货进度分若干期付清货款，即分期付款和延期付款的方式。一般采用汇付、托收和信用证相结合的方式。

1. 分期付款

买卖双方在合同中规定，在产品投产前，买方可采用汇付方式，先交部分货款作为订金，在买方付出订金前，卖方应向买方提供出口许可证影印本和银行开具的保函。除订金外，其余货款，可按不同阶段分期支付，买方开立不可撤销的信用证，即期付款，但最后一笔货款一般是在交货或卖方承担质量保证期满时付清。货物所有权则在付清最后一笔货款时转移。在分期付款的条件下，货款在交货时付清或基本付清。因此，按分期付款条件所签订的合同是一种即期合同。

2. 延期付款

在成套设备和大宗交易的情况下，由于成交金额较大，买方一时难以付清全部货款，可采用延期付款的办法。其做法是，买卖双方签订合同后，买方一般要预付一小部分货款作为订金。有的合同还规定，按工程进度和交货进度分期支付部分货款，但大部分货款是在交货后若干年内分期摊付，即采用远期信用证支付。延期支付的那部分货款，实际上是一种赊销，等于是卖方给买方提供的商业信贷，因此，买方应承担延期付款的利息。在延期付款的条件下，货物所有权一般在交货时转移。

3. 分期付款与延期付款的区别

（1）货款清偿程度不同。采用分期付款，其货款是在交货时付清或基本付清；而采用延期付款时，大部分货款是在交货后一个相当长的时间内分期摊付。

（2）所有权转移时间不同。采用分期付款时，只要付清最后一笔货款，货物所有权即发生转移；而采用延期付款时，货物所有权一般在交货时转移。

（3）支付利息费用不同。采用分期付款时，买方没有利用卖方的资金，因而不存在利息问题；而采用延期付款时，由于买方利用卖方的资金，所以买方需向卖方支付利息。

延期付款是买方利用外资的一种形式，一般货价较高。因此，在按延期付款条件签订合同时，应结合利息、费用和价格等因素进行考虑，权衡得失，然后做出适当选择。

知识练习与实训

知识练习：

一、单项选择题

1. 进出口业务中，M/T 表示（　　）。

A. 电汇　　B. 票汇　　C. 信汇　　D. 托收

2. 信用证体现了（　　）。

A. 开证申请人与开证行之间的契约关系

B. 开证行与受益人之间的契约关系

C. 开证申请人与受益人之间的契约关系

D. 开证申请人、开证行和受益人三者之间的契约关系

3. 某公司签发一张汇票，上面注明“At 90 days after sight”，则这是一张（　　）。

A. 即期汇票　　B. 远期汇票　　C. 光票　　D. 跟单汇票

4. 汇票的付款人承诺在票据到期日支付汇票金额的票据行为是（　　）行为。

A. 背书　　B. 承兑　　C. 出票　　D. 保证

5. 指示抬头的汇票（　　）。

A. 不能通过背书转让　　B. 无需背书就能转让

C. 必须经背书才能转让　　D. 经背书不能转让

6. 银行保证书属（　　）。

A. 商业信用　　B. 国家信用　　C. 银行信用　　D. 信贷保险

7. 对于成套设备、大型机械产品和交通工具的交易，一般采用的清偿货款的方式是（　　）。

A. 分期付款　　B. 延期付款　　C. 信用证　　D. 托收

8. 出票人签发票据并将其交付给收款人的票据行为是（　　）。

A. 背书　　B. 承兑　　C. 出票　　D. 追索

9. 可转让信用证可转让的次数是（　　）。

A. 无数次　　B. 两次　　C. 一次　　D. 三次

二、多项选择题

1. 所谓信用证“严格相符原则”，是指受益人必须做到（　　）。

A. 单据与合同严格相符　　B. 单据与信用证严格相符

C. 信用证与合同严格相符　　D. 各种单据之间要相符

E. 信用证与开证申请书严格相符

2. 保兑行的责任是（　　）。

A. 在开证申请人不履行付款义务时付款

B. 承担第一性的付款责任

C. 对信用证独立负责，承担必须付款或议付的责任

D. 在开证行及开证申请人都不履行付款义务时付款

3. 汇票付款期限的规定方法有（　　）。

A. 见票即付　　B. 见票后××天付

C. 出票后××天付　　D. 提单日后××天付

E. 指定日期付

4. 以下属于银行信用的有（　　）。

A. 汇付　　B. 银行托收　　C. 信用证　　D. 银行保证书

5. 在信用证支付方式下，出口人交货后要想得到银行的付款必须做到（　　）。

A. 单证相符　　B. 单货相符　　C. 单单相符　　D. 单合（同）相符

6. 汇付方式有（　　）。

A. 信汇　　B. 电汇　　C. 票汇　　D. 邮汇

三、问答题

1. 托收分为哪几种？出口采用托收时应注意哪些问题？

2. 说明信用证的含义、性质和特点。

职业实训：

1. A公司向B公司出口一批货物，B公司通过C银行开给A公司一张不可撤销的即期信用证，当A公司于货物装船后持全套信用单据向银行办理议付时，B公司倒闭了。C银行可否以B公司倒闭为由拒绝付款？理由何在？

2. 某公司接到一份经B银行保兑的不可撤销信用证。当该公司按信用证规定办完装运手续后，向B银行提交符合信用证各项要求的单据要求付款时，B银行却声称：该公司应先要求开证行付款，如果开证行无力偿付时，则由他保证付款。B银行的要求对不对？

3. 我方某公司收到国外开来的不可撤销即期信用证，由设在我国境内的某外资银行通知并加保兑。我方在货物装运后，正准备向银行交单议付，忽然接该外资银行通知，由于开证行已破产，该行不承担对该信用证的议付或付款责任，但可接受我方委托向买方直接收取货款的业务。我方应如何处理？为什么？

任务八　拟定商检条款

☞ 学习目标

1. 正确理解商检工作的含义。

2. 认识商品检验的重要性。

3. 了解商品检验的内容和依据以及商品质量认证的种类。

4. 理解如何规定商品检验条款，重点掌握商品检验条款的内容以及规定商品检验条款应注意的事项。

☞ 技能目标

1. 能按照要求正确拟定商检条款。

2. 能够灵活处理国际贸易实务中由于商检引起的纠纷。

☞ 导入案例

1999年初，江苏一家外贸公司，采用D/A 90天方式出口五金工具到美国，在货到一个月后，美方来电称，由于几家批发商相继毁约，销售遇到困难，但不会延误付款。然而在应收账款到期日，中方并没有收到货款。之后，美方突然发来一份据称是美国一家著名金属研究所出具的质检证明，称货物有严重质量问题，要求折价50%，否则全部退货。中方虽据理力争，然而由于合同上未列明争议的时限和出具的有效质检证明的机构，竟然找不到拒绝美方无理要求的充分理由。最后货款仅以原价的60%收回。

几乎所有的外贸企业都遇到过这样的问题：在远期结汇业务中，一旦市场行情发生变化或由于自身原因造成货物滞销，国外进口商马上就提出货物存在质量问题，要求中方赔偿损失或折扣货款，将原本属于外商自己的商业风险转嫁给中方。更有一些品质不良的外商，借此达到诈骗目的。

◈ **案例分析**

完善的合同条款是避免结汇风险，尤其是远期结汇风险的重要保障。在签署远期结汇合同时，应尽可能满足以下要求：

（1）不厌其烦地将货物的质量要求表述清楚。合同若过于简单，可能会在将来的争议中陷入烦琐之中；

（2）由于提供了优惠的付款方式，可要求以中国商检机构出具的商检证书作为议付证明，而以买方所在地商检机构出具的商检证书作为索赔证明；

（3）也可以要求买方派人员检验货物。对于其认可的货物，在签收认可以后，买方不能再提出争议；

（4）如果买方只接受到货后再商检，就必须在合同上明确规定买方提出争议的时限和商检机构的名称。首先，提出争议时限越短越好，一般掌握的标准为放账期一半的时间，最后期限不能晚于应收账款到期日。因为外商提出争议往往是在其不能按期销售货物时。上面案例中，在D/A 90天的条件下，外商提出争议的时限最迟不能晚于45天。其次，商检机构须双方认可，并将其名称明确写在合同上。如果只是笼统地表示商检须由商检机构提供，外商就有可能在“商检机构”上大做文章，以达到少付或拒付货款的目的。

一、商品检验的重要性

（一）进出口商品检验检疫的概念

进出口商品检验检疫是指在国际贸易活动中对买卖双方成交的商品由商品检验检疫机构对商品的质量、数量、重量、包装、安全、卫生以及装运条件等进行检验并对涉及的人、动物、植物的传染病、病虫害、疫情等进行检疫工作，在国际贸易活动中通常简称为商检工作。

（二）商品检验的意义

（1）商检工作是使国际贸易活动能够顺利进行的重要环节，即商品检验是进出口货物交接过程中不可缺少的一个重要环节。

（2）商品检验是一个国家为保障国家安全，维护国民健康，保护动物、植物和环境而采取的技术法规和行政措施。

（3）为了加强对进出口商品的检验工作，我国颁布了《中华人民共和国进出口商品检验法》。该法规定：我国商检机构和国家商检部门应对进出口商品实施检验；凡未经检验的进口商品，不准销售、使用；凡未经检验合格的商品不准出口。

（三）商品检验的作用

商品检验的作用主要表现在下列几个方面：

（1）作为报关验放的有效证件；

（2）买卖双方结算货款的依据；

（3）计算运输、仓储等费用的依据；
（4）办理索赔的依据；
（5）计算关税的依据；
（6）作为证明情况、明确责任的证件；
（7）作为仲裁、诉讼举证的有效文件。

（四）商品检验的范围

1. 法定检验

法定检验指根据国家法律、法规的规定，对指定的重要进出口商品的品质进行强制性的检验。凡属法定检验范围的商品，由海关凭合格的检验证书验收放行。无检验证书或检验不合格的，一律不准进口、出口。

2. 公证鉴定

公证鉴定是商检机构根据进出口贸易关系人（进、出口商，承运人，保险人等）的申请或外国检验机构的委托而办理的对商品的鉴定工作，鉴定的范围包括：商品的品质、数量、重量、包装、残损、装运技术条件、价值和产地证明等。

二、约定商品检验条款的意义

由于商品检验关系到交易双方的利益，所以在买卖合同中必须订明商品检验条款，以便有关商检机构按约定条件对进出口商品进行检验、鉴定和出具检验证明，以维护合同当事人的合法权益。

在国际贸易中，买卖双方分处两国，难以做到当面呈交和验收货物。由于货物经过长途运输，有可能发生货物残损和数量短缺等问题。为了避免发生纠纷，以及在发生纠纷后便于了解事故的起因和确定责任的归属，在长期的外贸实践中，产生了商品检验这一做法。

三、进出口商品检验工作的程序

我国的进出口商品检验工作的程序主要有申请报验、抽样、检验和签发证书四个环节。

（一）申请报验

在进出口贸易中，有关当事人要求对成交商品进行检验，先要向商检机构提出申请。申请的手续分为以下三种：

（1）出口检验申请。出口商一般应在商品发运前 7～10 天向商检机构报验。报验时要填写“出口检验申请单”，并提供合同、信用证、发票等有关单证。

（2）进口检验申请。进口商一般应在合同规定的对外索赔有效期的 1/3 时间内向商检机构报验。报验时要填写“进口检验申请单”，并附合同、发票、运输单据、品质证书、装箱单、收货通知书等。

（3）委托检验申请。填写“委托检验申请单”并自送样品。检验结果一般不得用作对外成交或索赔的依据。

（二）抽样

抽样是检验的基础，除委托检验外，一般不得由报验人送样，必须由商检部门自行抽样，并由抽样员当场发给“抽样收据”。

（三）检验

检验是商检机构的中心工作，如检验不认真就会影响检验结果的准确性。因此，商检机构在接受报验之后，根据申报的检验项目确定检验内容；在仔细审核合同（信用证）对品质、规格、包装的规定，即在弄清检验依据的基础上，确定检验的标准和方法；然后抽取货样，对所取样品进行检验。

（四）签发证书

商检机构在对商品检验合格后，向有关当事人签发证明商品符合合同规定的检验证书。

四、商品检验条款的内容

国际货物买卖合同中的检验条款，主要包括检验时间与地点、复验期限与复验地点、检验机构与检验证书以及检验标准与方法等内容。

（一）检验时间与地点

关于买卖合同中的检验时间与地点，通常有下列各种不同的规定办法：

1. 在出口国工厂检验

凡属重要的进口商品和大型的成套设备均在出口国工厂检验。

2. 在装运港检验

即检验“离岸品质和离岸重量”（Shipping Quality and Shipping Weight），买方一般不愿采取这种做法。

3. 目的港检验

即检验“到岸品质和到岸重量”（Landed Quality and Landed Weight），卖方一般不愿采用。

4. 装运港检验重量和目的港检验品质

这是折中的办法，即检验“离岸重量和到岸品质”（Shipping Weight and Landed Quality）。

5. 装运地检验和目的地复验

为了照顾买卖双方的利益，在检验问题上做到公平合理，当前国际贸易中广泛采用在装运地检验和目的地复验的做法。

（二）商检机构

在国际贸易中，从事商品检验的机构多种多样，归纳起来，主要有：官方机构、非官方机构、生产制造厂商、用货单位或买方等四种。

我国从事进出口商品检验的机构有中华人民共和国国家出入境检验检疫局及其设在全国各地的商检机构。

（三）检验证书

1. 检验证书的种类

（1）品质检验证书（Inspection Certificate of Quality）。

（2）重量检验证书（Inspection Certificate of Weight）。

（3）数量检验证书（Inspection Certificate of Quantity）。

（4）兽医检验证书（Veterinary Inspection Certificate）。

（5）卫生检验证书（Inspection Certificate of Health）。

（6）消毒检验证书（Disinfection Inspection Certificate）。

（7）产地检验证书（Inspection Certificate of Origin）。

（8）价值检验证书（Inspection Certificate of Value）。

（9）验残检验证书（Inspection Certificate on Damaged Cargo）。

（10）包装检验证书（Inspection Certificate of Packing）。

2. 商检证书的作用

（1）作为证明卖方所交货物的品质、重量（数量）、包装以及卫生条件是否符合合同规定的依据。

（2）作为买方对品质、重量、包装等条件提出异议、拒收货物、要求索赔、解决争议的凭证。

（3）作为卖方向银行议付货款的单据之一。

（4）作为海关验关放行的凭证。

（四）检验标准与检验方法

1. 检验标准

商品检验的标准很多，例如，有生产国标准、进口国标准、国际通用标准以及买卖双方协议的标准等。商品检验，一般按合同和信用证规定的标准作为检验的依据。

2. 检验方法

检验方法不同，其结果不一，容易引起争议。为了避免争议，必要时应在合同中订明检验方法。在我国，检验方法的标准，由国家商检局制定。

（1）商品品质的检验方法有：感官检验法和理化检验法。

（2）商品数量的检验方法有：称量法、点数法和理论计算法等。

（五）复验

复验是指买方对到货有复验权，是国际贸易合同中关于检验权的一种规定方法。货物应在装运前检验，但装运港（地）检验机构出具的检验证书不能作为确定货物品质及重量的最后依据，而只作为卖方向银行议付货款的凭证。货物运抵目的港（地）卸货后，买方仍有再检验的权利，即复验权。复验期限实际上就是商品品质数量的索赔期限。

（六）商品质量认证的种类

1. 商品质量认证的意义

商品质量检验是一项技术工作，它能确定产品处在任何阶段的质量状态，确保商品以质定价进行贸易，是技术职能部门对商品市场进行监督和社会化评价的重要手段。对商品进行客观公正的认证和评价促进了企业不断完善自身的管理体系，更新产品，创造更高的经济效益。

2. 商品质量认证的种类

（1）国际认证。

①ISO 认证。

ISO 认证机构名为合格评定委员会，在 ISO 认证中，ISO 9000 系列（质量管理和质量保证标准）认证是最畅销的认证。这套国际标准根据不同的情况为需求方提供对供给方的质量保证体系的具体要求，可以满足各方面对质量保证的需要。产品质量认证一般用 ISO 9002 检查体系，质量体系认证按申请企业要求，可用 ISO 9001（等同 GB/T19001）、ISO 9002（等同 GB/T19002）、ISO 9003（等同 GB/T19003）的其中之一。如果企业具有产品设计、开发功能，同时又希望对外承揽设计业务，可申请 ISO 9001 的体系认证；如果企业具有设计、开发功能，但不对外承揽设计任务，或者没有设计功能，但产品的制造比较复杂，可申请 ISO 9002 体系认证；如果企业生产的产品十分简单，则可申请 ISO 9003 体系认证。

②IEC 认证。

IEC 认证有 IECQ（电子元器件质量评定体系）和 IECEE（电工产品安全认证组织）。

（2）区域性认证。

CE 是欧洲联盟实行的安全认证，用以证明电气设备产品符合指令规定的安全合格标志所要求的内容，CE 标志是工业产品进入欧洲市场的“通行证”。按欧盟规定，凡要进入欧盟市场的工业产品，须经指定的认可机构进行安全性能检验合格后，加贴 CE 标志，才能进入。

（3）国家认证。

①UL 认证。

UL（保险商实验联合公司，也称安全实验所）是美国民间的检验机构，由于它在世界上建立了良好的检验声誉而成为一个专业检验认证公共安全产品的权威机构，美国进口商或外国厂商销往美国市场的产品要向 UL 申请认证检验。UL 检测的产品有六类：电器，防火设备，防盗和信号装置，防止灾害和化学性的危害的设备，采暖、制冷和空调设备，水上用品。

②CSA 标志。

CSA（加拿大标准协会）是加拿大的检验认证机构，它从事安全与性能品质的检测和认证，凡在加拿大销售的电器设备必须经 CSA 试验及证明。CSA 在远东的日本、中国香港、中国台湾设立了三个办事处，同时还与日本的 JMI、荷兰的 KEMA、英国的 BSI 建立了代理认证关系。

③BSI 认证。

BSI（英国标准学会）是英国认证机构委员会认可的民间认证机构，它从事工业产品认证工作的历史最悠久，认证的产品涉及面最广，是英国最大的认证机构。BSI 由四大部分组成，即标准部、质量保证部、检验部和出口商技术服务部，认证工作由质量保证部负责。认证的产品范围是：机械、电子、电工、化工、建筑和纺织。产品认证标志有风筝标志、安全标志。获得风筝标志的产品属于 BS（英国标志）中规定的结构、性能、安全和尺寸参数；获得安全标志的家电产品符合 BS 有关安全的要求。

此外，还有德国的 DIN 认证、GS 认证，法国的 NF 认证，日本的 JQA 认证，意大利的 IMQ 认证，澳大利亚的 SAA 认证等。

国际货物买卖合同商检条款示例如下：

1. 以装运港检验证书为最后依据。

It is mutually agreed that the Certificate of Quality/Quantity issued by AQSIQ at the port of shipment shall be regarded as final and binding upon both parties.

双方同意以装运港中华人民共和国国家质量监督检验检疫总局所签发的品质/数量检验证书为最后依据，对双方具有约束力。

2. 以装运港检验证书为议付货款的依据，货到目的港后买方有权复验。

It is mutually agreed that the Certificate of Quality and Quantity (weight) issued by the AQSIQ at the port of shipment shall be part of the documents to be presented for negotiation under the relevant L/C. The buyers shall have the right to re-inspect the Quality and Quantity of the cargo. The re-inspection fee shall be borne by the buyers. Should the Quality and/or Quantity be found not in conformity with that of the contract, the buyers are entitled to lodge with the sellers a claim which should be supported by survey reports issued by a recognized surveyor approved by the sellers. The claim, if any, shall be lodged with ××days after arrival of the cargo at the port of destination.

双方同意以装运港中华人民共和国国家质量监督检验检疫总局签发的品质和数量（重量）检验证书作为信用证项先议付所提交的单据的一部分。买方有权对货物的品质和数量（重量）进行复验。复验费由买方负担。如发现品质和数量（重量）与合同不符，买方有权向卖方索赔，但须提供经卖方同意的公证机构出具的检验报告。索赔期限为货到目的港××天内。

五、订立进出口商品检验条款的注意事项

1. 订明具体检疫项目

根据进口商品的特点和使用要求，订明具体检验项目，如进口原材料，应根据国内生产和使用的需要，订明详细的品质、规格和成分主要项目，甚至包括上下幅度的具体数据，便于到货时对照验收。又如进口农产品，有时应订明生产年份，防止供应方提交多年的陈货，甚至标明色泽，或提供标准样品，以便对照验收等。

2. 明确进口商品的检验标准

一般来说，应尽量采用国际标准或国外先进标准。由于国际上检验标准每 3 ~ 5 年修订一次，所以在选订时，应注意制订标准的时间性，尽可能选用较新年份版本，防止采用已过时的版本。对于引用标准代号的，更要正确注明该代号的版本年份；对于检验标准中已有抽样、检验方法的，则应具体订明抽样方法和检验方法。

3. 明确验货地点、验货时间、验货人

验货地点一般应在交货地点。例如，船边交货在装运港港验货等。双方当事人也可以约定在另一个地方验货。验货的合理时间由双方当事人约定，通常是在交货后便进行检验。在无约定的情况下，如因争议而涉及这一问题，合理的时间期限则可依据有关法律或惯例来确定。按照中国法律的规定和国际贸易惯例，当事人在进口合同中一般应规定由中国官方检验机构或国际公认的第三方检验机构完成商品检验。但是，完成商品检验并不能视为买方已接受的货物，只有当完成检验后经过一段合理的时间，方可视为买方已经接受了货物。

知识练习与实训

知识练习：

一、名词解释

1. 商品检验

2. 法定检验

3. 商检证书

二、判断题

1. 在国际贸易中，交易双方选择装运港离岸时的商检对买卖双方都比较合理，故被广泛采用。（ ）

2. 凡是出口商品都必须经过国家商检机构的检验才能出口。（ ）

3. 国际贸易中的进出口商品，经商检机构法定检验和公证鉴定后，一般都由商检机构出具检验证书。（ ）

4. 为了确保我国进出口商品质量符合要求，因此，对所有进出口商品都应一律实行法定检验。（ ）

三、简答题

1. 在国际货物买卖合同中，对货物检验的时间和地点有几种规定方法？哪一种方法容易被买卖双方所接受？为什么？

2. 试举例说明买卖合同中商品检验条款一般应包括哪些内容。

职业实训：

案例分析：合同中的检验条款规定："以装运地检验报告为准。"但货到目的地后，买方发现货物与合同规定不符，经当地商品检验机构出具检验证书后，买方可否向卖方索赔？为什么？

任务九　争议的预防和处理

☞ 学习目标

1. 了解国际贸易中争议产生的原因。

2. 理解构成国际贸易违约的条件，熟悉国际贸易违约主体及情形，掌握违约的形式与违约救济的方法。

3. 掌握解决国际贸易争议的方法。

4. 理解索赔和理赔的含义，掌握如何规定异议与索赔条款以及罚金条款。

5. 了解不可抗力的含义，掌握不可抗力事件的认定与处理原则。

6. 了解仲裁的意义和仲裁协议的作用，理解仲裁条款的主要内容，掌握仲裁的含义及特点。

☞ 技能目标

1. 能够正确拟定索赔条款、不可抗力条款、仲裁条款。

2. 能够熟练运用所学知识正确解决国际贸易纠纷。

☞ 导入案例

A 国的甲公司与 B 国的乙公司签订了购销麻纺织品的合同，约定由甲公司于 2010 年 12 月底之前交付 200 吨麻纺织品给乙公司，而当乙公司收到 100 吨货物后，于 2010 年 5 月明确通知甲公司由于麻纺织品销路不畅，不会接收甲公司的继续供货。这时甲公司仓库中存麻纺织品10吨。甲公司为了盈利，在收到乙公司通知后，继续按双方合同约定为乙公司收购了其余的90吨麻纺织品。后因乙公司拒绝接收100吨麻纺织品，酿成纠纷。

◈ **案例分析**

在本案中乙公司是属于违约的一方当事人是毫无疑问的，其行为构成了不完全履行的违约责任。依法当事人一方不履行合同义务或者履行合同义务不符合约定的，应当承担继续履行、采取补救措施或者赔偿损失等违约责任。一方违约后，另一方应当采取适当措施防止损失的扩大；没有采取适当措施致使损失扩大的，不得就扩大的损失要求赔偿。在本案中应该要求乙方承担继续履行的责任；但是，由于甲方在乙方明确告知即将违约的情况下仍然继续采购了90吨的麻纺织品，扩大了损失的范围，所以甲方在本案中也是要承担相应的责任的。

一、争议

（一）争议产生的原因

争议（Disputes）是指交易的一方认为另一方未能全部或部分履行合同规定的责任而引起的业务纠纷。

争议产生的原因主要有：

1. 国际贸易合同不完善

（1）合同内容不严密。主要表现为：合同内容与协商内容不一致；合同条款的规定不严密，责任不明确；双方权利义务不对等，片面地规定约束一方，对双方的约束力不同。

（2）合同条款之间不协调。主要表现为合同条款之间有矛盾，例如，贸易条件为FOB或CFR条件，而保险条款规定保险由卖方办理。

（3）对国际惯例的理解不同。在进出口买卖合同中订立的合同条款受某一国际贸易惯例约束，但买卖双方对国际惯例的理解不一致，极易导致争议发生。

2. 国际贸易违约行为

（1）卖方不交货，或未按合同规定的时间、品质、数量、包装条款交货，或单证不符等。

（2）买方不开或缓开信用证，不付款或不按时付款赎单，无理拒收货物，在FOB条件下不按时派船接货等。

3. 国际贸易中对不可抗力理解的不一致

在履行合同过程中遇到了买卖双方不能预见或无法控制的情况，如对于某种不可抗力双方有不一致的解释等。

（二）违约

1. 违约的主体与表现

违约是指合同的一方当事人没有履行或没有完全履行合同规定的义务的行为。违约主体与违约表现详见表3－1：

表 3-1 违约主体与违约表现

违约主体	违约表现
卖方	不按合同规定交货期交货
	不交货
	所交货物的品质、数量、包装等与合同（或信用证）规定不符
	所提供的货运单据种类不齐，份数不足
买方	不按期开证或不开证
	不按合同规定付款赎单
	无理拒收货物
	在 FOB 条件下，不按合同规定如期派船接货等
承运人	承运人责任导致货物短卸、误卸、破损、毁坏、水渍或玷污等

2. 构成违约的条件

大陆法规定以过失责任作为一项基本原则。英美法规定一切合同都是“担保”，只要债务人不能达到担保的结果，就构成违约，应负责赔偿损失。《联合国国际货物买卖合同公约》未明确规定违约必须以当事人有无过失为条件。

英国的《货物买卖法》将违约分为违反要件和违反担保两种。

违反要件（Breach of Condition）是指违反合同的主要条款，即违反与商品有关的品质、数量、交货期等要件。在合同的一方当事人违反要件的情况下，另一方当事人即受损方有权解除合同，并有权提出损害赔偿。违反担保（Breach of Warranty）是指违反合同的次要条款，在违反担保的情况下，受损方只能提出损害赔偿，而不能解除合同。至于在每份具体合同中，哪个属于要件，哪个属于担保，该法并无明确具体的解释，只是根据“合同所作的解释进行判断”。这样，在解释和处理违约案件时，难免带有不确定性和随意性。

与英国《货物买卖法》不同，《联合国国际货物买卖合同公约》（1980 年）则根据违约的后果及其严重性进行判断，将违约分为根本性违约和非根本性违约。根本性违约（Fundamental Breach）是指违约方的故意行为造成的违约，如卖方完全不交货，买方无理拒收货物、拒付货款，其结果给受损方造成实质性的损害（Substial Detriment）。如果一方当事人根本性违约，另一方当事人可以宣告合同无效，并可要求损害赔偿。非根本性违约（Nonfunbamental Breach）是指违约的状况尚未达到根本违反合同的程度，受损方只能要求损害赔偿，而不能宣告合同无效。

3. 违约救济

违约救济是合同当事人一方出现违约时，受损害的一方为弥补损失，要求对方承担违约责任所采取的措施。

（1）实际履行。

实际履行（Specific Performance）是指一方当事人未履行合同义务，另一方当事人有权要求他按合同规定完整地履行合同义务，而不能用其他的补偿手段，如金钱来代替，或者有权向法院提起实际履行之诉，由法院强制违约当事人按照合同规定履行其义务。

（2）损害赔偿。

损害赔偿（Damages）指违约方用金钱来补偿另一方由于其违约所遭受到的损失。在国际贸易中，损害赔偿是使用最广泛的救济方法。按照法律的一般规则，受损害一方的当事人在采取其他违约补救措施时，都不影响该方当事人向违约一方提出损害赔偿的权利。各国法律对损害赔偿的规定不一，往往涉及赔偿责任的成立、赔偿范围和赔偿办法等问题。

（3）解除合同。

解除合同（Rescission）指合同当事人免除或终止履行合同义务的行为。不同法系解除合同的条件不同，如表3－2所示：

表3－2　不同法系及其解除合同的条件

法系	解除合同的条件
大陆法	只要合同一方当事人不履行其合同义务时，对方就有权解除合同
英国法	一方违约构成违反要件，对方才可要求解除合同。如果一方仅仅是违反担保，对方只能请求损害赔偿
美国法	只有一方违约构成重大违约时，对方才可以要求解除合同。如果是轻微的违约，只能请求损害赔偿，不能要求解除合同
《公约》	1. 合同一方不履行义务构成根本性违约时，另一方有权解除合同 2. 可以规定一段合理的额外时限，让违约方履行义务。如果在这一段时间内，违约方仍未履行合同，那么守约方可以根据违约情况，宣告合同无效
中国《合同法》	1. 因不可抗力致使不能实现合同的 2. 合同履行期限届满前，当事人一方明确表示或者以自己的行为表明不履行主要债务的，经催告后在合理期限内仍未履行的 3. 当事人一方迟延履行主要债务，经催告后在合理期限内仍未履行的 4. 当事人一方迟延履行债务或者有其他违约行为致使不能实现合同目的的 5. 合同附解除条件的，当事人为自己的利益不正当地阻止条件成就的，视为条件已成就，合同解除 6. 合同中止履行后，对方在合理期限内仍未恢复履行能力并未提供适当担保的，中止履行的一方可以解除合同

（三）争议的解决方式

国际贸易中，双方在履约过程中有可能发生争议。由于买卖双方之间的关系是一种平等互利的合作关系，所以一旦发生争议，首先应通过友好协商的方式解决，以利于保护商业秘密和企业声誉。如果协商不成，则当事人可按照合同约定或争议的情况采用调解、仲裁或诉讼方式解决争议。

1. 调解（Conciliation）

由双方当事人自愿将争议提交选定的调解机构（法院、仲裁机构或专门的调解机构），由该机构按调解程序进行调解。若调解成功，双方应签订和解协议，作为一种新的契约予以执行；若调解意见不为双方或其中一方接受，则该意见对当事人无约束力，调解即告失败。我国在诉讼和仲裁中，均采用了先行调解的程序。

2. 仲裁（Arbitration）

双方当事人达成书面协议，自愿把争议提交给双方同意的仲裁机构，仲裁机构作出的裁决是终局的，对双方都有约束力。仲裁方式具有解决争议时间短、费用低、能为当事人保密、裁决有权威性、异国执行方便等优点。

3. 诉讼（Litigation）

一方当事人向法院起诉，控告合同的另一方，一般要求法院判令另一方当事人以赔偿经济损失或支付违约金的方式承担违约责任，也有要求对方实际履行合同义务的。

诉讼是当事人单方面的行为，只要法院受理，另一方就必须应诉。但诉讼方式的缺点在于立案时间长，诉讼费用高，异国法院的判决未必是公正的，各国司法程序不同，当事人在异国诉讼比较复杂。

二、索赔和理赔

（一）索赔的含义

索赔（Claims）是指国际贸易业务的一方违反合同的规定，直接或间接地给另一方造成损害，受损方向违约方提出损害赔偿要求。所谓理赔（Settlement of Claims）是指违约方受理受损方提出的赔偿要求。可见，索赔和理赔是同一个问题的两个方面。

（二）索赔程序

1. 向进出口商索赔

（1）索赔声明。发现问题后应在合同索赔期内通知对方，并声明保留索赔权利。

（2）准备证明文件。索赔时务必提出证据，作为证明的文件。

（3）正式索赔。备齐证明文件，发出索赔函电。

2. 向承运人索赔

（1）提货前发现货物损坏，立即发出索赔通知。

（2）提货后发现货物损坏，于提货日起三日内发出通知。

（3）货主的损害赔偿请求权为一年。

（4）航空货运索赔时限为：货物有损坏或短少时，收货后 7 天内；货物迟延时，收货后 14 天内；货物遗失或灭失时，运单发单日起 120 天内。

3. 向保险公司索赔

被保险人发现保险标的物受损时，应及时与保险公司联系，并拿出必要的单证，以书面形式正式向保险公司提出索赔。

（三）制定索赔条款应该注意的问题

在索赔条款中应明确下列三个内容；

1. 索赔期限

索赔须在准据法规定的期限或合同约定的期限内作出，逾期则可以被认为是受损害人放弃要求对方赔偿损失，违约方亦有权依据对方逾期未提出赔偿损失请求的事实拒绝其过后提出的任何请求。

2. 索赔依据

索赔依据须有两个，即事实上的依据和法律上的依据。所谓事实上的依据就是指当事人在提出索赔请求时须提供对方违约的证据，此证据须是确凿有效的，一般双方在合同中明确规定；所谓法律上的依据是指受害方在提出索赔的时间、举证、要求补救的方法或要求赔偿的金额都必须符合责任方国家法律的规定或国际公约的规定，或者符合国际惯例的精神。

3. 索赔方式

（1）异议与索赔（Discre pancy and Claims）条款是针对卖方交货的品质、数量或包装不符合合同规定而订立的，例如，买方对于装运货物的任何异议，必须于货物运抵提单所列明的目的港30天内提出，并须提供经卖方认可的公证机构出具的检验报告。如果货物已经过加工，买方即丧失索赔权利。属于保险公司或轮船公司责任范围的索赔，卖方不予受理。

（2）罚金（Penalty）条款同异议与索赔条款的不同之处在于，罚金条款仅适用于卖方延期交货或买方延期接货，并在条款中规定了罚金的计算方法。例如，卖方不能如期交货，在卖方同意由付款行从议付的货款中或从买方直接支付的货款中扣除罚金的条件下，买方可同意延期交货。延期交货的罚金不得超过延期交货部分金额的5%。罚金按每7天收取延期交货部分金额的0.5%，不足7天按7天计算。如卖方未按合同规定的装运期交货超过10周时，买方有权撤销合同，并要求卖方支付上述延期交货的罚金。

三、不可抗力

不可抗力（Force Majeure）是指买卖合同签订后，不是由于当事人一方的过失或故意，发生了当事人在订立合同时不能预见，对其发生和后果不能避免并且不能克服的事件，以致不能履行合同或不能如期履行合同。遭受不可抗力事件的一方，可以据此免除履行合同的责任或推迟履行合同，对方无权要求赔偿。

（一）不可抗力主要包括以下几种情形

（1）自然灾害，如台风、洪水、冰雹；

（2）政府行为，如征收、征用；

（3）社会异常事件，如罢工、骚乱。

（二）构成不可抗力的意外事故应具备的条件

（1）意外事故是在签订合同以后发生的；

（2）意外事故是当事人所不能预见、不能避免和不可控制的。不可抗力的事故主要包括两种情况，一种是由于自然力量引起的，如水灾、风灾、旱灾、地震等；另一种是由于社会原因引起的，如战争、封锁、政府禁令等；

（3）意外事故的引起没有当事人疏忽或过失等主观因素。

（三）不可抗力的法律后果与结果

依1980年《联合国国际货物买卖合同公约》的规定，遭受不可抗力的一方可解除合同或延迟履行而不承担责任。只有在不可抗力因素与当事人的过失同时存在的情况下，当事人才承担相应的赔偿责任。遭受不可抗力后合同的结果主要为：

（1）解除合同。一般来说，如果不可抗力事故使合同的履行成为不可能，则可解除合同。如在买卖特种粮食的交易中，该特种粮食的产地因水灾而失收，在这种情况下，可以解除合同。

（2）延迟履行。如不可抗力只是暂时阻碍合同的履行，则只能延迟履行。例如，由于不可抗力使交通受阻，可能延迟履行，等通车后再履行。

（四）国际货物买卖合同中的不可抗力条款

不可抗力条款是指买卖合同中订明当事人一方因不可抗力不能履行合同的全部或部分义务的，免除其全部或部分的履约责任，另一方当事人不得对此要求损害赔偿。因此，不可抗力条款是一种免责条款。

国际货物买卖合同中的不可抗力条款主要规定不可抗力的范围、不可抗力的处理原则和方法、不可抗力发生后通知对方的期限和方法以及出具证明文件的机构等。

1. 不可抗力的范围

关于不可抗力的范围，国际上并无统一的解释，当事人在合同订立时可自行商定。一般有概括式、列举式和综合式三种规定方法。概括式对不可抗力范围只作笼统规定；列举式是将不可抗力事件逐一列出；综合式即列举式与概括式相结合，对经常可能发生的不可抗力事件（如战争、地震、水灾、火灾、暴风雨、雪灾等）列出的同时，再加上“以及双方同意的其他不可抗力事件”的文句。综合式的规定方法，既明确、具体，又有一定的灵活性。目前，在我国进出口贸易合同中，一般都采用综合式。

2. 不可抗力的处理

发生不可抗力事故后，应按约定的处理原则及时进行处理。不可抗力的后果有两种：一种是解除合同，一种是延期履行合同。究竟如何处理，应视事故的原因、性质、规模及其对履行合同所产生的实际影响程度而定。

3. 不可抗力的通知和证明

我国法律规定，当不可抗力发生后，当事人一方因不能按规定履约要取得免责权利，必须及时通知另一方，并在合理时间内提供必要的证明文件，以减轻可能给另一方造成的损失。按照《联合国国际货物买卖合同公约》，如果因为当事人一方未及时通知而给对方造成损害的，仍应负赔偿责任。在实践中，为防止争议的发生，不可抗力条款中应明确规定具体的通知和提交证明文件的期限和方式。

关于不可抗力的出证机构，在我国，一般由中国国际贸易促进委员会（中国国际商会）出具；如由对方提供时，则大多数由当地的商会或登记注册的公证机构出具。另一方当事人收到不可抗力的通知及证明文件后，无论同意与否，都应及时回复。

四、仲裁

在国际贸易中，买卖双方在合同履行过程中因种种原因发生争议是难以避免的。当争议发生时，一般均首先采用友好协商方式解决。如协商得不到解决，则视情况采取第三者调节（Conciliation）、提交仲裁（Arbitration），或进行司法诉讼（Litigation）等方式进行处理。

（一）仲裁的特点

仲裁（Arbitration）是解决对外贸易争议的一种重要方式。它是指买卖双方达成协议，自愿将有关争议交给双方所同意的仲裁机构进行裁决，而这个裁决是终局的，对双方都有约束力，双方必须遵照执行。

与诉讼相比，仲裁具有以下特点：

（1）仲裁机构属于民间性质，而法院是国家机器，具有法定管辖权。

（2）仲裁须是双方同意的，而诉讼可以是一方提出，无须对方同意。

（3）仲裁比诉讼时间短，程序简便，费用低，争议双方关系较缓和。

（4）仲裁结果是终局的，而诉讼多是二审终审制，败诉方可上诉。

（5）仲裁机构不能强制执行裁决，而法院可强制执行法院判决。

（二）仲裁程序

仲裁程序（Arbitration Procedure）是指双方当事人将所发生的争议根据仲裁办议的规定提交仲裁时应办理的各项手续。

1. 提出仲裁申请

这是仲裁程序开始的首要手续。各国法律对申请书的规定不一致。在我国，《中国国际经济贸易仲裁委员会仲裁规定》规定当事人一方申请仲裁时，应向该委员会提交包括下列内容的签名申请书：

（1）申诉人和被诉人的名称、地址；

（2）申诉人所依据的仲裁协议；

（3）申诉人的要求及所据的事实和证据。

申诉人向仲裁委员提交仲裁申请书时，应附具本人要求所依据的事实的证明文件，指定一名仲裁员，预缴一定数额的仲裁费。如果委托代理人办理仲裁事项或参与仲裁的，应提交书面委托书。

2. 组织仲裁庭

根据我国仲裁规则，申诉人和被申诉人各自在仲裁委员会仲裁员名册中指定一名仲裁员，并由仲裁委员会主席指定一名仲裁员为首仲裁员，共同组成仲裁庭审理案件；双方当事人亦可在仲裁委员名册共同指定或委托仲裁委员会主席指定一名仲裁员为独任仲裁员，成立仲裁庭，单独审理案件。

3. 审理案件

仲裁庭审理案件的形式有两种：一种是不开庭审理，这种审理一般是经当事人申请，或由仲裁庭征得双方当事人的同意，只依据书面文件进行审理并作出裁决；另一种是开庭审理，这种审理按照仲裁规则的规定，采取不公开审理，如果双方当事人要求公开进行审理时，由仲裁庭作出决定。

4. 作出裁决

裁决是仲裁程序的最后一个环节。裁决作出后，审理案件的程序即告终结，因而这种裁决被称为最终裁决。根据我国仲裁规则，除最终裁决外，若仲裁庭认为有必要或接受当事人的提议，在仲裁过程中，可就案件的任何问题作出中间裁决或者部分裁决。中间裁决是指对审理清楚的争议所作的暂时性裁决，以利于案件的进一步审理；部分裁决是指仲裁庭对整个争议中的一些问题已经审理清楚，而先行作出的部分终局性裁决，这种裁决是构成最终裁决的组成部分。仲裁裁决必须于案件审理终结之日起 45 天内以书面形式作出，仲裁裁决除由于调解达成和解而作出的裁决书外，应说明裁决所依据的理由，并写明裁决是终局的和作出裁决书的日期地点以及仲裁决员的署名等。

当事人对于仲裁裁决书，应依照其中所规定的时间自动履行，裁决书未规定期限的，应立即履行。一方当事人不履行的，另一方当事人可以根据中国法律的规定，向中国法院申请执行，或根据有关国际公约、中国缔结或参加的其他国际条约的规定办理。

当事人可在法定期限内，请求仲裁地的管辖法院撤销仲裁裁决，并宣布其为无效的裁决：在无仲裁协议的情况下作出的或以无效（呈过期）的仲裁协议为据作出的裁决；仲裁员的行为不当或越权所作出的裁决；以伪造证据为依据所作出的裁决；裁决的事项是属于仲裁地法律规定不得提交仲裁处理的裁决等。

（三）合同中的仲裁条款

一般来说，买卖合同中的仲裁条款应具体包括仲裁地点、仲裁机构、仲裁程序规则、仲裁裁决的效力以及仲裁费的负担等内容。

1. 仲裁地点

力争在本国仲裁，不过采用在被告国仲裁较客观、公平。若采用在第三国仲裁，一定要选择在政治上对我方友好的国家。

2. 仲裁机构

国际贸易中的仲裁，可由双方当事人约定在常设的仲裁机构进行，也可以由双方当事人共同指定仲裁员组成临时仲裁庭进行仲裁。近年来，国际商事仲裁绝大部分采用机构仲裁，因此，仲裁条款中应当明确在哪个仲裁机构进行仲裁。

3. 仲裁程序规则

按国际仲裁的一般做法，原则上采用仲裁所在地的规则，但在法律上也允许根据双方的约定采用仲裁地点以外的他国仲裁机构的仲裁规则。因此，仲裁条款中应作出明确规定。

4. 仲裁裁决的效力

在订立仲裁条款时，通常都明确规定它的终局性及约束力。

5. 仲裁费用的负担

合同中应明确规定仲裁费用由谁负担。通常由败诉方承担，也可另作规定。仲裁的费用，一般按争议价值的0.1% ~1% 收取。

【项目小结】本项目主要介绍国际贸易合同中的品质、数量、包装、价格、装运、保险、支付、商检、争议的预防和处理等条款的基本内容和规定方法，以及拟定这些条款应该注意的问题。

知识练习与实训

知识练习：

一、名词解释

1. 根本性违约
2. 争议
3. 不可抗力
4. 仲裁

二、判断题

1. 即使合同履行结束，只要一方有充足的法律依据和足够的事实依据，对方就不可以拒绝受理赔偿。 （ ）

2. 英国法律规定，违反要件的情况下，受害方有权要求损害赔偿，但不能解除合同。 （ ）

3. 《联合国国际货物买卖合同公约》规定，如果一方当事人根本违反合同，另一方当事人可以宣告合同无效，并要求损害赔偿。 （ ）

4. 在双方交易中，买方收货后发现货物与合同规定不符时，在任何时候都可以向卖方索赔。 （ ）

5. 当违约金起算日期规定了优惠期时，则在优惠期限内免于罚款，过此期限再起算罚

款。（ ）

6. 根据我国《合同法》规定，当买卖双方约定了定金时，若收受定金的一方当事人违约，即应向守约方双倍返还定金。（ ）

7. 预付货款与支付定金不同，它不是履约担保，故对方违约时，不适用双倍返还的原则。（ ）

8. 当买卖合同订有违约金条款时，若违约金超过对方所遭受的实际损失，则违约金即同时具有补偿性和惩罚性。（ ）

9. 援引不可抗力条款的后果是延期执行合同或解除合同。（ ）

10. 在我国进出口合同中，关于不可抗力事件的范围，通常都采用概括式与列举式相结合的规定办法。（ ）

11. 仲裁协议必须由合同当事人在争议发生后达成，否则不能提请仲裁。（ ）

12. 我国的常设仲裁机构只有中国国际经济贸易仲裁委员会。（ ）

13. 仲裁协议不一定要采用书面形式。（ ）

14. 我国的对外贸易合同的仲裁条款规定，允许双方在仲裁裁决后向上一级仲裁庭和法院上诉。（ ）

15. 当事人所指定的仲裁员代表当事人的自身利益。（ ）

16. 如果一方当事人缺席，则不能开庭审理和作出裁决。（ ）

17. 仲裁裁决书未规定期限的为无效裁决书。（ ）

18. 无仲裁裁决书的裁决无效。（ ）

19. 由于仲裁裁决是终局性裁决，因此，凡仲裁机构作出的一切裁决，不论在任何情况下，法院都须一律执行。（ ）

20. 仲裁费用应该一律由败诉方全部承担。（ ）

三、简答题

1. 不可抗力条款包括哪些内容？

2. 与诉讼相比，仲裁的特点有哪些？

职业实训：

2008 年 2 月 13 日，中国内地某公司 A 和香港某公司 B 签订了醋酸纤维素板的来料加工和补偿贸易合同。合同的主要内容是内地方 A 公司利用港方 B 公司和另外两家香港的金融机构共同提供的设备为港方 B 进行来料加工，每生产 1 吨板材的加工费为 1 600 美元，港方 B 负责提供给内地方 A 的来料即醋酸纤维素板的数量为：2008 年不少于 80 吨，2009 年不少于 150 吨，2010 年不少于 200 吨，以后每年不少于 200 吨。内地方 A 的来料加工费偿还设备的货款的本息。但在实际履行中，港方 B 仅在 2008 年 12 月 30 日提供来料 34 吨，2009 年 9 月 4 日来料 17 吨，2010 年 2 月 16 日来料 1. 1 吨，合计来料 52. 1 吨。2010 年 10 月，双方签订补充协议，再次规定了港方 B 提供来料的义务和数量。结果该补充协议仍未履行，致使内地方引进的设备无法得到充分利用，只偿还了设备贷款的本息的一小部分。内地方提请仲裁，要求港方 B 赔偿包括设备贷款在内的经济损失。港方 B 答辩称：B 公司未能履行合同的全部义务，是因为国际市场发生重大变化，原料价格上涨，数量短缺，无法买到原料所致。最后生产该原料的工厂停产，B 更是无法买到，这是不可抗力事故，港方不应承担责任。试分析本案中，港方应不应该承担责任？

职业技能实训：

请根据以下资料拟定一份贸易合同，缺少的资料自己补充完整。

1. Dear Mr. Carter,

We know your name and address from the website of www. simtrade. net and note with pleasure the items of your demand just fall within the scope of our business line. First of all, we avail ourselves of this opportunity to introduce our company in order to be acquainted with you.

Our firm is an exporter of various Canned Foodstuffs. We highly hope to establish business relations with your esteemed company on the basis of mutual benefit at an earlier date. We are sending a catalogue and a pricelist under separate cover for your reference. We will submit our best price to you upon receipt of your concrete inquiry.

We are looking forward to receiving your earlier reply.

Yours faithfully,
Minghua Liu
Grand Western Foods Corp

2. Dear Mr. Minghua Liu,

Thanks for your E-mail.

With reference to your letter of July 28, 2010, we are glad to learn that you wish to enter into trade relations with us.

At present, we are in the market for CANNED SWEET CORN, and shall be glad to receive your best quotations for this item, with indications of packing, for date of shipment, CIF TORONTO.

Your early replay will be appreciated.

Yours sincerely,
Carter
Carters Trading Company, LLC

3. Dear Mr. Carter,

We have received your letter of July 29, 2010, asking us to offer the CANNED SWEET CORN for shipment to TORONTO PORT and highly appreciate that you are interested in our products.

In compliance with your kindly request, we are pleased to offer our best price as follows:

1. CANNED SWEET CORN
2. Packing: EXPORTER CARTON
3. Specification: 3, 060 G ×6 TINS/CTN
4. Quantity: 800 CARTONS
5. Price: USD 14/CARTON CIF TORONTO
6. Payment: L/C
7. Shipment: in September, 2010
8. Brand: At your option

Our offer remains effective until August 30, 2010

Yours faithfully,

Minghua Liu

Grand Western Foods Corp

4. Dear Mr. Minghua Liu,

We have received your E-mail of July 29, 2010, After consideration, we have pleasure in confirming the following offer:

1. Commodity: CANNED SWEET CORN
2. Packing: EXPORTER CARTON
3. Specification: 3,060 G×6 TINS/CTN
4. Quantity: 800 CARTONS
5. Price: USD 14/CARTON CIF TORONTO
6. Payment: L/C
7. Shipment: in September, 2010

Please send us a contract and thank you for your cooperation.

Yours sincerely,

Carter

Carters Trading Company, LLC

项目四 合同的履行

☞ 学习目标

1. 掌握进出口合同履行的基本程序。
2. 掌握进出口业务部分工作环节的相关知识以及各个环节的注意事项。

☞ 技能目标

1. 通过本项目的学习了解不同结算方式及不同贸易术语，进出口合同履行各环节的具体内容和做法，并掌握各种单据的制作、审核和修改技巧，熟悉各个环节买方、卖方应做的工作。
2. 能够协调各个环节所涉及的相关部门的业务工作。

☞ 导入案例

2010年4月份，广交会上某公司A与科威特某一老客户B签订合同，客户B欲购买A公司的玻璃餐具（名：GLASS WARES），A公司报价FOB GUANGZHOU，广州出运到科威特，海运费到付。合同金额达USD 25 064.24，共1×40’高柜，支付条件为全额信用证，客人回国后开信用证到A公司，要求6月份出运货物。

A公司按照合同与信用证的规定在6月份按期出了货，并向银行交单议付，银行在审核过程中发现两个不符点：①发票上：GLASS WARES错写成GLASSWARES，即没有空格；②

提单上：提货人一栏，TO THE ORDER OF BURGAN BANK，KUWAIT 错写成了 TO THE ORDER OF BURGAN BANK，即漏写 KUWAIT。A 公司认为这两个是极小的不符点，根本不影响提货。A 公司本着这一点，又认为客户是老客户，就不符点担保出单了。但 A 公司很快就接到由议付行转来的拒付通知，银行就以上述两个不符点作为拒付理由拒绝付款。A 公司立即与客户取得联系，原因是客户认为到付的运费（USD 2 275.00）太贵（原来 A 公司报给客户的是 5 月份的海运费，到付价大约是 USD 1 950.00，但 6 月份海运费价格上涨，客户并不知晓），拒绝支付到付运费，因此货物滞留在码头，A 公司也无法收到货款。

后来 A 公司人员进行各方面的协调后，与船公司联系要求降低海运费，船公司将运费降到 USD 2 100.00，客户才勉强接受，到银行付款赎单，A 公司被扣了不符点费用。整个解决纠纷过程使得 A 公司推迟收汇大约 20 天。

◈ **案例分析**

1. 在本案中，A 公司在事先知道单据存在不符点的情况下还是出单，存在潜在的风险。A 公司认为十分微小的不符点却恰恰成了银行拒付的正当理由。因此，在已知不符点的情况下，最好要将其修改。

2. FOB 运费的上涨，与 A 公司并无关系，但是客户主要是借不符点进行讨价还价。

任务一　出口合同的履行

在国际贸易中，经过买卖双方交易磋商达成的进出口合同，对双方的权利和义务都具有约束力，合同一经有效成立，双方必须严格履行合同的规定。履行合同是交易双方实现各自经济目的的前提条件，也是检验当事人资信的一个重要方面。可以说，做好履行合同工作的重要性绝不亚于合同的磋商和签订。

“重合同，守信誉”是我国开展外贸工作的基本原则，也是我们履行进出口合同的原则。我国企业在对外签订进出口合同时要极为慎重，因政策（如受配额及许可证限制的出口商品，该企业无法取得配额和许可证）或实际生产能力的限制不能或难以做到的事项，则不能轻易作出允诺。而一旦允诺并在合同中以书面形式定下的内容，企业就必须严格按合同办事，不能以各种借口或理由单方面修改或变更合同的条款。另外，我国企业在履行进口合同时，也要注意随时督促对方按合同履行其交货义务，防止对方拖延履约或借故毁约。

在出口业务中，卖方履行合同的基本义务是向买方提交符合合同规定的货物，并移交一切与货物有关的单据和转移货物的所有权。采用不同的价格术语和支付方式，卖方履行合同就会产生不同的做法。在 CIF 或 CFR 条件和凭 L/C 支付的方式下，履行合同一般需经过下列各环节：备货，催证、审证、改证，租船订舱，商品检验，投保，报关，装船，制单、交单、结汇。其中以货、证、船、款四个环节最为重要。

一、落实信用证

（一）催证

在采用 L/C 支付的情况下，当进口方未按合同规定的时间开立信用证，或合同装运期较长，卖方想提前装运，或原合同规定的开证期已到等，卖方往往会通过信函、电传等方式催促进口方开立信用证。

（二）审证

出口企业在收到买方开来的L/C后，应对照合同并依据《跟单信用证统一惯例》，对信用证内容进行全面、认真地审核。

收到信用证后检查和审核的要点有以下几点：

1. 检查信用证的付款保证是否有效

2. 检查信用证的付款时间是否与有关合同规定相一致

（1）信用证中规定有关款项须在向银行交单后若干天内或见票后若干天内付款等情况。对此，应检查此类付款时间是否符合合同规定或卖方的要求。

（2）信用证在国外到期。规定信用证国外到期，有关单据必须寄送国外，由于我方无法掌握单据到达国外银行所需的时间且容易延误或丢失，有一定的风险，通常我方要求在国内交单或付款。在来不及修改的情况下，必须提前一个邮程（邮程的长短应根据地区远近而定）以最快方式寄送。

（3）如信用证中的装期和效期是同一天即通常所称的“双到期”，在实际业务操作中，应将装期提前一定的时间（一般在效期前10天），以便有合理的时间来制单结汇。

3. 检查信用证受益人和开证人的名称和地址是否完整和准确

受益人应特别注意信用证上的受益人名称和地址应与其印好的文件上的名称和地址内容相一致，以及买方的公司名称和地址写法是否也完全正确。在填写发货票时照抄信用证上写错了的买方公司的名称和地址是有可能的，如果受益人的名称不正确，将会给今后的收汇带来不便。

4. 检查装期的有关规定是否符合要求

逾信用证规定装期的运输单据将构成不符点，银行有权不付款。检查信用证规定的装期应注意以下几点：

（1）能否在信用证规定的装期内备妥有关货物并按期出运。如来证收到时离装期太近，可能无法按期装运，应及时与客户联系修改；

（2）实际装期与交单期时间相距太短；

（3）信用证中规定了分批出运的时间和数量，应注意能否办到，否则，任何一批未按期出运，以后各期即告失效。

5. 检查能否在信用证规定的交单期交单

如来证中规定向银行交单的日期不得迟于提单日期后若干天，如果过了限期或单据不齐、有错漏，银行有权不付款。

交单期通常按下列原则处理：

（1）信用证有规定的，应按信用证规定的交单期向银行交单；

（2）信用证没有规定的，向银行交单的日期不得迟于提单日期后21天；

（3）应充分考虑办理下列事宜对交单期的影响：生产及包装所需的时间；内陆运输或集港运输所需时间；进行必要的检验如法定商检或客检所需的时间；申领出口许可证或FA产地证所需的时间（如果需要）；报关查验所需的时间；船期安排情况；到商会或领事馆办理认证或出具有关证明所需的时间（如果需要）；申领检验证明书如SGS验货报告或OMIC LETTER或其他验货报告如客检证等所需的时间；制造、整理、审核信用证规定的文件所需的时间；单据送交银行所需的时间，包括单据送交银行后经审核发现有误退回更正的时间。

6. 检查信用证的金额、币制是否符合合同规定

（1）信用证金额是否正确。信用证的金额应该与事先协商的相一致。

（2）信用证中的单价与总值要准确，大小写并用内容要一致。如数量上可以有一定幅度的伸缩，那么，信用证也应相应规定在支付金额时允许有一定幅度；如果在金额前使用了“大约”一词，其意思是允许金额有10%的伸缩；同时应检查币制是否正确。

7. 检查信用证的数量是否与合同规定相一致

除非信用证规定数量不得有增减，那么，在付款金额不超过信用证金额的情况下，货物数量可以容许有5%的增减。但这一规定一般适用于大宗货物，对于以包装单位或以个体为计算单位的货物不适用。如5 000 PCS 100% COTTON SHIRTS（5 000件全棉衬衫），由于数量单位是“件”，实际交货时只能是5 000件，而不能有5%的增减。

8. 检查价格条款是否符合合同规定

不同的价格条款涉及具体的费用如运费、保险费由谁分担。如合同中规定是：FOB SHANGHAI AT USD 50/PC，根据此价格条款有关的运费和保险费由买方即开证人承担；如果信用证中的价格条款没有按合同的规定作上述表示，而是作了如下规定：CIF NEW YORK AT USD 50/PC，对此条款如不及时修改，那么受益人将承担有关的运费和保险费。

9. 检查货物是否允许分批出运和转运

除信用证另有规定外，货物是允许分批和转运的。应特别注意的是，如信用证中规定了每一批货物出运的确切时间，则必须按此照办，如不能办到，必须修改。

10. 检查有关的费用条款

信用证中规定的有关费用如运费或检验费等应事先协商一致，否则，对于额外的费用原则上不应承担；银行费用如事先未商定，应以双方共同承担为宜。

11. 检查信用证规定的文件能否提供或及时提供

（1）一些需要认证的单据特别是使馆认证等能否及时办理和提供。

（2）由其他机构或部门出具的有关文件，如出口许可证、运费收据、检验证明等能否提供或及时提供。

（3）信用证中指定船龄、船籍、船公司或不准在某港口转船等条款能否办到等。

12. 检查信用证中有无陷阱条款

应特别注意下列信用证条款是有很大陷阱的条款，具有很大的风险：

（1）1/3正本提单直接寄送客人的条款。如果接受此条款，将随时面临货、款两空的危险。

（2）将客检证作为议付文件的条款。如果接受此条款，受益人正常处理信用证业务的主动权将很大程度上掌握在对方手里，影响安全收汇。

（三）改证

经审证后，发现有不符合，或不能接受之处，即应请开证申请人通过开证行进行修改。

1. 改证应贯彻的原则

（1）非修改不可的，应坚决要求修改；

（2）可改可不改的，应视具体情况尽量不作修改；

（3）凡需修改的各项内容应一次向对方提出；

（4）对收到的修改通知书的内容要么全部接受，要么全部否定；

（5）对修改后的L/C要认真审核；

（6）如果收到“修改通知书”后，仍不接受，应在3个工作日内退回通知书表示拒绝，否则就是默认。

2. 修改信用证应注意的事项

（1）凡是需要修改的内容，应做到一次性向客户提出，避免多次修改信用证的情况；

（2）对于不可撤销信用证中任何条款的修改，都必须取得当事人的同意后才能生效；

（3）收到信用证修改后，应及时检查修改内容是否符合要求，并分情况表示接受或重新提出修改；

（4）对于修改内容要么全部接受，要么全部拒绝，部分接受修改中的内容是无效的；

（5）明确修改费用由谁承担，一般按照责任归属来确定修改费用由谁承担。

二、出口备货和报验

（一）备货

备货工作的主要内容包括：及时向生产、加工或供货部门安排货物的生产、加工、收购和催交，核实应交货物的品质、规格、数量和交运时间，并进行必要的包装和刷制唛头等工作。

备货应符合下列要求：

（1）保证货物的品质、规格、花色与合同和信用证规定相符；

（2）货物的数量与合同和信用证的规定相符；

（3）货物的包装方式、包装材料必须符合合同和信用证的规定及运输的要求；

（4）应按照合同和信用证的规定刷制唛头；

（5）备货的时间应与合同和信用证规定的装运期限，与船期紧密衔接，防止交货脱期，同时又要注意适当地留有余地，以免造成延误。

（二）报验

商检法规定，进出口商品实施检验的内容，包括商品的质量、规格、数量、重量、包装以及是否符合安全、卫生要求。检验的依据主要以买卖合同（包括信用证）中所规定的有关条款为准。

1. 我国出口商品报验范围

（1）列入必须实施检验的进出口商品目录内的商品；

（2）出口食品卫生检验和检疫，以及出口动物产品的检疫；

（3）出口危险品包装容器的性能鉴定和使用鉴定；

（4）装运出口易腐烂变质食品的船舱、集装箱等；

（5）其他法律或者行政法规规定必须经商检机构检验的进出口商品；

（6）对外贸易合同、信用证规定由商检机构检验出证的商品；

（7）对外贸易关系人申请的鉴定业务；

（8）委托检验业务。

2. 报验流程

（1）报验前的准备：① 自理报检企业、代理报检企业办理备案登记；② 报检员注册登记；③ 了解货物的检验检疫要求；④ 事先办理报检附加文件；⑤ 准备好报检需要的一般材料；⑥ 若是出境邮寄物品，应委托快件运营企业代为申报。

（2）报验：填写“报验申请单”（检验、鉴定工作项目和要求），提交买卖合同、成交小样及其他必要的资料。

（3）抽样：商检机构接受报验之后，及时赴货物堆存地点，按照规定的方法进行抽样，现场检验、鉴定。

（4）检验：商检机构接受报验之后，认真研究申报的检验项目，确定检验内容，仔细审核合同（信用证）对品质、规格、包装的规定，弄清检验的依据，确定检验标准、方法，然后抽样检验，如仪器分析检验、物理检验、感官检验、微生物检验等。

（5）签发证书。

表 4－1　中华人民共和国出入境检验检疫出境货物报检单

中华人民共和国出入境检验检疫

出境货物报检单

报检单位（加盖公章）：　　　　　　　　　　　　＊编　　号＿＿＿＿＿＿＿＿

报检单位登记号：　　　联系人：　　　电话：　　　　　　报检日期：　　年　　月　　日

<table>
<tr><td rowspan="2">发货人</td><td colspan="7">（中文）</td></tr>
<tr><td colspan="7">（外文）</td></tr>
<tr><td rowspan="2">收货人</td><td colspan="7">（中文）</td></tr>
<tr><td colspan="7">（外文）</td></tr>
<tr><td colspan="8">货物名称（中/外文）　H. S. 编码　产地　数/重量　货物总值　包装种类及数量

</td></tr>
<tr><td>运输工具名称号码</td><td colspan="2"></td><td>贸易方式</td><td></td><td>货物存放地点</td><td colspan="2"></td></tr>
<tr><td>合同号</td><td colspan="2"></td><td>信用证号</td><td></td><td>用途</td><td colspan="2"></td></tr>
<tr><td>发货日期</td><td></td><td>输往国家（地区）</td><td></td><td>许可证/审批号</td><td colspan="3"></td></tr>
<tr><td>起运地</td><td></td><td>到达口岸</td><td></td><td>生产单位注册号</td><td colspan="3"></td></tr>
<tr><td colspan="2">集装箱规格、数量及号码</td><td colspan="6"></td></tr>
<tr><td colspan="2">合同、信用证订立的检验检疫条款或特殊要求</td><td colspan="3">标 记 及 号 码</td><td colspan="3">随附单据（划“✓”或补填）</td></tr>
<tr><td colspan="2"></td><td colspan="3"></td><td colspan="2">□合同
□信用证
□发票
□换证凭单
□装箱单
□厂检单</td><td>□包装性能结果单
□许可/审批文件
□
□
□
□</td></tr>
<tr><td colspan="6">需要证单名称（划“✓”或补填）</td><td colspan="2">＊检验检疫费</td></tr>
</table>

（续上表）

<table>
<tr><td rowspan="3">☐品质证书 __正__副
☐重量证书 __正__副
☐数量证书 __正__副
☐兽医卫生证书 __正__副
☐健康证书 __正__副
☐卫生证书 __正__副
☐动物卫生证书 __正__副</td><td rowspan="3">☐植物检疫证书
☐熏蒸/消毒证书
☐出境货物换证凭单 __正__副
☐ __正__副
☐ __正__副
☐
☐</td><td>总金额
（人民币元）</td><td></td></tr>
<tr><td>计费人</td><td></td></tr>
<tr><td>收费人</td><td></td></tr>
<tr><td colspan="2" rowspan="3">报检人郑重声明：
1. 本人被授权报检
2. 上列填写内容正确属实，货物无伪造或冒用他人的厂名、标志、认证标志，并承担货物质量责任
签名：________</td><td colspan="2">领 取 证 单</td></tr>
<tr><td>日期</td><td></td></tr>
<tr><td>签名</td><td></td></tr>
</table>

注：有“＊”号栏由出入境检验检疫机关填写　　◆国家出入境检验检疫局制

三、租船订舱、报关与投保

1. 租船订舱

在 CIF 或 CFR 条件下，租船订舱是卖方的责任之一。如出口货物数量较大，需要整船载运的，则要对外办理租船手续；对出口货物数量不大，不需整船装运的，则安排洽订班轮或租订部分舱位运输。

关于订舱工作的基本程序大致如下：

（1）进出口公司填写托运单（Booking Note B/N），作为租船或订舱的依据。

（2）船公司或其代理人在接受托运人的托运单证后，即发给托运人全套装货单（Shipping Order S/O），俗称下货纸。

（3）货物装船之后，即由船长或大副签发收货单，即大副收据（Mate's Receipt）。托运人凭收货单向船公司或其代理人交付运费并换取正式提单。

（4）货物装船并取得提单后，出口企业应根据合同向买方发出已装船通知，以便其了解装运情况和进行接货准备。

2. 报关

报关是指出口货物装船出运前，向海关申报的手续。按照我国《海关法》的规定，凡是进出国境的，必须经由设有海关的港口、车站、国际航空站进出，并由货物所有人向海关申报，经海关放行后，货物才可提取或者装船出口。

海关在规定时间内接受报关单位的申报后，要经过审核单据、查验货物、办理征税、结关放行等几个步骤。出口企业在装船前，须填写“出口货物报关单”，连同其他必要的单证，如装货单、合同副本、信用证副本、发票、装箱单、商检证书等送交海关申报。海关查验货、证、单相符无误，并在装货单上加盖放行章放行后，货物即可凭此装船。在出口贸易中，只有当海关经查验后同意放行并在装货单或运单上盖放行章后，出口人才可以把货物装船出运。

3. 投保

凡是按 CIF 价格成交的出口合同，卖方在装船前，须及时向保险公司办理投保手续，填制投保单。出口商品的投保手续，一般都是逐笔办理的，投保人在投保时，应将货物名称、保额、运输路线、运输工具、开航日期、投保险别等一一列明。保险公司接受投保后，即签发保险单或保险凭证。

四、制单结汇

出口货物装运之后，出口企业应按信用证的规定，缮制各种单据，并在信用证规定的有效期内，送交银行办理议付结汇手续。这些单据主要是发票、汇票、提单、保险单、装箱单、商品检验证书、产地证明书等。开证行只有在审核单据与信用证规定完全相符时，才承担付款的责任，因此，各种单据的缮制是否正确完备，与安全迅速收汇有着十分重要的关系。

对结汇的单据，要求做到以下几点：

（1）单据与信用证要求一致，单据与单据之间要一致；

（2）单据的份数和单据本身的项目必须完整无缺；

（3）在信用证有效期内，及时将单据送交议付银行；

（4）单据的内容应按信用证要求和国际惯例填写，力求简明；

（5）单据缮写或打印的字迹要清楚，单据表面要清洁。

（一）我国常见的三种结汇方式

1. 收妥结汇

收妥结汇指信用证议付行收到出口企业的出口单据后，经审查无误后，将单据寄交国外付款行索取货款的结汇做法。在这种方式下，议付行都是待收到付款行的货款后，即从国外付款行收到该行账户的贷记通知书（Credit Note），才按当日外汇牌价，按照出口企业的指示，将货款折成人民币拨入出口企业的账户。

2. 押汇

押汇又称买单结汇，即议付行在审单无误的情况下，按信用证条款贴现受益人（出口公司）的汇票或者以一定的折扣买入信用证下的货运单据，从票面金额中扣除从议付日到估计收到票款之日的利息，将余款按议付日外汇牌价折成人民币，拨给出口企业。议付行向受益人垫付资金、买入跟单汇票后，即成为汇票持有人，可凭票向付款行索取票款。银行之所以作出口押汇，是为了给出口企业提供资金融通的便利，这有利于加速出口企业的资金周转。

3. 定期结汇

定期结汇是指议付行根据向国外付款行索偿所需的时间，预先确定一个固定的结汇期限，并与出口企业约定该期限到期后，无论是否已经收到国外付款行的货款，都将主动将票款金额折成人民币拨交出口企业。

（二）出口单据

出口单据种类很多，根据其作用和性质不同，可以分为主要单据和辅助单据两种。主要单据包括汇票、商业发票、提单、保险单等；辅助单据包括商检证书、出口许可证、产地证、装箱单和重量单等。按其签发人的不同，可以分为出口商签发的单据和有关单位、政府机关、社会团体签发的单据。前者如汇票、发票、装箱单、重量单等，后者有提单、保险单、商检证书、出口许可证等。

下面就几种主要的单据概述如下：

1. 汇票

汇票是由一个人向另一个人签发的，并给另一个人的一张无条件的书面支付命令，要求对方立即或在将来的某个时间或某一期间内支付一定金额给特定的人或其指定的人或持票人。在采用托收和信用证支付的情况下，汇票是主要出口的单据之一，如表4－2所示：

表4－2　汇票

BILL OF EXCHANGE			
凭 Drawn Under	WESTPAC BANKING CORPORATION ADELAIDE, AUSTRALIA	不可撤销信用证 Irrevocable L/C　No.	AD25009/504919
日期 Date	MAY 23, 2011	支 取 Payable With interest@	
号码 No.	9005	汇票金额 Exchange for USD 32 095. 00	号码 No.　9005
见票 At	—— ·······	日后（本汇票之副本未付）付交 sight of this FIRST of Exchange (Second of Exchange Being unpaid) Pay to the order of	
		中国银行广州支行 BANK OF CHINA GUANGZHOU BRANCH	
金额 the sum of U. S. DOLLARS		THIRTY-TWO THOUSAND AND NINETY-FIVE ONLY.	
此致 To	WESTPAC BANKING CORPORATION ADELAIDE, AUSTRALIA		
			GUANGZHOU LANXING CO., LTD. (Authorized Signature)

2. 发票

（1）商业发票。

商业发票（Commercial Invoice）是卖方开给买方的载明货物名称、数量、价格等内容的清单，是全套出口单据的核心，其他单据都须以它为依据缮制。

商业发票的作用是买卖双方交接货物和结算货款的凭证，是进出口货物报关纳税的凭证。

商业发票的基本内容有：

①注明"Invoice"或"Commercial Invoice"字样；
②卖方、买方的详细名称和地址；
③起运地和目的地；
④货物详细名称、规格、数量、重量（毛重或净重）、体积；
⑤货物的单价、总值；
⑥唛头和件号、批号；
⑦发票、信用证、合同号码；
⑧卖方的正式签章。

表4-3 发票

广州蓝星贸易公司

GUANGZHOU LANXING CO., LTD

ROOM 2501, JIAFA MANSION, ZHONGSHAN ROAD, GUANGZHOU, P. R. CHINA

TEL: 020-4715004 020-4715619 FAX: 020-4691619

COMMERCIAL INVOICE

To:	EAST AGENT COMPANY 3-72, OHTAMACHI, NAKA-KU, YOKOHAMA, JAPAN231	Invoice No.: Invoice Date: S/C No.: S/C Date:	2003SDT009 2003-08-12 03TG28711 2003-07-22

From: GUANGZHOU　To: AKITA

Letter of Credit No.: LTR0505457　Date: 2010-07-27

Marks and Numbers	Number and kind of package Description of goods	Quantity	Unit Price	Amount
	CIF AKITA, JAPAN			
V. H LAS PLAMS C/NO. 1-180	ABOUT 180 CARTONS GOLF CAPS H6-59940BS	1,800 DOZS	USD 8.10 /DOZ	USD 14,580.00
TOTAL:		1,800 DOZS		USD 14,580.00

SAY TOTAL: U. S. DOLLARS FOURTEEN THOUSAND FIVE HUNDRED AND EIGHTY ONLY.

GUANGZHOU LANXING CO., LTD

李明达

（2）海关发票。

海关发票（Customs Invoice）是进口国海关制定的一种固定格式的发票，要求卖方填制。其作用是供进口商凭此向海关办理进口报关、纳税等手续，进口国海关根据海关发票来确定进口税款。

（3）形式发票。

形式发票（Performa Invoice）是卖方应买方的要求开立的一种非正式的发票，发票上载明拟出口货物的名称、单价等内容，主要供进口商申请进口许可证或申批外汇时使用。发票上的价格仅仅是根据当时情况估算的，对买卖双方都没有约束力。形式发票不能作为结汇单据。

（4）领事发票。

领事发票（Consular Invoice）是进口国领事馆制定的一种固定格式的发票，出口人填写后由领事签章证实，供进口商凭此代替产地证明书向海关办理报关、纳税等手续。

（5）厂商发票。

厂商发票（Manufacturer's Invoice）由出口货物的制造厂商所出具的，是以本国货币计算价格的用来证明出口国国内市场的出厂价格的发票，供进口国海关作为纳税的依据。

3. 提单

提单（Bill of Lading）是货物所有权的象征，是一种物权单据，因而也是出口的主要单据之一。

国外来证一般都要求提供“全套清洁已装船做成凭指示和空白背书的提单”（Full set of clean on board B/L made out to order and endorsed in blank）。在制作提单时必须注意提单的各项内容应与 L/C 相符。

表 4－4　海运提单

<table>
<tr><td colspan="2">Shipper
LIN GHAI SIN IMP. AND EXP. CO., LTD.
NO. 56 TIANHE ROAD, GUANGZHOU, CHINA</td><td colspan="4" rowspan="6">B/L NO. DAF－053690
中远集装箱运输有限公司
COSCO CONTAINER LINES
PORT TO PORT OR COMBINED TRANSPORT
BILL OF LADING</td></tr>
<tr><td colspan="2">Consignee
TO ORDER</td></tr>
<tr><td colspan="2">Notify Party
JOHN S. CONNOR, INC.
222 BRIDGE PLAZA SOUTH FORT LEE, NJ 07024, UNITED STATES</td></tr>
<tr><td>Ocean
Vessel Voy. No.
YUAN HUA 700</td><td>Port of Loading
GUANGZHOU</td></tr>
<tr><td>Port of discharge
BALTIMORE</td><td>Place of Delivery</td></tr>
<tr></tr>
<tr><td>Marks & Nos.
Container /Seal No.</td><td>No. of Containers
of Packages</td><td colspan="2">Description
of Goods</td><td>Gross Weight</td><td>Measurement</td></tr>
<tr><td>CHRO PC－14228
COMETALS
MADE IN CHINA</td><td>IN 8 STEEL DRUMS</td><td colspan="2">CHROMIUM
METAL</td><td>2, 000 KGS</td><td>40 M³</td></tr>
<tr><td colspan="6">Total Number of Containers and / or Packages（In words）
ALL THE GOODS ARE PACKED IN EIGHT STEEL DRUMS</td></tr>
<tr><td>Freight & Charges</td><td>Revenue
Tons</td><td>Rate</td><td>Per</td><td>Prepaid
FREIGHT
PREPAID</td><td>Collect</td></tr>
<tr><td>Ex Rate:</td><td>Prepaid at</td><td colspan="2">Payable at</td><td colspan="2">Place and date issue
2009－04－25</td></tr>
<tr><td></td><td>Total Prepaid</td><td colspan="3">No. of Original B（s）/L</td><td>Stamp & Signature</td></tr>
</table>

4. 保险单

在 CIF 价格条件下，保险单也是主要出口单据之一。保险单内所列的险别、保险金额应严格符合信用证的规定。

5. 辅助单据

（1）一般原产地证（Certificate of Origin，C/O）。一般原产地证可在中国贸易促进会办理，要求低一些，也可在发货之后不太长的时间内补办。如果原产地证书要办理大使馆加签，和发票一样要提前 20 天办理。

（2）普惠制单据（Generalized System of Preferences Documents，GSP）。入世前，已有新西兰、加拿大、日本、欧盟等国家给予我国普惠制待遇。对这些国家的出口货物，须提供普惠制单据，作为进口国海关减免关税的依据。

目前使用的普惠制单据有：

①表格 A 产地证（GSP Certificate of Origin Form A）；

②纺织品产地证（Certificate of Origin of Textile Products）；

③纺织品出口许可证（Export Licence of Textile Products）；

④手工制纺织品产地证（Certificate in regard to Handlooms Textile Handcrafts and Traditional Textile Products of the Cottage Industry）；

⑤纺织品装船证明（Shipment Certificate of Textile Products）。

（3）装箱单和重量单。这两种单据是用来补充商业发票内容的不足，便于国外买方在货物到达目的港时，供海关检查和核对货物。装箱单又称花色码单，列明每批货物的逐件花色搭配；重量单则列明每件货物的毛、净重。

表 4－5　装箱单

广州蓝星贸易公司

GUANGZHOU LANXING CO., LTD

ROOM 2501, JIAFA MANSION, ZHONGSHAN ROAD, GUANGZHOU, P. R. CHINA

TEL: 020－4715004 020－4715619　FAX: 020－4691619

PACKING LIST

To: EAST AGENT COMPANY
3－72, OHTAMACHI, NAKA－KU,
YOKOHAMA, JAPAN231

Invoice No.: 2010SDT009
Invoice Date: 2010－08－12
S/C No.: 03TG28711
S/C Date: 2010－07－22

From: GUANGZHOU　To: AKITA

Letter of Credit No.: LTR0505457　Date of Shipment: 2003－08－30

Marks and Numbers	Number and kind of package Description of goods	Quantity	Package	G. W.	N. W.	Meas.
V. H LAS PLAMS C/NO. 1－240	H6－59940BS GOLF CAPS	1, 800 DOZS	240 CARTONS	19 KGS	17 KGS	21. 583 CBM
	TOTAL:	1, 800 DOZS	240 CARTONS	19 KGS	17 KGS	21. 583CBM

SAY TOTAL: TWO HUNDRED AND FOURTY CARTONS ONLY

GUANGZHOU LANXING CO., LTD
李明达

五、出口收汇核销和出口退税

出口企业在办理制单结汇以后，应及时办理出口收汇核销和出口退税手续。

1. 出口收汇核销

出口收汇核销制度是国家为加强出口收汇管理，防止国家外汇收入流失的一项重要措施。出口收汇核销的程序一般为：

（1）出口企业先从外汇管理部门领取有顺序编号的核销单，并如实填写；

（2）在出口报关时，海关逐票核对报关单和出口收汇核销单的内容是否一致，报关单上的核销单编号与所附核销单编号是否一致，出口货物经审核无误后验放，海关在专为出口收汇核销用的报关单和核销单上盖“验讫章”；

（3）出口企业在向银行交单时，需在所提交的汇票或发票上注明核销单编号；

（4）当货款汇至出口地指定银行后，该银行向出口企业出具结汇水单或收账通知时，提供出口收汇核销专用联；

（5）出口企业凭出口收汇核销单和出口收汇核销专用联的结汇水单或收账通知及其他规定的单据，到国家外汇管理部门办理核销手续；

（6）国家外汇管理部门按规定办理核销后，在核销单上加盖“已核销”章，将其中的出口退税专用联退给出口企业。

2. 出口退税

出口产品退（免）税，简称出口退税，指对出口产品退还其在国内生产和流通环节实际缴纳的产品税、增值税、营业税和特别消费税。出口产品退税制度，是一个国家税收的重要组成部分。出口退税主要是通过退还出口产品的国内已纳税款来平衡国内产品的税收负担，使本国产品以不含税成本进入国际市场，与国外产品在同等条件下进行竞争，从而增强竞争能力，扩大出口创汇。

出口企业办理完出口收汇核销以后，携带以下材料到税务机关办理出口退税：

（1）《中华人民共和国海关出口货物报关单（出口退税联）》；

（2）外贸企业出口销售发票；

（3）《增值税专用发票》，即进货发票；

（4）结汇水单或收汇通知书；

（5）属于生产企业直接出口或委托出口自制产品，凡以到岸价 CIF 结算的，还应附送出口货物运单和出口保险单；

（6）有进料加工复出口产品业务的企业，还应向税务机关报送进口料件的合同编号、日期、名称、数量，复出口产品名称，进料成本金额和实纳各种税金额等；

（7）产品征税证明；

（8）《出口收汇核销单（出口退税专用）》，即出口收汇已核销证明；

（9）与出口退税有关的其他材料。

任务二　进口合同的履行

在我国的进口业务中，一般按 FOB 价格条件成交的情况较多，如果是采用即期信用证支付方式成交，履行这类进口合同的一般程序是：开立信用证、派船接运货物、投保货运险、审单和付汇、报关、纳税、验收和拨交。这些环节的工作，是由进出口公司、运输部门、商检部门、银行、保险公司以及用货部门等各有关方面分工负责、紧密配合而共同完成的。

一、申请开立信用证

（一）申请开证时应注意的问题

1. 开证时间

如果合同规定了开证日期，就必须在规定限期内开立信用证；如果合同有装运期的起止日期，那么最迟必须让卖方在装运期开始前的最后一天收到信用证；如果合同只规定最后装运期，那么买方应在合理的时间内开证，一般掌握在合同规定的交货期前半个月或一个月开到卖方。总之，要让卖方在收到信用证以后能在合同规定的装运期内装运货物。

2. 开证时必须以签订的买卖合同为依据

合同中规定要在信用证上明确的条款都必须列明，一般不能使用“参阅第××号合同”或“第××号合同项下货物”等条款，也不能将有关合同作为信用证附件附在信用证后。信用证内容必须明确无误，应明确规定各类单据的出单人（商业发票、保险单和运输单据除外），明确规定各单据应表述的内容。

（二）申请开立信用证的程序

进口人在合同规定的时间向中国银行或其他经营外汇业务的银行办理申请开立信用证手续如下：

1. 递交有关合同的副本及附件

进口人在向银行申请开证时，要向银行递交进口合同的副本以及所需的附件，如进口许可证等。

2. 填写开证申请书

进口商按贸易合同规定向当地银行申请开立信用证，填制开证申请书（Irrevocable Documentary Credit Application）。开证申请书是银行开具信用证的依据，是开证申请人与开证银行之间的有关开立信用证的权利与义务的契约。开证申请书是依据合同开立的，但信用证一经开出就成为独立于合同以外的自足的文件，因而在开立信用证时应审慎查核贸易合同的主要条款并将其列入开证申请书中。

开证申请书有正面和背面两个部分的内容。正面主要包括：受益人名称和地址，信用证及合同号码，信用证的有效期及到期地点、装运期，信用证的性质，货物的描述，对单据的要求，信用证的金额、种类，信用证中的特别条款及其他一些条款等。背面内容是：开证行与开证申请人之间的约定，一般由开证行根据相关的国际惯例和习惯做法事先确定并印制，申请人只需签字盖章即可。进口人根据银行规定的开证申请书格式，一般填写一式三份，一份银行结算部门留存，一份银行信贷部门留存，一份开证申请人留存。

3. 缴付保证金

按照国际贸易的习惯做法，除非开证行对开证申请人有授信额度，进口人向银行申请开立信用证时，应向银行缴付一定比例的保证金，其金额一般为信用证金额的百分之几到百分之几十不等，通常根据进口人的资信情况而定。在我国的进口业务中，开证行根据不同企业和交易的情况，要求开证申请人缴付一定比例的人民币保证金，然后银行才会开证。

4. 支付开证手续费

进口人在申请开证时，必须按规定支付一定金额的开证手续费。

二、租船订舱与投保

1. 租船订舱

国外装船后，卖方应及时向买方发出装船通知，以便买方及时办理保险和做好接货等工作。在 FOB 术语下的派船接货活动主要包括以下过程：

（1）进口方必须在合同规定的装运期以前向船公司提出租船订舱的申请，并告诉船公司预计的装船期和装运港。如果船公司可以接受该笔货物的运输业务，进口方就可与其签订租船订舱合同。在办好租船订舱手续后，进口方向出口方提供船名、船期等信息，以便出口方就备货及装船方面的情况与船方保持联系。

根据《2000 通则》对 FOB 术语的解释，进口方必须在合同规定的装运期内订妥船只，并派船接货。如果由于进口方租船订舱不及时或所订船只不适航、不适载等问题造成出口方在装货方面的损失，均由进口方承担。因此，进口方按合同规定租船订舱非常重要。

（2）为了保证进口方所派船只与出口方的备货活动衔接，在 FOB 合同中通常会规定，出口方须在装运期前、备好货后向进口方发出货物备妥通知，以便进口方通知船公司在最短时间内前往装运港装货。

（3）如果进口方在出口国设有办事处或代办处，进口方还会要求在合同中规定，由进口方派人到装运港验货、监装。这时，进口方可通过其代理在装运港履行监督的职责，以维护自身权益。

（4）在装运过程中，进口方需要与船公司和出口方随时保持联系，以掌握装船的进度。当货物完成装货时，进口方可以及时向保险公司投保。因为有时会发生出口方在货物上船以后没有及时发装运通知而造成货物漏保或迟保的现象。

2. 投保

FOB 或 CFR 交货条件下的进口合同，保险由买方办理。进口商或收货人在向保险公司办理进口运输货物保险时，有两种做法：一种是逐笔投保方式；另一种是预约保险方式。

逐笔投保方式是收货人在接到国外出口商发来的装船通知后，直接向保险公司填写投保单，办理投保手续。保险公司出具保险单，投保人缴付保险费后，保险单随即生效。

预约保险方式是进口商或收货人同保险公司签订预约保险合同，其中对各种货物应投保的险别作了具体规定，故投保手续比较简单。按照预约保险合同的规定，所有预约保险合同项下的按 FOB 及 CFR 条件进口货物保险，都由该保险公司承保。因此，每批进口货物在收到国外装船通知后，即直接将装船通知寄到保险公司或填制国际运输预约保险启运通知书，将船名、提单号、开船日期、商品名称、数量、装运港、目的港等项内容通知保险公司，即作为已办妥保险手续，保险公司则对该批货物负自动承保责任，一旦发生承保范围内的损失，由保险公司负责赔偿。

三、审单付汇

在信用证支付方式下，进口方在确认对方已完成发货义务后，将凭出口方提交的符合信用证规定的单据进行付款。

在我国，一般情况下出口方提供的全套单据会通过信用证的开证行转让给进口方，由进口方负责对单据进行全面的审核。进口方在审核单据时，一定要把单据与信用证逐字逐句地进行核对。

1. 审核的单据

出口方在完成出口义务之后缮制并提交的单据就是进口方需要审核的单据。审单的内容主要包括：单据是否齐全；单据的名称、份数、内容等与信用证是否一致；各单据之间是否矛盾；各种单据签发的日期之间是否存在矛盾（比如装运期早于货物检验日期）等。

2. 审单的时间限制

根据《跟单信用证统一惯例》（UCP600）第 14 条规定：“按照指定行事的被指定银行、保兑行（如有）以及开证行，自其收到提示单据的翌日起算，应各自拥有最多不超过五个银行工作日的时间以决定提示是否相符。该期限不因单据提示日适逢信用证有效期或最迟提示期或在其之后而被缩减或受到其他影响。”即开证行和进口方进行的审单活动不得超过《UCP600》所规定的时间。如果超过了时间限制，则认为开证行已接受了所有单据，开证行必须无条件付款。因此，我国的进口企业在得到单据后一定要抓紧时间审单，以免超过审单期限而被动。

3. 审单的结果

在信用证支付方式下，进口方审单是一项非常重要的工作。进口方审单的目的是要保证“单单相符，单证相符”。只有做到这点，才能基本保证出口方提交的货物符合合同和信用证的需要，符合进口方的进货要求。

进口方的审单可能出现两种结果：

（1）进口方把出口方提交的单据与信用证条款进行严格的对比，发现单据正确无误后，进口方即可通知开证行对外付款。

（2）进口方通过审单，发现单据和信用证规定存在不符点。如果不符点对货物交付没有严重影响，进口方可以通知开证行暂时拒绝付款，并要求出口方进行修改；如果进口方发现不符点影响到合同履行的核心内容，如货物规格、数量、品质等重要条款与信用证不符，则进口方可拒绝付款提货，并可对由此造成的损失向对方提出索赔。

银行收到国外寄来的汇票及单据后，对照信用证的规定，核对单据的份数和内容。如内容无误，即由银行对国外付款。同时进出口公司按照国家规定的有关外汇牌价向银行买汇赎单。进出口公司凭银行出具的“付款通知书”向用货部门进行结算。如果审核国外单据发现单、证不符时，应作出适当处理，如停止对外付款；相符部分付款，不符部分拒付；货到检验合格后再付款；凭卖方或议付行出具担保付款；要求国外改正单据；在付款的同时，提出保留索赔权等。

四、报关、报检与拨交货物

（一）报关

进口货物到港后，应及时向海关填送“进口货物报关单”，并提交合同副本、正本提单、发票及其他有关单据，办理报关手续。海关按照《中华人民共和国海关进口税则》的规定，对进口货物计征进口税。货物在进口环节由海关征收（包括代征）的税种有关税、增值税、消费税、进口调节税等。若属于许可证管理的进口商品，还应递交有关进口许可证；若进口货物为来料加工或进料加工则无须提交进口许可证，但要办理免税手续，海关根据提交的各类单据对照进口货物，查验无误后放行。报关手续一般由外贸进出口公司委托国际货运代理公司代为办理。海关放行后，则根据委托人的要求，将货转运至收货人。一切费用均由国际货运代理公司向外贸公司结算，再由外贸公司与用户办理最终结算手续。有时也可经外贸公司提出证明，由用户自提货物。

（二）报检和拨交货物

1. 验收货物

进口货物运达港口卸货时，港务局要进行卸货核对。如发现短缺，应及时填制“短卸报告”交由船方签认，并根据短缺情况向船方提出保留索赔权的书面声明；卸货时如发现残损，货物应存放于海关指定的仓库，待保险公司同商检机构检验后作出处理。对于法定检验的进口货物，必须向卸货地或到达地的商检机构报检，未经检验合格的货物不准投产、销售和使用。如进口货物经商检机构检验，发现有残损短缺，应凭商检机构出具的证书对外索赔。对于合同规定的卸货港检验的货物，或已发现残损短缺有异状的货物，或合同规定的索赔期将届满的货物等，都需要在港口进行检验。

一旦发生索赔，有关的单证，如国外发票、装箱单、重量明细单、品质证明书、使用说明书、产品图纸等技术资料、理货残损单、溢短单、商务记录等都可以作为重要的参考依据。

2. 办理拨交手续

在办完上述手续后，如订货或用货单位在卸货港所在地，则就近转交货物；如订货或用货单位不在卸货地区，则委托货运代理将货物转运内地并转交给订货或用货单位。关于进口关税和运往内地的费用，由货运代理向进出口公司结算后，进出口公司再向订货部门结算。

任务三　业务善后工作

一、出口索赔与理赔

在履行出口合同过程中，如因买方未按合同的规定履行义务，致使卖方遭受损失，卖方可根据不同对象、不同原因以及损失大小，实事求是地向买方提出索赔。买方对卖方提出的索赔，应当认真处理。在履行出口合同时，因卖方交货与合同规定不符而引起买方索赔的情况往往居多。如果卖方交货的品质、数量、包装不符合合同的规定，在买方享有复验权的情况下，买方即使已经支付货款，仍可向卖方提出索赔。

卖方在处理索赔时，应注意下列各点：

（1）要认真细致地审核买方提出的单证和出证机构的合法性。

（2）要认真做好调查研究，弄清事实，分清责任。

（3）要合理确定损失程度、金额和赔付办法。

二、进口索赔

在进口业务中，办理对外索赔时，一般应注意以下事项：

1. 索赔证据

对外提出索赔需要提供证件，首先应具备索赔清单，随附商检局签发的检验证书、发票、装箱单和提单副本。其次，对不同的索赔对象还要另附有关证件。向卖方索赔时，应在索赔证件中提出确切的根据和理由，如系 FOB 或 CFR 合同，则须随附保险单一份；向轮船公司索赔时，须另附由船长及港务局理货员签证的理货报告及船长签证的短卸或残损证明；向保险公司索赔时，须另附保险公司与买方的联合检验报告等。

2. 索赔金额

索赔金额除受损商品的价格外，有关的费用也可以提出，如商品检验费、装卸费、银行手续费、仓租、利息等，都可以包括在索赔金额内。至于包括哪几项，应根据具体情况确定。

3. 索赔期限

对外索赔必须在合同规定的索赔有效期限内提出，过期无效。如果商检工作可能需要更长的时间，可向对方要求延长索赔期限。

4. 关于卖方的理赔责任

进口货物发生了损失，除属于轮船公司及保险公司的赔偿责任外，如属卖方必须直接承担的责任，应直接向卖方要求赔偿，防止卖方制造借口来推卸理赔责任。

目前，我国的进口索赔工作，属于船方和保险公司责任的一般由货运代理外贸运输公司代办；属于卖方责任的则由进出口公司直接办理。为了做好索赔工作，要求进出口公司、外贸运输公司、订货部门、商检局等各有关单位密切协作，要做到结果正确，证据属实，理由充分，赔偿责任明确，并要及时向有关责任方提出，以挽回货物所遭受的损失。

【项目小结】

（1）出口合同的履行一般包括：出口许可证的申领，催证、审证和改证，备货、报验，订舱报关、装货、投保，制单、结汇等过程。其中，货（备货）、证（催证、审证和改证）、船（租船订舱）、款（制单结汇）四个环节最为重要。

①货，即按合同规定的品质、规格、数量、包装、唛头，如期备料、生产、出运，并经商检部门检验取得合格证书凭以报关。

②证，即催证、审证和改证，指卖方在买方未按合同要求及时开证时，催请对方开证；收到信用证后，卖方按合同的规定逐一进行校对；如发现有任何不符之处，要及时通知对方进行修改。

③船，即按照合同要求，及时租船或订舱，并按期装船获取清洁提单，并办理有关报关

手续。装船后，要及时通知买方，让其及时投保和作好收货准备。

④款，即按合同制作各种单据，做到“单单一致，单证一致”，并在信用证规定的有效期限到银行议付结汇。

（2）我国的进口合同大多数是以 FOB 即期信用证结汇的合同。合同的履行程序一般包括：开证、租船订舱、装运、办理保险、审单付款、接货报关、检验、拨交和索赔。

①开证内容必须与合同内容一致，做到完备、明确、具体。

②做好催交、租船订舱、派船工作，进口商可采用预约保险或逐笔保险方式办理保险。

③进口商应在规定时间内对银行转来的单据认真审核。

④进口商或其代理人在货到目的港后须按海关规定的办法报关纳税，并由进口商向中国商检局申请商品检验。

⑤如发现质量、重量和包装等方面有问题，进口商应在分清责任的基础上，及时向有关方提出索赔。

项目练习与实训

知识练习：

一、单项选择题

1. 开立信用证时要注意（　　）一致。

A. 证同　　B. 单证　　C. 单单　　D. 证货

2. 不可撤销信用证在信用证的有效期内，未经（　　）的同意，开证行或开证人不得撤销或修改。

A. 受益人　　B. 开证人

C. 开证行　　D. 受益人、开证人以及有关银行

3. 我方按 CIF 条件出口一批陶瓷制品，由于信用证中没有规定具体的投保险别，我方在办理投保手续时，一般可按（　　）投保。

A. 一切险 + 碰损破碎险　　B. 平安险 + 水渍险

C. 平安险 + 碰损破碎险　　D. 一切险 + 水渍险

4. 买卖双方以 CIF 条件达成 10 万吨散装小麦的交易合同，卖方如不希望在交货时因数量产生纠纷，最好在合同中订立（　　）。

A. 品质机动幅度　　B. 仓至仓条款

C. 溢短装条款　　D. 禁止转运条款

5. 下列说法不正确的是（　　）。

A. 开立信用证时，进口人应向银行交付保证金

B. 开证行根据合同开立信用证

C. 开证后，银行的权利和义务只限于信用证的规定，只对信用证负责

D. 开证后，银行的权利和义务还要受到合同的约束

二、判断题

1. 信用证没有规定有效期或装运期，则该信用证为无效信用证。 ( )

2. 根据《联合国国际货物买卖合同公约》的规定，若买方没有利用合理的机会检验货物，就是放弃了选择权，从而丧失了声称货物不符合合同的权利。 ( )

3. 在规定装运期条文时，如使用了“迅速”、“立即”、“尽速”或类似词句者，按《UCP600》规定，银行将不予置理。 ( )

4. 装箱单的出单日期可以早于发票日期，也可晚于发票日期1~2天。 ( )

5. 申请开立信用证时，进口商在合同中对出口商所作的有关规定应转化为单据，具体规定在信用证中予以说明。 ( )

三、简答题

1. 申请开立信用证的程序是什么?

2. 简述我国出口结汇的方式。

职业技能实训：

一、背景资料

上海进出口贸易公司与 Yi Yang Trading Co. Ltd. 就全棉帆布男童裤进行磋商，达成的主要交易条件如下：

1. 买方：Yi Yang Trading Co. Ltd.
   61 Queensway NSW 2119 FRANCE
2. 货名：全棉帆布男童裤（Canvas Trousers for little boys）
3. 数量：16 800 pcs
4. 包装：平摊（flat pack）
5. 价格：USD 8.00 PER PIECE CIF MARSEILLE（马赛）
6. 支付方式：不可撤销跟单即期信用证
7. 开证时间：2006 年 9 月 30 日前将不可撤销跟单即期信用证开到卖方
8. 交货时间：不迟于 2006 年 10 月 31 日
9. 分批装运：不允许
10. 转运：不允许
11. 装运港：上海
12. 目的港：马赛
13. 保险：按发票金额的 110% 投保中国人民保险公司海洋货物运输险一切险与战争险
14. 合同号：TXT 264　日期：2006. 08. 30
15. 唛头（Shipping Mark）：YI YANG TXT264 MARSEILLE C/NO.：1 – up

二、实训要求

请根据上述资料拟订一份销售合同书，要求格式完整，内容正确。

上海进出口贸易公司

SHANGHAI IMPORT & EXPORT TRADE CORPORATION

1321 **ZHONGSHAN ROAD SHANGHAI CHINA**

售货确认书

SALES CONFORMATION

Post code：200032　　　　S/C NO.：________

Fax：(021) 65788876　　　　DATE：________

TEL：(021) 65788877

To Messrs：

谨启者：

兹确认售予你方下列货品，其成交条款如下：

Dear Sirs，

We hereby confirm having sold to you the following goods on terms and conditions as specified below：

唛头 SHIPPING MARK	货物描述及包装 DESCRIPTIONS OF GOODS， PACKING	数量 QUANTITY	单价 UNIT PRICE	总值 TOTAL AMOUNT

装运港：

LOADING PORT：

目的港：

DESTINATION：

装运期限：

TIME OF SHIPMENT：

分批装运：

PARTIAL SHIPMENT：

转船：

TRANSSHIPMENT：

保险：

INSURANCE：

付款条件：

TERMS OF PAYMENT：

买方须于______年______月______日前开出本批交易的信用证（或通知售方进口许可证号码），否则，售方有权不经过通知取消本确认书，或接受买方对本约未执行的全部或一部分，或向买方提出索赔。

The Buyer shall establish the covering Letter of Credit (or notify the Import License Number) before ________, falling which the Seller reserves the right to rescind without further notice, or to accept whole or any part of this Sales Confirmation non – fulfilled by the Buyer, or to lodge a claim for direct losses sustained, if any.

凡以 CIF 条件成交的业务，保额为发票价的 110%，投保险别以售货确认书中所开列的为限，买方如果要求增加保额或保险范围，应于装船前经卖方同意，因此而增加的保险费由买方负责。

For transactions concluded on CIF basis, it is understood that the insurance amount will be for 110% of the invoice value against the risks specified in Sales Confirmation. If additional insurance amount or coverage is required, the buyer must have consent of the Seller before Shipment, and the additional premium is to be borne by the Buyer.

品质/数量异议：如买方提出索赔，凡属品质异议，须于货到目的口岸之________日内提出；凡属数量异议，须于货到目的口岸之________日内提出；对所装货物所提任何异议属于保险公司、轮船公司等其他有关运输或邮递机构责任范围的，卖方不负任何责任。

QUALITY/QUANTITY DISCREPANCY: In case of quality discrepancy, claim should be filed by the Buyer within ________ days after the arrival of the goods at port of destination; while for quantity discrepancy, claim should be filed by the Buyer within ________ days after the arrival of the goods at port of destination. It is understood that the seller shall not be liable for any discrepancy of the goods shipped due to causes for which the Insurance Company, Shipped Company other transportation organization/or Post Office are liable.

本确认书内所述全部或部分商品，如因人力不可抗拒的原因，以致不能履约或延迟交货，卖方概不负责。

The Seller shall not be held liable for failure of delay in delivery of the entire lot or a portion of the goods under this Sales Confirmation in consequence of any Force Majeure incidents.

买方在开给卖方的信用证上请填注本确认书号码。

The Buyer is requested always to quote THE NUMBER OF THIS SALES CONFIRMATION in the letter of Credit to be opened in favour of the Seller.

买方收到本售货确认书后请立即签回一份，如买方对本确认书有异议，应于收到后五天内提出，否则认为买方已同意接受本确认书所规定的各项条款。

The buyer is requested to sign and return one copy of the Sales Confirmation immediately after the receipt of same Objection, if any, should be raised by the Buyer within five days after the receipt of this Sales Confirmation, in the absence of which it is understood that the Buyer has accepted the terms and conditions of the sales confirmation.

买方：	卖方：
THE BUYER:	THE SELLER:

职业拓展实训：

1. 我国某 A 公司在 2009 年 11 月与阿联酋迪拜某 B 公司签订了一份出口合同，货物为 1 ×20 集装箱一次性打火机。不久 B 公司即开来一份不可撤销即期信用证，来证规定装船期限为 2010 年 1 月 31 日，要求提供“Full set of original clean on board ocean Bill of Lading...”（全套正本清洁已装船海运提单）。由于装船期太紧，A 公司便要求 B 公司延期，装船期限改为 2010 年 3 月 31 日。B 公司接受了 A 公司的要求修改了信用证。A 公司收到信用证并经全面审查后未发现问题，在 3 月 30 日办理了货物装船，4 月 13 日向议付行交单议付。

4 月 27 日 A 公司收到议付行转来的开证行的拒付通知：“你第 ×××× 号信用证项下的单据经我行审查，发现如下不符点：提单上缺少‘已装船’批注。以上不符点已经与申请人联系，亦不同意接受。单据暂代保管，听候你方的处理意见。”

A 公司的有关人员立即审复查了提单，同时与议付行一起翻阅与研究了《UCP600》的有关规定，证实了开证行的拒付是合理的。A 公司立即电洽申请人，告诉申请人提单缺少“已装船”批注是 A 公司业务人员的疏忽所致，货物确实是被如期装船的，而且货物将在 5 月 3 日左右如期到达目的港，A 公司同意 B 公司在收到目的港船代的提货通知书后再向开证行付款赎单。B 公司回复由于当地市场上一次性打火机的售价大幅下降，只有在 A 公司降价 30% 后方可向开证行赎单。A 公司考虑到自己理亏在先，同时通过国内同行与其他客户又了解到，进口国当地市场价格确实已大幅下降，A 公司处于十分被动地位，只好同意降价 30% 了结此案。

试分析，我们应该从此案例中吸取哪些教训？

2. 某公司以 CIF 鹿特丹出口食品 1 000 箱，即期信用证付款。货物装运后，凭已装船清洁提单和已投保一切险和战争险的保险单，向银行收妥货款。货到目的港后经进口人复验，发现下列情况：

（1）该批货物共有 10 个批号，抽查 20 箱，发现其中 2 个批号涉及 200 箱内含沙门氏细菌超过进口国标准。

（2）收货人共收 998 箱，短少两箱。

（3）有 15 箱货物外表状况良好，但箱内共短少货物 60 公斤。

试分析以上情况中进口商应分别向谁索赔，并说明理由。

模块二　国际贸易业务实训

实训一　出口业务实训

项目一　交易前的准备

广州嘉童有限公司（GUANGZHOU JIATONG CO.，LTD）是一家具有进出口经营权的工贸一体化的生产型出口企业，专营各种木制玩具及木制工艺品、木制品，如木屋、木火车、木制相框、木制首饰盒、木制眼镜盒等的生产及出口业务。公司的主要出口市场在欧洲，为了开拓美国市场，公司在2011年3月1日招聘了一名新业务员王梅，主管美国市场的玩具出口业务。作为新业务员，王梅必须做好以下出口准备工作。

任务一：熟悉产品，了解市场

（一）产品情况

（1）商品名称：儿童木制玩具。

（2）商品质量：公司所有的木质玩具均通过欧洲的ASTM国际检测标准及CPSIA检测标准。

（3）主要原材料：

木材：选用的木材有进口橡胶木、桦木、椴木、松木及合成木，所有木材全部经由第三方国际权威检测机构如SGS、TUV等检测，确保木材100%安全。

油漆：选用儿童玩具专用环保漆，符合德国食品安全法。环保漆经由第三方国际权威检测机构如SGS、TUV等检测，所含甲醛、邻苯二甲酸等指标符合国际玩具安全标准。

（4）H.S.编码：进入网页“中国海关网 > 商品信息查询”，得知其海关编码为9503008900。

（5）出口退税：通过国家税务总局出口退税查询系统（http：//www.customslawyer.cn/szcktxlbweb/）得知该商品的出口退税率为15%。

（二）市场情况

1. 市场规模

据美国人口普查局的数据，2009年美国人口近3.07亿，15岁以下儿童6 147万，占世界比例3.3%，占该国总人口比例20%，市场潜力比较大。

2. 商品包装用料喜忌

（1）包装用料。

美国严禁稻草类包装物进口；木制包装必须经过熏蒸、防腐等处理才能入境，否则按要求进行销毁处理。

（2）包装颜色。

在美国，一般浅洁的颜色受人喜爱，如象牙色、浅绿色、浅蓝色、黄色、粉红色、浅黄褐色等。很多心理学家的调查表明：纯色系色彩比较受人欢迎；明亮、鲜艳的颜色比灰暗的颜色受人欢迎。

任务二：寻找客户

王梅在熟悉木制玩具产品和熟悉木质玩具的美国市场后，通过多种方式开发美国客户。

（一）寻找客户

（1）为了方便与外商联系，王梅注册了一个电子邮箱 jiatong@ hotmail. com。

（2）王梅通过多种方式寻找美国客户。

①在嘉童公司注册收费的 B2B 网站（http：//www. globalsources. com，http：//www. alibaba. com，http：//www. tradekey. com），在网站上发布公司及产品信息。

②进入中国商务部主办的世界买家网（http：//win. mofcom. gob. cn）、网上广交会（http：//e. cantonfair. org. cn/）寻找美国客户信息。

（3）利用 Google、百度等搜索引擎，经过努力，王梅找到了美国潜在客户的联系方式。

（二）写开发信

找到客户的信息之后，4月2日王梅给客户发了一封开发信：

GUANGZHOU JIATONG CO. LTD
Add：No. 121 Huadi Road，Guangzhou，China
Tel：86 – 20 – 81530210　　Fax：86 – 20 – 81530210

To：ABSOLUTE COLLECTIBLES
Fm：GUANGZHOU JIATONG CO. LTD
Date：April 2，2011
Dear Mrs. Hannah Piteo，

We get your name and email address from http：//win. mofcom. gob. cn and learn that you are in the market for wooden toys. We would like to introduce our company and products，hoping that we may build business cooperation in the future.

We are trade company specializing in the export of wooden toys for more than ten years. We have profuse designs with series quality grade，and expressly，our price is very competitive as we are on good terms with many manufactories. You are welcome to visit our website http：//www. jiatong. com which includes our company profiles，history and something latest designs.

Should any of these items be of interest to you，please let us know. We will be happy to give you details.

For your information, as a manufactory, we are very active and we can develop new designs nearly every month, if you have interest in it, it's my pleasure to offer news to you regularly.

Best Wishes,
May Wong

2011 年 4 月 10 日，王梅收到了客户的询盘：

Dear Miss May Wong,
Thank you for your letter dated April 2. We are pleased to know you are exporter of wooden toys. We are interested in TRUTLE W/BRICKS 15 × 11 × 15 cm^3 with Style No. 63120. Please quote us lowest price CIF New York. It is our usual practice that 30% of proceeds will be paid by T/T before shipment and the balance paid by T/T after we receive the shipment.
Please send us a sample of the TRUTLE W/BRICKS by DHL as soon as possible and the express charge will be borne by us.
Looking forward to your early reply.

Yours sincerely,
Hannah Piteo

任务三：调查客户资信和贸易障碍

（一）调查客户资信

收到客户的询盘后，王梅通过中国银行广州分行在纽约的往来银行，对 ABSOLUTE COLLECTIBLES 公司进行资信调查获知，该公司在纽约信用等级为 A，是一家规模中等，专门经营儿童玩具的进口商。从资信调查结果看，该公司是一个比较可信的进口商。

（二）调查贸易障碍

王梅打开“中国海关网 > 商品信息查询”，得知该商品出口的监管条件为 B 出境货物通关单，即该商品是属于法定检验商品，需向出入境检验检疫局办理报检手续，出口报关时需要提供出境货物通关单。另外，王梅通过调查发现，木制玩具若出口到美国，需要进行 CPSIA 检测。

项目二　交易磋商与合同签订

任务一：打样与寄样

广州嘉童有限公司外贸业务员王梅收到客户的询盘后，当日通知公司生产部门按 ABSO-

LUTE COLLECTIBLES 公司的要求进行打样。

4 月 13 日，王梅从公司生产部门收到的两个龟积木车 Style No. 63120 的样品并通过 DHL 把一件样品寄给 ABSOLUTE COLLECTIBLES 公司。该样品为测试样。根据客户询盘函的指示，样品邮寄费到付。另一件样品自己留存，并在留样上标注货号/款式号 Style No. 63120、寄送日期（April 13，2011）、客户名称（ABSOLUTE COLLECTIBLES 公司）、快递单号（CHECKING NO.）等信息，以便日后与客户联系时用。考虑到两件样品的货值不高，广州嘉童有限公司同意免费提供给美国客户样品。

任务二：出口报价核算与交易磋商

（一）报价核算

2011 年 4 月 13 日，王梅根据以下商品信息进行报价核算：

产品名称：龟积木车 $15\times11\times15\ cm^3$

人民币含税价（工厂卖给国内贸易商的价格）：人民币 12 元/个

包装方式：每个装一塑料袋，30 个装一出口纸箱

纸箱尺寸：50 cm×40 cm×40 cm

每箱毛重：20 公斤

每箱净重：19 公斤

月生产能力：20 000 个

最低起订量为：15 000 个，客户订购数量假设为 15 000 个

增值税率：17%

出口退税率：15%

利润率：人民币含税价的 10%

到美国纽约，货代收取的相关费用：

（1）海运费：US ＄ 2 290/20′　US ＄ 3 030/40′

（2）附加费：

ORC：US ＄ 141/20′　US ＄ 269/40′　　AMS：US ＄ 35 per bill　　DOC：US ＄ 30 per bill

（3）其他费用：

代理报关费：RMB 320 per bill

商检费：　　RMB 200 per bill

码头费：　　RMB 450 per bill

银行手续费：在 ABSOLUTE COLLECTIBLES 公司的询盘中，支付方式为“30% of proceeds will be paid by T/T before shipment and the balance paid by T/T after we receive the shipment.”考虑到这是双方第一次交易，这种支付方式有一定的风险，外贸业务员王梅准备发盘时采用即期议付信用证（L/C at sight）的付款方式，银行费用率预计为报价的 0.3%

汇率：USD 1 = RMB 6.527 1　（2011 年 4 月 13 日的美元买入价）

其他国内费用：RMB 500 元

一切险的费率：0.8%，每票最低 USD 20 起保（实际业务中一般只投保 ALL RISKS）

根据以上信息进行报价核算（计算过程中，数值要保留到小数点后 4 位，最后的报价保留到小数点后 2 位）

根据所给的资料，得知：

货物体积 = 15 000 ÷ 30 × （0.5 m × 0.4 m × 0.4 m） = 40 m^3

需要装一个 40 英尺的集装箱

国内费用 = ［（269 + 35 + 30） + （320 + 200 + 450 + 500） ÷ 6.5271］ ÷ 15 000 + 报价 × 0.3%
= 0.037 3 + 报价 × 0.3%

国外运费 = 3 030 ÷ 15 000 = US ＄ 0.202/个

国外保险费 = CIF 报价 × 110% × 0.8% = CIF 报价 × 0.88%

FOB 报价 = ｛1 - ［退税率 ÷ （1 + 增值税率）］ × 人民币含税价｝ ÷ 汇率 + 国内费用 + 利润
= ｛1 - ［15% ÷ （1 + 17%）］ × 12｝ ÷ 6.527 1 + 0.037 3 + 报价 × 0.3% + 1.2 ÷ 6.527 1
= 1.602 8 + 0.037 3 + 报价 × 0.3% + 0.183 8
= 1.640 1 + 报价 × 0.3% + 0.183 8 = US ＄ 1.83/个

CFR 报价 = FOB 报价 + 国外运费 = US ＄ 1.83 + US ＄ 0.202 = US ＄ 2.03/个

CIF 报价 = CFR 报价 + 国外保险费 = US ＄ 2.03 + CIF 报价 × 0.88% = US ＄ 2.05/个

（二）交易磋商信函往来

2011 年 4 月 13 日，王梅根据核算的报价结果以及寄样事项等，向 ABSOLUTE COLLECTIBLES 公司发盘，考虑到对方可能还价，报价时价格报为 US ＄ 2.2/个。

GUANGZHOU JIATONG CO. LTD
Add：No. 121 Huadi Road，Guangzhou，China
Tel：86 - 20 - 81530210　　Fax：86 - 20 - 81530210

To：ABSOLUTE COLLECTIBLES
Fm：GUANGZHOU JIATONG CO. LTD
Date：April 13，2011

Dear Mrs. Hannah Piteo，

Thanks for your enquiry of April 10，our offer is as follows：

Name of commodity：TRUTLE W/BRICKS　15 × 11 × 15 cm^3
Style No. 63120
Packing：one piece to be packed in a poly bag and 30 pieces to a carton
Size：50 cm × 40 cm × 40 cm
Unit price：US ＄ 2.2/pc CIF New York
Minimum Quantity：15，000 pcs
Payment：by L/C at sight
Shipment：to be effected within 60 days after receipt of the covering L/C
Insurance：to be effected by the seller for 110% of insurance value covering All Risks as per CIC of PICC dated 01/01/1981. This offer is valid subject to your reply here before April 20，2011. As we have been receiving a rush of orders now，we would advise you to place your order ASAP

Furthermore，at your request，we have mailed a sample of TRUTLE W/BRICKS by DHL today. The sample is free of charge. Please let us know if you have any special requirement for the goods. We will do our best to meet your requirements.

Best wishes，
May Wong

2011 年 4 月 17 日，王梅收到 ABSOLUTE COLLECTIBLES 公司还盘：

Dear Miss May Wong,
We have received your sample and letter dated April 13 quoting for the TRUTLE W/BRICKS 15 × 11 × 15 cm^3 with Style No. 63120.
We appreciate the good quality of your products, but unfortunately your prices appear to be on the high side even for goods of this quality. To accept the prices you quote would leave us with only a small profit on our sales. Will you kindly reduce the price to US ＄ 1. 80/pc CIF New York?
We wish to invite your attention to the fact that in our enquiry, we require 30% of proceeds be paid by T/T before shipment and the balance paid by T/T after we receive the shipment. Your quotation shows that the payment terms is by L/C. As you know, opening an L/C will add to our cost and we seldom use L/C. Please consider our payment terms requested in our enquiry of April 10, 2011.

Yours sincerely,
Hannah Piteo

收到 ABSOLUTE COLLECTIBLES 公司还盘后，王梅当天回复如下：

GUANGZHOU JIATONG CO. LTD
Add: No. 121 Huadi Road, Guangzhou, China
Tel: 86 - 20 - 81530210　　Fax: 86 - 20 - 81530210

To: ABSOLUTE COLLECTIBLES
Fm: GUANGZHOU JIATONG CO. LTD
Date: April 17, 2011
Dear Mrs. Hannah Piteo,
We learn from your E-mail of today that our price is found to be on the high side. Much as we would like to cooperate with you in expanding sales, we highly regret that we just cannot see our way clear to entertain your counter-offer, please kindly trust us that our price is quite realistic. In fact, we have received lots of orders from various sources at our level.
As to payment terms, we usually require L/C at sight for our first deal with new customers. It is quite difficult for us to meet with your request.
If you find any chance to do better, please let us know without any hesitation. As the raw material are scanty at present, we would kindly ask your esteemed company to act as quickly as possible.
Looking forward to you earlier reply with highly eagerness.

Best wishes,
May Wong

2011 年 4 月 18 日，王梅收到 ABSOLUTE COLLECTIBLES 公司的电子邮件：

Dear Miss May Wong,
Payment by L/C is acceptable to us.
But we still think your price is too high. How about US ＄ 1. 90/pc CIF New York. It is the best we can do.
Looking forward to your favorable reply.

Yours sincerely,
Hannah Piteo

王梅当天回复如下：

GUANGZHOU JIATONG CO. LTD
Add：No. 121 Huadi Road，Guangzhou，China
Tel：86 - 20 - 81530210　　　　Fax：86 - 20 - 81530210

To：ABSOLUTE COLLECTIBLES
Fm：GUANGZHOU JIATONG CO. LTD
Date：April 18，2011
Dear Mrs. Hannah Piteo,
Thank you for your letter, but we find your price is too low. But in order to start our cooperation, we think we can accept US \$ 2.00 if you agree, I will fax you our sales confirmation for your signature.

Yours sincerely,
May Wong

2011 年 4 月 19 日，王梅收到 ABSOLUTE COLLECTIBLES 公司的订单：

Dear Miss May Wong,
From your yesterday's E-mail, we find the price you quote is satisfactory. We are pleased to confirm the E-Mails between us.
Commodity：TRUTLE W/BRICKS　$15 \times 11 \times 15\ cm^3$ with Style No. 63120.
Packing：　one piece to be packed in a poly bag and 30 pieces to a carton
Size：　50 cm × 40 cm × 40 cm
Unit price：US \$ 2.00/pc CIF New York
Quantity：　15,000 pcs
Payment：　by L/C at sight
Shipment：　to be effected within 60 days after receipt of the covering L/C
Insurance：　to be effected by the seller for 110% of insurance value covering All Risks as per CIC of PICC dated 01/01/1981
Please note that the goods are urgently required in our market. We shall appreciate it if you can dispatch the goods as soon as possible.

Yours truly,
Hannah Piteo

任务三：签订出口合同

2011 年 4 月 22 日，根据广州嘉童有限公司与美国 ABSOLUTE COLLECTIBLES 公司的磋商结果，王梅拟定销售合同如下，并在当天将经理签妥的合同交 DHL 快递给 Hannah Piteo，等候其会签。

销 售 合 同
SALES CONTRACT

正本　　　　　　　　　　　　　　　　　　合同编号：JT0435

ORIGINAL　　　　　　　　　　　　　　　　CONTRACT NO.：JT0435

卖方：广州嘉童有限公司　　　　　　　　　签约日期：APR. 22，2011

SELLERS：GUANGZHOU JIATONG CO. LTD　　SIGNING DATE：2011 年 4 月 22 日

签约地点：　广州

SIGNING PLACE：GUANGZHOU

地址：广州市花地大道 121 号　　　　　　电传/传真：86－20－81530210

ADDRESS：NO. 121 HUADI ROAD，GUANGZHOU，CHINA　　TELEX/FAX：86－20－81530210

买方：ABSOLUTE COLLECTIBLES

BUYERS：ABSOLUTE COLLECTIBLES

地址：　　　　　　　　　　　　　　　　电传/传真：17186051278

ADDRESS：28 SANDY LANE　　　　　　　　TELEX/FAX：17186051278

STATEN ISLAND

NY 10307

双方同意按下列条款由卖方出售、买方购进下列货物：

THE SELLER AGREES TO SELL AND THE BUYER AGREES TO BUY THE UNDER-MENTIONED GOODS ON THE TERMS AND CONDITIONS STATED BELOW：

（1）货物名称及规格 NAME OF COMMODITY & SPECIFICATIONS	（2）单价 UNIT PRICE	（3）数量 QUANTITY	（4）总金额及术语 AMOUNT & PRICE TERMS
TURTLE/BRICKS $15 \times 11 \times 15$ CM^3 WITH STYLE NO. 63120.	US \$ 2.00/PC	15,000 PCS	CIF NEW YORK US \$ 30,000.00

商品数量和信用证的金额允许有 5% 的增减幅度

MORE OR LESS 5% OF QUANTITY OF GOODS AND CREDIT AMOUNT IS ALLOWED

（5）包装：　纸箱包装，每个纸箱装 30 个，纸箱尺码：50 CM×40 CM×40 CM

PACKING：　30 PCS/CTN　SIZE：50 CM×40 CM×40 CM

（6）唛头：

SHIPPING MARKS：SHIPPING MARK SHOULD INCLUDE　ABC　S/C NO.，STYLE NO.，PORT OF DESTINATION. SIDE MARK MUST SHOW THE SIZE OF CARTON AND PIECES PER CARTON

（7）装运期：收到相关信用证后 60 天内装运

TIME OF SHIPMENT：TO BE EFFECTED WITHIN 60 DAYS AFTER RECEIPT OF THE COVERING L/C

（8）装运港和目的港：从中国深圳运到美国纽约

PORTS OF LOADING & DESTINATION：FROM SHENZHEN，CHINA TO NEW YORK，USA

是否允许分批装运，是否允许转船：允许分批装运和转船

WITH PARTIAL SHIPMENTS AND TRANSSHIPMENT ALLOWED

（9）保险：由卖方按发票金额 110%、1981/1/1 中国人民保险公司海洋运输货物保险条款投一切险

INSURANCE：TO BE COVERED BY THE SELLERS FOR 110% OF THE INVOICE VALUE AGAINST ALL RISKS AS PER OCEAN MARINE CARGO CLAUSE OF THE PEOPLE'S INSURANCE COMPANY OF CHINA DATED JAN. 1，1981

（10）付款条件：不可撤销的即期信用证支付，2011 年 5 月 10 日前开到卖方，在中国议付有效，信用证的有效期至装船后 15 天

TERMS OF PAYMENT：BY IRREVOCABLE LETTER OF CREDIT AT SIGHT，REACHING THE SELLER NOT LATER THAN MAY 10，2011 AND REMAINING VALID FOR NEGOTIATION IN CHINA FOR FURTHER 15 DAYS AFTER THE EFFECTED SHIPMENT

（11）所需单证：

DOCUMENTS：

签字的商业发票一式三份

SIGNED INVOICE IN TRIPLICATE

全套的（3/3）清洁已装船海运提单，标注“运费已付”，空白抬头、空白背书，通知开证申请人

FULL SET（3/3）OF CLEAN ON BOARD OCEAN BILL OF LADING MARKED “FREIGHT PREPAID” MADE OUT TO ORDER BLANK ENDORSED NOTIFYING THE APPLICANT

保险单一式两份，空白背书，按发票金额110%投保1981年1月1日生效的中国人民保险公司海洋运输货物保险条款投一切险，并标明赔付的币种和信用证币种一样

INSURANCE POLICY IN DUPLICATE ENDORSED IN BLANK FOR 110% INVOICE VALUE，COVERING ALL RISKS OF CIC OF PICC（1/1/1981）SHOWING THE CLAIMING CURRENCY IS THE SAME AS THE CURRENCY OF CREDIT

装箱单一式三份，标注“无木质包装”字样

PACKING LIST IN TRIPLICATE INDICATING “NO WOOD PACKING MATERIAL”

装船通知，提单日期之后3天内发至开证申请人，表明这批货物的载货船名、装船日期、唛头、数量、净重、毛重

SHIPPING ADVICE SHOWING THE NAME OF THE CARRYING VESSEL，DATE OF SHIPMENT，MARKS，QUANTITY，NET WEIGHT AND GROSS WEIGHT OF THE SHIPMENT TO APPLICANT WITHIN 3 DAYS AFTER THE DATE OF BILL OF LADING.

权威机构签发的CPSIA检测报告

CPSIA SURVEY REPORT ISSUED BY COMPETENT AUTHORITY

其他条款：

OTHER　TERMS：

1. 异议：对于品质异议，买方需自货到目的口岸之日起30天内提出索赔；对于数量异议，买方须自货到目的口岸之日起15天内提出索赔，但均须提供经卖方同意的公证行的检验证明。如责任属于卖方，卖方应于收到索赔通知后20天内答复买方并提出处理意见。

DISCREPANCY：IN CASE OF QUALITY DISCREPANCY，CLAIM SHOULD BE LODGED BY THE BUYERS WITHIN 30 DAYS AFTER THE ARRIVAL OF THE GOODS AT THE PORT OF DESTINATION，WHILE FOR QUANTITY DISCREPANCY，CLAIM SHOULD BE LODGED BY THE BUYERS WITHIN 15 DAYS AFTER THE ARRIVAL OF THE GOODS AT THE PORT OF DESTINATION. IN ALL CASES，CLAIMS MUST BE ACCOMPANIED BY SURVEY REPORTS OF RECOGNIZED PUBLIC SURVEYORS AGREED TO BY THE SELLERS. SHOULD THE RESPONSIBILITY OF THE SUBJECT UNDER CLAIM BE FOUND TO REST ON THE PART OF THE SELLERS，THE SELLERS SHALL，WITHIN 20 DAYS AFTER RECEIPT OF THE CLAIM，SEND THEIR REPLY TO THE BUYERS TOGETHER WITH SUGGESTION FOR SETTLEMENT.

2. 信用证内应明确规定卖方有权多装或少装所注明的百分数，并按实际装运数量议付（买方开立信用证，其金额按本销售合约的金额增减相应的百分数）。

THE COVERING LETTER OF CREDIT SHALL STIPULATE THE SELLER'S OPTION OF SHIPPING THE INDICATED PERCENTAGE MORE OR LESS THAN THE QUANTITY HEREBY CONTRACTED AND BE NEGOTIATED FOR THE AMOUNT COVERING THE VALUE OF QUANTITY ACTUALLY SHIPPED（THE BUYERS ARE REQUESTED TO ESTABLISH THE L/C IN AMOUNT WITH THE INDICATED PERCENTAGE OVER OR BELOW THE TOTAL VALUE OF THE ORDER AS PER THIS SALES CONTRACT）.

3. 信用证的内容须严格符合本销售合约的规定，否则修改信用证的费用由买方负担，卖方并不负因修改信用证而延误装运的责任，并保留因此而发生的一切损失的索赔权。

THE CONTENTS OF THE COVERING LETTER OF CREDIT SHALL BE IN STRICT CONFORMITY WITH THE STIPULATIONS OF THE SALES CONTRACT. IN CASE OF ANY VARIATION THERE OF NECESSITATING AMENDMENT OF THE L/C, THE BUYERS SHALL BEAR THE EXPENSES FOR EFFECTING THE AMENDMENT. THE SELLERS SHALL NOT BE HELD RESPONSIBLE FOR POSSIBLE DELAY OF SHIPMENT RESULTING FROM AWAITING THE AMENDMENT OF THE L/C AND RESERVE THE RIGHT TO CLAIM FROM THE BUYERS FOR THE LOSSES RESULTING THEREFORE.

4. 除经约定保险归买方投保外，由卖方向中国的保险公司投保。如买方需增加保险额及/或需要保其他险，可于装船前提出，经卖方同意后代为投保，其费用由买方负担。

EXCEPT IN CASES WHERE THE INSURANCE IS COVERED BY THE BUYERS AS ARRANGED, INSURANCE IS TO BE COVERED BY THE SELLERS WITH A CHINESE INSURANCE COMPANY. IF INSURANCE FOR ADDITIONAL AMOUNT AND/OR FOR OTHER INSURANCE TERM IS REQUIRED BY THE BUYERS, PRIOR NOTICE TO THIS EFFECT MUST REACH THE SELLERS BEFORE SHIPMENT AND IS SUBJECT TO THE SELLERS' AGREEMENT, AND THE EXTRA INSURANCE PREMIUM SHALL BE FOR THE BUYERS' ACCOUNT.

5. 因人力不可抗拒事故使卖方不能在本销售合约规定期限内交货或不能交货，卖方不负责任，但是卖方必须立即以传真通知买方。如果买方提出要求，卖方应以挂号函向买方提供由中国国际贸易促进委员会或有关机构出具的证明，证明事故的存在。买方不能领到进口许可证，不能被认为系属人力不可抗拒范围。

THE SELLERS SHALL NOT BE HELD RESPONSIBLE IF THEY FAIL, OWING TO FORCE MAJEURE CAUSE OR CAUSES, TO MAKE DELIVERY WITHIN THE TIME STIPULATED IN THIS SALES CONTRACT DELIVER THE GOODS. HOWEVER, THE SELLERS SHALL INFORM IMMEDIATELY THE BUYERS BY FAX. THE SELLERS SHALL DELIVER TO THE BUYERS BY REGISTERED LETTER, IF IT IS REQUESTED BY THE BUYERS, A CERTIFICATE ISSUED BY THE CHINA COUNCIL FOR THE PROMOTION OF INTERNATIONAL TRADE OR BY ANY COMPETENT AUTHORITIES, ATTESTING THE EXISTENCE OF THE SAID CAUSE OR CAUSES. THE BUYERS' FAILURE TO OBTAIN THE RELATIVE IMPORT LICENSE IS NOT TO BE TREATED AS FORCE MAJEURE.

6. 仲裁：凡因执行本销售合约或有关合约所发生的一切争执，双方应以友好方式协商解决；如果协商不能解决，应提交中国国际经济贸易仲裁委员会，根据该委员会的仲裁规则进行仲裁。仲裁裁决是终局的，对双方都有约束力。

ARBITRATION: ALL DISPUTES ARISING IN CONNECTION WITH THIS SALES CONTRACT OR THE EXECUTION THEREOF SHALL BE SETTLED BY WAY OF AMICABLE NEGOTIATION. IN CASE NO SETTLEMENT CAN BE REACHED, THE CASE AT ISSUE SHALL THEN BE SUBMITTED FOR ARBITRATION TO THE CHINA INTERNATIONAL ECONOMIC AND TRADE ARBITRATION COMMISSION IN ACCORDANCE WITH THE PROVISIONS OF THE SAID COMMISSION. THE AWARD BY THE SAID COMMISSION SHALL BE DEEMED AS FINAL AND BINDING UPON BOTH PARTIES.

7. 附加条款（本合同其他条款如与本附加条款有抵触，以本附加条款为准）。

SUPPLEMENTARY CONDITION (S) (SHOULD THE ARTICLES STIPULATED IN THIS CONTRACT BE IN CONFLICT WITH THE FOLLOWING SUPPLEMENTARY CONDITION (S), THE SUPPLEMENTARY CONDITION (S) SHOULD BE TAKEN AS VALID AND BINDING).

卖方（SELLERS）：（盖章） 买方（BUYERS）：

GUANGZHOU JIATONG CO. LTD

李亮

项目三　合同履行

任务一：落实信用证

（一）催开信用证

5 月 4 日，广州嘉童有限公司外贸业务员王梅“五一”假期过后上班第一天就查收快递，发现 Hannah Piteo 会签后的合同（S/C NO.：JT0435）已于 2011 年 4 月 30 日寄到。但 5 月 8 日还没有收到美国 ABSOLUTE COLLECTIBLES 公司的信用证，王梅发出催证函如下：

GUANGZHOU JIATONG CO. LTD
Add：No. 121 Huadi Road，Guangzhou，China
Tel：86 - 20 - 81530210　　　　Fax：86 - 20 - 81530210

To：ABSOLUTE COLLECTIBLES
Fm：GUANGZHOU JIATONG CO. LTD
Date：May 8，2011
Dear Mrs. Hannah Piteo，
Referring to the 15, 000 pieces of TURTLE/BRICKS 15 × 11 × 15 cm^3 with Style No. 63120. under our Sales Contract No. JT0435，we wish to call your attention to the fact that the date of delivery is drawing near，but up till now，we have not received the covering Letter of Credit. Please do your utmost to expedite its establishment so as to enable us to execute the order within the contracted time.
In order to avoid subsequent amendment，please see to it that the L/C stipulations are in strict conformity with the terms of the contract.
Looking forward to receiving the covering L/C.

Yours truly，
May Wong

5 月 11 日，王梅收到美国 ABSOLUTE COLLECTIBLES 公司的回信：

Dear Miss May Wong，
Thank you for your fax dated May 8，2011，asking us to open the L/C at an early date. We are pleased to inform you that the L/C will be opened by the Export-Import Bank of New York. Please let us know upon receipt it.

Yours truly，
Hannah Piteo

（二）审核信用证

5 月 15 日，王梅收到美国 ABSOLUTE COLLECTIBLES 公司的信用证：

27 : Sequence of Total 1/1

40A: Form of Doc. Credit

IRREVOCABLE

20 : Doc. Credit Number

NY078109

31C : Date of Issue

May 12, 2011

40E : Applicable Rules

UCP LATEST VERSION

31D : Date And Place Of Expiry

July 25, 2011 NEW YORK

50 : Applicant

ABSOLUTE COLLECTIBLES

28 SANDY LANE

STATEN ISLAND NY 10307

52A : Issuing Bank

Export-Import Bank

NEW YORK, USA

59 : Beneficiary

GUANGZHOU JIATONG CO. LTD

ADDRESS: NO. 121 HUADI ROAD, GUANGZHOU, CHINA

FAX: 86-20-81530210

32B : Currency Code, Amount

CURRENCY : USD (US DOLLAR)

AMOUNT : 26,250.00

41D : Available with/by

ANY BANK BY NEGOTIATION

42C : Drafts at

60 DAYS AFTER SIGHT

42A : Drawee

EXPORT-IMPORT BANK

NEW YORK, USA

43P : Partial Shipments

ALLOWED

43T : Transshipment

ALLOWED

44A : Port of Loading

SHIPMENT FROM CHINESE MAIN PORT

44B : Port of Discharge

NEW YORK, USA

44C : Latest Date of Shipment

July 10, 2011

45A : Descript. of Goods

15,000 PCS TURTLE/BRICKS $15 \times 11 \times 15$ cm^3 WITH STYLE NO. 63120. AS PER S/C NO. JT0435 AT

US $ 1.75/PC CIF NEW YORK, PACKED IN 30 PCS/CTN

46A : Documents Required

SIGNED INVOICE IN TRIPLICATE.

FULL SET (3/3) OF CLEAN ON BOARD OCEAN BILL OF LADING MARKED "FREIGHT PREPAID" MADE OUT TO APPLICANT BLANK ENDORSED NOTIFYING THE APPLICANT.

INSURANCE POLICY IN DUPLICATE ENDORSED IN BLANK FOR 120% INVOICE VALUE, COVERING ALL RISKS OF CIC OF PICC (1/1/1981) SHOWING THE CLAIMING CURRENCY IS THE SAME AS THE CURRENCY OF CREDIT.

PACKING LIST IN TRIPLICATE INDICATING "NO WOODEN PACKING MATERIAL".

SHIPPING ADVICE SHOWING THE NAME OF THE CARRYING VESSEL, DATE OF SHIPMENT, MARKS, QUANTITY, NET WEIGHT AND GROSS WEIGHT OF THE SHIPMENT TO APPLICANT WITHIN 3 DAYS AFTER THE DATE OF BILL OF LADING.

CPSIA SURVEY REPORT ISSUED BY COMPETENT AUTHORITY.

BENEFICIARY'S CERTIFICATE STATING THAT ONE (1/3) ORIGINAL BILL OF LADING HAS BEEN AIRMAILED TO THE APPLICANT ONE DAY AFTER SHIPMENT.

71B : Charges

ALL BANKING CHARGES OUTSIDE NEWYORK ARE FOR ACCOUNT OF BENEFICIARY.

48 : Period for Presentation

DOCUMENTS MUST BE PRESENTED WITHIN 5 DAYS AFTER THE DATE OF SHIPMENT BUT WITHIN THE VALIDITY OF THE CREDIT.

49 : Confirmation Instructions

WITHOUT

78 : Information to Presenting Bank

1. ALL DOCUMENTS ARE TO BE REMITTED IN ONE LOT BY COURIER TO US. OUR ADDRESS: EXPORT - IMPORT BANK OF NEW YORK, 33 WEST 55TH STREET, NEW YORK, NY 10019.

2. A DISCREPANCY FEE OF USD 60.00 SHOULD BE DEDUCTED FROM NEGOTIATION AMOUNT FOR EACH PRESENTATION IF DOCUMENTS DO NOT COMPLY WITH L/C TERMS AND CONDITIONS.

3. UPON RECEIPT OF DOCUMENTS ALONG WITH DRAFT(S) STRICTLY COMPLYING WITH TERMS AND CONDITIONS OF THIS CREDIT, WE WILL REMIT PROCEEDS LESS OUR HANDLING CHARGES TO YOU AS INSTRUCTED.

王梅对照合同 S/C No. JT0435，逐条审核信用证各条款，审核后发现如下不符情况：

（1）信用证规定交单地点在纽约，对受益人非常不利；

（2）信用证中的单价"US $ 1.75/pc"与金额"US $ 26,250.00"错误，正确的应是"US $ 2.00/pc"和"US $ 30,000.00"；

（3）信用证中汇票的付款期限"at 60 DAYS AFTER SIGHT"错误，正确的是"AT SIGHT"；

（4）信用证保险单据条款中投保金额比例"120% INVOICE VALUE"错误，正确的是"110% INVOICE VALUE"；

（5）信用证海运提单条款中提单抬头"TO APPLICANT"对受益人非常不利，应该为"TO ORDER"；

（6）信用证交单日期"WITHIN 5 DAYS AFTER THE DATE OF SHIPMENT"错误，根据合同，应该为"WITHIN 15 DAYS AFTER THE DATE OF SHIPMENT"；

（7）信用证漏开了一个重要的外贸合同条款“More or less 5% of quantity of goods and credit amount is allowed”，这对受益人非常不利，大大限制了操作的弹性；

（8）王梅还发现信用证存在一个软条款“ONE（1/3）ORIGINAL BILL OF LADING HAS BEEN AIRMAILED TO THE APPLICANT ONE DAY AFTER SHIPMENT”，这对受益人非常不利，可能会导致受益人财货两空。

（三）发改证函

2011年5月16日，根据改证原则和《UCP600》相关条款的规定，王梅向美国ABSOLUTE COLLECTIBLES公司Hannah Piteo发改证函如下：

GUANGZHOU JIATONG CO. LTD
Add：No. 121 Huadi Road，Guangzhou，China
Tel：86－20－81530210　　Fax：86－20－81530210

To：ABSOLUTE COLLECTIBLES
Fm：GUANGZHOU JIATONG CO. LTD
Date：May 16，2011

Dear Mrs. Hannah Piteo，

Thank you for your L/C No. NY078109 issued by Export － Import Bank of New York dated May 12，2011. However，we are sorry to find it contains the following discrepancies with the S/C No. JT0435.

①The place of expiry should be amended to “IN CHINA”
②The unit price of the goods and amount of L/C should be “US ＄2.00/pc” and “US ＄30,000.00” respectively，instead of “US ＄1.75/pc” and “US ＄26,250.00”
③The tenor of draft should be “AT SIGHT” not “at 60 DAYS AFTER SIGHT”
④The amount insured should be “110% INVOICE VALUE” instead of “120% INVOICE VALUE”
⑤The consignee of B/L should be “TO ORDER” not “TO APPLICANT”
⑥The period of presentation should be amended to “WITHIN 15 DAYS AFTER THE DATE OF SHIPMENT”
⑦To insert the clause “More or less 5% of quantity of goods and credit amount is allowed”
⑧To delete the clause “BENEFICIARY'S CERTIFICATE STATING THAT ONE（1/3）ORIGINAL BILL OF LADING HAS BEEN AIRMAILED TO THE APPLICANT ONE DAY AFTER SHIPMENT”

Thank you for your kind cooperation. Please see to it that the L/C amendment reach us within next week. Otherwise we cannot effect punctual shipment.

Yours truly，
May Wong

2011年5月20日，王梅收到银行的信用证修改通知书：

信 用 证 修 改 通 知 书

致：GUANGZHOU JIATONG CO. LTD　　通知编号：AD1155211000142
谨启者：　　日期：2011－5－20
我行收到如下信用证修改一份：
开证行：EXPORT-IMPORT BANK
NEW YORK，USA
开证日：2011－5－12
信用证号：NY078109
交单地点：China
单价：US ＄2.00/pc
金额：US ＄30,000.00

汇票的付款期限：AT SIGHT

投保金额比例：110% INVOICE VALUE

提单抬头：TO ORDER

交单日期：WITHIN 15 DAYS AFTER THE DATE OF SHIPMENT

增加条款："MORE OR LESS 5% OF QUANTITY OF GOODS AND CREDIT AMOUNT IS ALLOWED"

删除条款："ONE (1/3) ORIGINAL BILL OF LADING HAS BEEN AIRMAILED TO THE APPLICANT ONE DAY AFTER SHIPMENT"

现随附通知，贵司交单时，请将本通知书及正本信用证一并提示。其他注意事项如下：

本信用证之通知系遵循国际商会跟单信用证统一惯例第600号出版物。

如有任何问题及疑虑，请与中国银行股份有限公司联络。

电话：　　　　　　　　传真：

附言：

中国银行股份有限公司

任务二：备货

确认信用证后，2011年5月21日，王梅向公司生产部门下达出口商品整装备货通知单，并让其按通知单的内容开始投入生产。

任务三：货物托运

（一）联系货代并发送订舱文件

2011年6月21日，龟积木车全部生产、包装、刷唛完毕，王梅向广州各家货运代理公司询价，最终确定通过广州锦程国际物流公司（以下简称锦程物流）向长荣海运股份有限公司（Evergreen Line）订舱位，以便及时履行合同及信用证项下的交货和交单的义务。2011年6月23日，王梅向锦程物流递交商业发票、装箱单及货运委托书等，委托锦程物流代为订舱。

GUANGZHOU JIATONG CO. LTD

NO. 121HUADI ROAD, GUANGZHOU, CHINA

PACKING LIST

TEL: 86-20-81530210　　　　INVOIVE NO.: GT2011A

FAX: 86-20-81530210　　　　DATE: JUNE 21, 2011

S/C NO.: JT0435

TO: ABSOLUTE COLLECTIBLES

MARKS & NO.: ABC
JT0435
63120
NY

NAME OF COMMODITY AND SPECIFICATIONS	QTY. (PCS)	CTNS.	G. W. (KGS)	N. W. (KGS)	MEAS. (m^3)
TURTLE/BRICKS $15\times11\times15cm^3$ WITH STYLE NO. 63120	15,000	500	10,000	9,500	40
TOTAL	15,000	500	10,000	9,500	40

SAY TOTAL: FIVE HUNDRED CARTONS ONLY.

NO WOOD PACKING MATERIAL

GUANGZHOU JIATONG CO. LTD

GUANGZHOU JIATONG CO. LTD
NO. 121 HUADI ROAD, GUANGZHOU, CHINA
COMMERCIAL INVOICE

ORIGINAL

MESSRS:

ABSOLUTE COLLECTIBLES
28 SANDY LANE
STATEN ISLAND NY10307

INVOICE NO.: GT2011A
INVOICE DATE: JUNE 21, 2011
S/C NO.: JT0435
L/C NO.: NY078109
L/C DATE: MAY 12, 2011

EXPORTER: GUANGZHOU JIATONG CO. LTD
NO. 121 HUADI ROAD, GUANGZHOU, CHINA
TRANSPORT DETAILS: FROM SHENZHEN, CHINA TO NEW YORK, USA
TERMS OF PAYMENT: L/C

<table>
<tr><th>MARKS &NUMBERS</th><th>DESCRIPTION OF GOODS</th><th>QUANTITY</th><th>UNIT PRICE</th><th>AMOUNT</th></tr>
<tr><td rowspan="2">ABC
JT0435
63120
NY</td><td></td><td></td><td>CIF NEW YORK</td><td></td></tr>
<tr><td>TURTLE/BRICKS 15 × 11 × 15 cm^3 WITH STYLE NO. 63120</td><td>15, 000 PCS</td><td>US $ 2. 00/PC</td><td>US $ 30, 000. 00</td></tr>
<tr><td colspan="5">TOTAL QUANTITY: 15, 000 PCS
TOTAL WEIGHT: 10, 000 KGS</td></tr>
<tr><td>SAY TOTAL:</td><td colspan="4">U. S DOLLARS THIRTY THOUSAND ONLY</td></tr>
<tr><td colspan="5">GUANGZHOU JIATONG CO. LTD
王梅</td></tr>
</table>

订舱委托书

<table>
<tr><td>经营单位
(托运人)</td><td colspan="3">广州嘉童有限公司</td><td colspan="2">编号</td><td colspan="2">20110321</td></tr>
<tr><td rowspan="3">提单(B/L)
项目要求</td><td colspan="3">发货人:
广州嘉童有限公司</td><td colspan="4">Shipper: GUANGZHOU JIATONG CO. LTD
NO. 121HUADIROAD, GUANGHOZU, CHINA</td></tr>
<tr><td colspan="3">收货人:
Consignee:</td><td colspan="4">TO ORDER</td></tr>
<tr><td colspan="3">通知人:
Notify Party:</td><td colspan="4">ABSOLUTE COLLECTIBLES
28 SANDY LANE
STATEN ISLAND NY 10307</td></tr>
<tr><td>海运费(√)
Sea Freight</td><td colspan="2">预付(√)或到付( )
Prepaid or Collect</td><td>提单
份数</td><td>3/3</td><td>提单寄
送地址</td><td colspan="2">广州市花地大道 121 号</td></tr>
<tr><td>起运港</td><td>深圳</td><td>目的港</td><td>纽约</td><td>可否转船</td><td>允许</td><td>可否分批</td><td>允许</td></tr>
</table>

（续上表）

集装箱预配数		40' ×1	装运期限	2011年7月 10日前	有效期限	
标记、唛码	包装件数	中英文货号 Description of Goods	毛重 （千克）	尺码 （立方米）	成交条件（总价）	
ABC JT0435 63120 NY	500 纸 箱	龟积木车 Style No. 63120	10 000 KGS	40	US $ 30 000.00 CIF NEW YORK	
		TURTLE/BRICKS 15 × 11 × 15cm³ WITH STYLE NO. 63120	特种货物 □冷藏货 □危险品	重件：每件重量		
内装箱（CFS） 地址				大件 （长×宽×高）		
门对门装 箱地址			特种集装箱：（ ）			
			物资备妥日期			
外币结算 账号			物资进栈：自送（√）或××派送（ ）			
			人民币结算单位账号			
声明事项			托运人签章	广州嘉童有限公司		
			电话	020－81530210		
			传真	020－81530210		
			联系人	王梅		
			地址	广州市花地大道121号		
			制单日期	2011－6－23		

（二）订舱确认

2011年6月23日，王梅收到锦程物流转交的S/O：

EVERGREEN LINE BOOKING CONFIRMATION

A Joint Service Agreement

To：GUANGZHOU JIATONG CO. LTD

NO. 121 HUADI ROAD，GUANGZHOU，CHINA

＊＊＊＊＊＊＊＊＊配载通知 / REVISE：000 DATE：2011/06/22 16：55：44 p. m＊＊＊＊＊＊＊＊＊

BOOKING NUMBER（订舱号码）：149901326648

VESSEL/VOYAGE（船名/航次）：EVER URSULA 0110 – 070W
CARRIER（承运人）：EVERGREEN LINE
ON BEHALF OF： EVERGREEN MARINE CORPORATION
PLACE OF RECEIPT（收货地）：YANTIAN，PEOPLE' S REPUBLIC OF CHINA
PORT OF LOADING（装货地）：YANTIAN，PEOPLE' S REPUBLIC OF CHINA
截关时间：2011/07/08 12：00 p. m
开舱时间：2011/07/01
提单补料截止时间：2011/07/08 17：00 p. m
PORT OF DISCHARGE（卸货港）：NEW YORK，USA
PLACE OF DELIVERY（交货港）：YANTIAN，CHINA
SHIPPER（发货人）：GUANGZHOU JIATONG CO. LTD
NO. 121 HUADI ROAD，GUANGZHOU，CHINA
TEL：86 – 20 – 81530210
SVC TYPE/SVC MODE（运送方式/运送型态）：（FCL/FCL）/（PORT/PORT）
COMMODITY：TURTLE/BRICKS $15 \times 11 \times 15$ cm^3 WITH STYLE NO. 63120
发单地： SHENZHEN，CHINA
please note：weight carrying capacity of equipment varies between containers. Please check the placard affixed to each container for it's specific maximum weight and do not exceed this weight at any time.
It is shipper's responsibility to ensure that the weights tendered conform to the legal restrictions of all regions contemplated by this movement. If you have any questions，please contact customer service.

QTY_ TYPE（箱数箱型）	GWT（货物毛重）	限重/柜	危险品等级/联合国编码
1/40' steel dry	10 000 +500	20 190	（NON – HAZARDOUS）

EMPTY PICK UP AT：盐田国际集装箱码头有限公司
空箱提领处：中国深圳沙头角盐田港
TEL NO.：0755 – 25290888
FULL RETURN TO：盐田国际集装箱码头有限公司
重箱返还处：中国深圳沙头角盐田港
协约号：SQM890146
PAYMENT TERM：PREPAID
REMARKS（附注）：

运送人不对本订舱通知中有关船期资料之准确性或正确性作任何保证，并对随时更改或修正的信息不另行通知。
Evergreen Line 提单条款相关规定视为运送契约之一部分，与运送契约有同等效力，提单条款详细内容请浏览本公司网站（http：//www. evergreen – line. com）。
以上为贵公司订舱资料，敬请核对；如有错漏请致电联系本单位更正，否则将视为接受本文件的所有内容。如虚报订舱数据，贵公司必须自行承担一切不实行为所引起之后果及法律责任。
有关船期、货柜动态之信息，请浏览本公司网站 http：//www. shipmentlink. com. cn/
贵客注意：
提柜单换领地点：
货柜由盐田/赤湾出口的母船，请联系本公司『盐田工作站』，电话 0755 – 25291937
货柜由蛇口出口的母船，请联系『联合船代』，电话：0755 – 26805257/8/9

任务四：报检与投保

（一）报检

因为龟积木车属于法定检验商品，需向出入境检验检疫局办理报检手续，2011 年 6 月

24 日，王梅向锦程物流递交合同复印件、商业发票、装箱单及报检委托书等委托锦程物流代为商检。

报检委托书

广州 出入境检验检疫局：

本委托书郑重声明，保证遵守出入境检验检疫法律、法规的规定。如有违法行为，自愿接受检验检疫机构的处罚并负法律责任。

本委托人委托受托人向检验检疫机构提交“报检申请单”和各种随附单据，具体委托情况如下：

本单位将于 2011 年 7 月间出口如下货物：

品 名	龟积木车	H. S. 编码	9503008900
数（重）量	500 纸箱	合同号	JT0435
信用证号	NY078109	审批文号	
其他特殊要求			

特委托 广州锦程国际物流公司 （单位/注册登记号），代表本公司办理下列出入境检验检疫事宜：

☑ 1. 办理代理报检手续

☑ 2. 代缴检验检疫费

☑ 3. 负责与检验检疫机构联系和验货

☑ 4. 领取检验检疫证单

☑ 5. 其他与报检有关的事宜

请贵局按有关法律法规规定予以办理

委托人（公章）
广州嘉童有限公司
2011 年 6 月 24 日

受托人（公章）
广州锦程国际物流公司
2011 年 6 月 24 日

（二）投保

2011 年 6 月 24 日，王梅缮制货物运输投保单，向保险公司办理保险事宜。

中保财产保险股份有限公司广东分公司

The People's Insurance (Property) Company of China, Ltd. Guangdong Branch

进出口货物运输保险投保单

Application For I/E Marine Cargo Transportation Insurance

被保险人：广州嘉童有限公司

Insured: GUANGZHOU JIATONG CO. LTD

发票号（INVOICE NO.）：GT2011A

合同号（CONTRACT NO.）：JT0435

信用证号（L/C NO.）：NY078109

发票金额（INVOICE AMOUNT） US $ 30 000.00 投保加成（PLUS） 10 %

兹有下列物品向中国人民保险公司广州分公司投保。（INSURANCE IS REQUIRED THE FOLLOWING COMMODITIES:）

标　记 MARKS & NOS.	包装及数量 QUANTITY	保险货物项目 DESCRIPTION OF GOODS	保险金额 AMOUNT INSURED
ABC JT0435 63120 NY	500 CARTON	TURTLE/BRICKS	US $ 33, 000. 00

总保险金额：

TOTAL AMOUNT INSURED： SAY U. S DOLLARS THIRTY-THREE THOUSAND ONLY

起运日期　　　　　　　　　　　　　　　　装载运输工具：

DATE OF COMMENCEMENT 经AS PER B/L PER CONVEYANCE：EVER URSULA 0110 – 070W

自　　　　　　　　　　经　　　　　　　　　　至

FROM SHENZHEN, CHINA VIA　　　　　　　　TO NEW YORK, USA

提单号：　　　　　　　　　　　　　　　　赔款偿付地点：

B/L NO. AS PER B/L　　　　　　　　　　　CLAIM PAYABLE AT NEW YORK, USA

投保险别：（PLEASE INDICATE THE CONDITIONS &/OR SPECIAL COVERAGES）

ALL RISKS AS PER OCEAN MARINE CARGO CLAUSE OF THE PEOPLE'S INSURANCE COMPANY OF CHINA DATED JAN. 1, 1981.

费率　　　　　　　　　　保费

RATE　　　　　　　　　　PREMIUM

请如实告知下列情况：（如“是”在［ ］中打“×”）IF ANY, PLEASE MARK “×”：

1. 货物种类　袋装［×］　散装［ ］冷藏［ ］液体［ ］活动物［ ］机器/汽车［ ］危险品［ ］
GOODS　BAG/JUMBO　BULK　REEFER　LIQUID　LIVE ANIMAL　MACHINE/AUTO　DANGEROUS CLASS

2. 集装箱种类　普通［×］开顶［ ］框架［ ］平板［ ］冷藏［ ］
CONTAINER　ORDINARY　OPEN　FRAME　FLAT　REFRIGERATOR

3. 转运工具　海轮［ ］飞机［ ］驳船［ ］火车［ ］汽车［ ］
BY TRANSIT　SHIP　PLANE　BARGE　TRAIN　TRUCK

4. 船舶资料　　　船籍　　　船龄
PARTICULAR OF SHIP　REGISTRY　AGE

备注：被保险人确认本保险合同条款和内容已经完全了解。

THE ASSURED CONFIRMS HEREWITH THE TERMS AND CONGITIONS THESE INSURANCE CONTRACT FULLY UNDERSTOOD.

投保人（签名盖章）（APPLICANT'S SIGNA）：王梅

电话（TEL）：20 – 81530210

地址（ADD）：广州市花地大道 121 号

投保日期（DATE）：JUNE 24, 2011

任务五：国内运输与报关

（一）国内运输

2011 年 7 月 1 日，王梅按要求提取空箱装货后将重柜用卡车发往深圳盐田港海关监管仓库。

（二）报关

1. 申领核销单

王梅通过“中国电子口岸出口收汇系统”向外汇局提出领取核销单申请，然后凭本企业操作员 IC 卡及其他规定的凭证到国家外汇管理局广东省分局领取纸质核销单。

2. 委托报关

2011 年 7 月 4 日，王梅向锦程物流递交装箱单、商业发票、报关委托书、核销单、出境货物通关单等文件委托锦程物流代为报关。

代理报关委托书

（出 口）报托 第 223 号

广州锦程国际物流公司：

我单位现委托贵公司代理货物（出 口 ）报关

合同号：JT0435　　货名：龟积木车　　件数：500 纸箱

毛重：10 000 kg　　净重：9 500 kg　　价值：30 000.00 美元

我单位保证遵守《中华人民共和国海关法》及国家有关法规保证所提供的单位与所报的货物相符，如申报货物有任何问题，责任由我单位承担。本委托书有效期至本委托书项下货物报关、缴税及退税完毕止。

委托单位：（盖章）	代理单位：（盖章）
广州嘉童有限公司	广州锦程国际物流公司
海关注册登记编码：××××××	海关注册登记编码：××××××××××
法定代表人姓名：×××	法定代表人姓名：×××
联系电话：×××	联系电话：×××
经办人：王梅	经办人：李力

2011 年 7 月 4 日

任务六：制单结汇

（一）发出装船通知

根据信用证及其修改要求，广州嘉童有限公司 2011 年 7 月 6 日将该批龟积木车在深圳盐田港装上了开往美国纽约的 EVER URSULA 0110－070W 货轮。货物装上船后，王梅即向美国 ABSOLUTE COLLECTIBLES 公司发出装船通知。

GUANGZHOU JIATONG CO. LTD

Add：No. 121 Huadi Road，Guangzhou，China

Tel：86 - 20 - 81530210　　　　Fax：86 - 20 - 81530210

To：ABSOLUTE COLLECTIBLES

Fm：GUANGZHOU JIATONG CO. LTD

Date：July 6，2011

Shipping Advice

Re：　S/C No. JT0435

L/C No. NY078109

Dear Mrs. Hannah Piteo,

We hereby inform you the shipping details as follows：

Description：Turtle/Bricks $15 \times 11 \times 15$ cm^3 With Style No. 63120.

Quantity：　15, 000 PCS（500 cartons）

Gross weight：10, 000 kg

Net weight：9, 500 kg

Total amount：US ＄ 30, 000. 00

Shipping mark：ABC

JT0435

63120

NY

From Shenzhen to New York

Vessel：EVER URSULA

Voy. No.：0110 - 070W

Date of shipment：July 6，2011

ETD：July 6，2011

ETA：Aug. 12，2011

Please get ready for delivery and kindly let us know after receipt of the goods.

Yours truly,

May Wong

（二）缮制审核结汇单据

广州嘉童有限公司 2011 年 7 月 8 日向货代支付全部运费后，收到提单。根据信用证的要求，王梅需要准备以下单据：商业发票、装箱单、提单、保险单、装船通知、检测报告（无模拟单证）、汇票。审核单据无误后，2011 年 7 月 11 日，广州嘉童有限公司填写客户交单联系单，把准备好的各单据以及原信用证、信用证修改书的正本向中国银行广州分行国际业务部进行交单。

1. 商业发票

GUANGZHOU JIATONG CO. LTD
NO. 121 HUADI ROAD, GUANGZHOU, CHINA
COMMERCIAL INVOICE

ORIGINAL

MESSRS:

ABSOLUTE COLLECTIBLES
28 SANDY LANE
STATEN ISLAND NY10307

INVOICE NO.: GT2011A
INVOICE DATE: JUNE 21, 2011
S/C NO.: JT0435
L/C NO.: NY078109
L/C DATE: MAY 12, 2011

EXPORTER: GUANGZHOU JIATONG CO. LTD
NO. 121 HUADI ROAD, GUANGZHOU, CHINA
TRANSPORT DETAILS: FROM SHENZHEN, CHINA TO NEW YORK, USA
TERMS OF PAYMENT: L/C

MARKS & NUMBERS	DESCRIPTION OF GOODS	QUANTITY	UNIT PRICE	AMOUNT
	CIF NEW YORK			
ABC JT0435 63120 NY	TURTLE/BRICKS 15 × 11 × 15cm³ WITH STYLE NO. 63120	15,000 PCS	US \$ 2.00/PC	US \$ 30,000.00

TOTAL QUANTITY: 15,000 PCS
TOTAL WEIGHT: 10,000 KGS

SAY TOTAL: U. S DOLLARS THIRTY THOUSAND ONLY

GUANGZHOU JIATONG CO. LTD (STAMP)
王梅

2. 装箱单

GUANGZHOU JIATONG CO. LTD
NO. 121 HUADI ROAD, GUANGZHOU, CHINA
PACKING LIST

TEL: 86-20-81530210
FAX: 86-20-81530210

INVOIVE NO.: GT2011A
DATE: JUNE 21, 2011
S/C NO.: JT0435

TO: ABSOLUTE COLLECTIBLES

MARKS & NO.: ABC
JT0435
63120
NY

NAME OF COMMODITY AND SPECIFICATIONS	QTY. (PCS)	CTNS.	G. W. (KGS)	N. W. (KGS)	MEAS. (m^3)
TURTLE/BRICKS 15 × 11 × 15 cm^3 WITH STYLE NO. 63120	15, 000	500	10, 000	9, 500	40
TOTAL	15, 000	500	10, 000	9, 500	40

SAY TOTAL: FIVE HUANDRED CARTONS ONLY
NO WOODEN PACKING MATERIAL

GUANGZHOU JIATONG CO. LTD

3. 提单

EVERGREEN LINE EVERGREEN MARINE CORPORATION

<table>
<tr><td colspan="2">Shipper/Exporter
GUANGZHOU JIATONG CO. LTD
NO. 121 HUADI ROAD, GUANGZHOU, CHINA</td><td>Document No. EGL6149902001506</td></tr>
<tr><td colspan="2">Shipper's Code</td><td>Export Reference</td></tr>
<tr><td colspan="2">Consignee or Order
To order</td><td>Forward Agent References</td></tr>
<tr><td colspan="2" rowspan="2">Notify Party (complete name and address)
ABSOLUTE COLLECTIBLES
28 SANDY LANE
STATEN ISLAND
NY 10307</td><td>Point and Country of Origin (for the Merchant's reference only)</td></tr>
<tr><td rowspan="2">Also Notify Party (complete name and address)</td></tr>
<tr><td colspan="2">Notify code</td></tr>
<tr><td>Pre-carriage by</td><td>Place of Receipt/Date</td><td rowspan="3"></td></tr>
<tr><td>Ocean Vessel/Voy. No.
EVER URSULA
0110 – 070W</td><td>Port of Loading
Shenzhen</td></tr>
<tr><td>Port of Discharge
New York</td><td>Place of Delivery</td></tr>
<tr><td colspan="3">Particulars Furnished by the Merchant</td></tr>
</table>

（续上表）

<table>
<tr><td>Container No. and Seal
No. Marks and Nos.
TGHU 8352073
ABC
JT0435
63120
NY
Total number of
Containers or package
Say five hundred cartons only</td><td colspan="2">Quantity and
Kind of Packages
500 cartons</td><td>Description of Goods
TURTLE/BRICKS
“Freight prepaid”</td><td>Measurement（m^3）
Gross Weight（KGS）
40 m^3
10, 000 KGS</td></tr>
<tr><td>Freight and Charges</td><td>Revenue Tons</td><td>Rate Per</td><td>Prepaid</td><td>Collect</td></tr>
<tr><td rowspan="2">B/L No.
EGL6149902001506</td><td colspan="2">Number of Original B（s）/L
Three（3）</td><td>Prepaid at</td><td>Collect at</td></tr>
<tr><td colspan="2">Place of B（s）/L Issue/Date
Shenzhen
July 6，2011</td><td>Exchange Rate</td><td>Exchange Rate</td></tr>
<tr><td>Service Type/Mode</td><td colspan="4">Laden /Shipped on Board the Vessel
EVER URSULA
AS AGENT FOR THE CARRIER
EVERGREEN MARINE CORPORTION
STAMP</td></tr>
</table>

4. 保险单

中保财产股份有限公司

The People Insurance（Property）Company of China，Ltd

发票号码　　　　　　　　　　　　　　　　保险单号次

Invoice No.　　　　　　　　　　　　　　　Policy No.

海 洋 货 物 运 输 保 险 单

Marine cargo transportation insurance policy

被保险人：

Insured：GUANGZHOU JIATONG CO. LTD

中保财产保险有限公司（以下简称本公司）根据被保险人的要求，及其所缴付的约定的保险费，按照本保险单承保险别和背面所载条款与下列特别条款承保下列货物运输保险，特签发本保险单。

This policy of insurance witnesses that The People's Insurance（Property）Company of China Limited（herein after called ‘The Company’），at the request of The Insured and in consideration of the agreed premium paid by The Insured，undertakes to insure the undermentioned goods in transportation subject to the conditions of this policy as per the clauses printed overleaf and other special clauses attached hereon.

保险货物项目 Descriptions of Goods	包装、单位、数量 Packing Unit Quantity	保险金额 Amount Insured
TRUTLE /BRICKS	500 CARTONS	US $ 33, 000. 00

承保险别　　　　　　　　　　　　　　　　货物标记

Conditions　　　　　　　　　　　　　　　　Marks of Goods

ALL RISKS AS PER OCEAN MARINE
CARGO CLAUSE OF THE PEOPLE'S INSURANCE
COMPANY OF CHINA DATED JAN. 1, 1981.

ABC
JT0435
63120
NY

总保险金额

TOTAL AMOUNT INSURED: SAY U. S. DOLLARS THIRTY-THREE THOUSAND ONLY

保费 As Arranged　　装载运输工具　　开航日期

Premium As Arranged Per Conveyance S. S EVER URSULA 0110 – 070W Date of commencement AS PER B/L

起运港　　　　　　　　　　　　　　　　目的港

From SHENZHEN, CHINA　　　　To NEW YORK, USA

所保货物，如发生本保单项下可能引起索赔的损失或损坏，应立即通知本公司下述代理人查勘。如有索赔，应向保险公司提交保险单正本（本保险单共有（ 2 ）份正本）及有关文件。如一份正本已用于索赔，其余正本则自动失效。

In the event of loss or damage which may result in a claim under this policy, immediate notice must be given to the company's agent as mentioned hereunder. Claims, if any, one of the original policy which has been issued in original (s) together with the relevant documents shall be surrendered to the Company. If one of the Original Policy has been accomplished, the others to be void.

中保财产保险股份有限公司广州分公司
The People's Insurance (Property) Company of China, Ltd
Guangzhou Branch

赔款偿付地点

Claim Payable at NEW YORK

日期

Date July 1, 2011

地址

Address 广州市芳村大道东 105 号

电话

Tel (020) 81894941

5. 装船通知

GUANGZHOU JIATONG CO. LTD
Add: No. 121 Huadi Road, Guangzhou, China
Tel: 86 – 20 – 81530210　　Fax: 86 – 20 – 81530210

To: ABSOLUTE COLLECTIBLES

Fm: GUANGZHOU JIATONG CO. LTD

Date: July 6, 2011

Shipping Advice

Re: S/C No. JT0435
L/C No. NY078109

Dear Mrs. Hannah Piteo,

We hereby inform you the shipping details as follows:

Description: Turtle/Bricks 15 × 11 × 15 cm^3 With Style No. 63120.

Quantity: 15,000 PCS (500 cartons)

Gross weight: 10,000 kg

Net weight: 9,500 kg

Total amount: US $ 30,000.00

Shipping mark: ABC
JT0435
63120
NY

From Shenzhen to New York

Vessel: EVER URSULA

Voy. No.: 0110 - 070W

Date of shipment: July 6, 2011

ETD: July 6, 2011

ETA: Aug. 12, 2011

Please get ready for delivery and kindly let us know after receipt of the goods.

Yours truly,

May Wong

6. 汇票

BILL OF EXCHANGE

Drawn under BANK OF CHINA GUANGZHOU BRANCH

L/C No. NY078109

Dated May 12, 2011

Payable with interest @ ______ % per annum

No: __________ Exchange for USD 30,000.00 Guangzhou, China 2011

At * * * Sight of this FIRST of Exchange (Second of exchange being unpaid)

pay to the order of Bank of China

The sum of SAY U. S. DOLLARS THIRTY THOUSAND ONLY

To EXPORT-IMPORT BANK
NEW YORK, USA

GUANGZHOU JIATONG CO. LTD
STAMP

7. 客户交单联系单

客户交单联系单

致：中国银行股份有限公司广州分行

兹随附下列出口单据一套（附信用证及修改书共 18 纸），信用证业务请按国际商会现行《跟单信用证统一惯例》办理，单托收业务请按国际商会现行《托收统一规则》办理

（续上表）

信用证	开证行 Issuing Bank Export-Import Bank New York, USA		信用证号 L/C No. NY078109	
	通知行号 Our Advising Ref.	提单日期 B/L Date 2011 - 7 - 6	有效期 Expiry 2011 - 7 - 15	交单期限　15　　天 Presentation Period
无证托收	付款人全名及详址 Drawee			
	代收行名称及详址 Collecting Bank			
	交单方式 Release Against (　) D/P (　　) D/A		付款期限 Payment Period	

发票编号： Invoice No. GT2011A	核销单编号： FERF NO. × × ×	金额： Amount US $ 30, 000. 00

单据（Documents Attach）

2	汇票 DRAFT		产地证 CERTIFICATE ORIGIN	1	保险单 INSURANCE POLICY/CERTIFICATE
3	发票 COMMERCIAL INVOICE		普惠制产地证 GSP FORMA	3 + 3	运输单据 BILL OF LADING/C. R.
	海关发票 CUSTOMS INVOICE		质量/重量证 QUANTITY CERTIFICATE		船公司证明 SHIPPING CO. CERTIFICATE
3	装箱单 PACKING LIST		检验/分析证 INSPECTION CERTIFICATE	1	装船通知 SHIPPING ADVICE
	受益人证明 BENEFICIATE CERTIFICATE		电传回执 FAX REPORT		邮递收据 POST RECEIPT

委办事项 Instructions（打×）

（×）上述单据请按我司与贵行签订之总质押书办理押汇

（×）上述单据系代理出口项下业务，收妥后请原币划

开户行 中国银行广州分行　　账号 6225874503203654

（　）若付款人拒绝付款/承兑，不必作成拒绝证书，但须以电传通知我司

（　）单据中有下列不符点：（　　）请向开证行寄单，我司承担一切责任

（　）请电询开证行同意后再寄单

（　）＿＿＿＿＿＿＿＿＿＿＿＿

公司联系人　王梅　　联系电话　1354483598　　公司公章

Person to contact　　Tel No.　　company Chop

（续上表）

<table>
<tr><td>银行审单记录 Bank Use Only</td><td colspan="3">银行接单日期</td></tr>
<tr><td rowspan="10">（ ）单证相符
（ ）存在下列不符点
□过有效期 □过装运期 □过交单期 □分批装运
□溢/短装 □超信用证金额 □货描不符 □B/L装船批注不良
□B/L未注明承运人或出单人身份 □__修改未经证实 □汇票不符
其他：</td><td colspan="3">退单记录</td></tr>
<tr><td colspan="2">索汇金额</td><td></td></tr>
<tr><td colspan="2">寄单日期</td><td></td></tr>
<tr><td rowspan="5">银行费用</td><td>通知/修改通知</td><td></td></tr>
<tr><td>议付/托收</td><td></td></tr>
<tr><td>邮费</td><td></td></tr>
<tr><td>电费</td><td></td></tr>
<tr><td>小计</td><td></td></tr>
<tr><td colspan="2">索汇方式</td><td>寄单方式</td></tr>
<tr><td colspan="2">银行经办</td><td>银行复核</td></tr>
</table>

项目四　出口业务善后操作

任务一：书写业务善后函

2011年7月19日，广州嘉童有限公司前往中国银行广州分行取回银行水单，货款已经打入广州嘉童有限公司账户。业务员王梅随即书写善后函，对整笔业务进行回顾，这对确定买卖双方间长期业务关系是非常有帮助的。

GUANGZHOU JIATONG CO. LTD
Add：No. 121 Huadi Road，Guangzhou，China
Tel：86 -20 -81530210　　Fax：86 -20 -81530210

To：ABSOLUTE COLLECTIBLES
Fm：GUANGZHOU JIATONG CO. LTD
Date：July 19，2011
Dear Mrs. Hannah Piteo，

We are very glad to have received the proceeds against L/C No. NY078109 under S/C No. JT0435. You can be sure that the goods shipped will meet your needs just well. We believe the conclusion of this transaction will help further our mutual understanding and pave the way for more business cooperation in the future. Needless to say，with the development of our trade relations，there will be more and more topics of interest to be discussed between us. We are expecting your advice.

Since you might be aware of the new development in our product range, we are airmailing to you a copy of our latest illustrated price for orders exceeding USD 50, 000. 00 to promote sales at your end.

We hope our handling of your first order will lead to further transaction between us and look forward to your favorable reply.

Yours truly,

May Wong

任务二：办理出口核销与退税

2011 年 8 月 16 日，货代退回出口报关单核销联、退税联和核销单，广州嘉童有限公司业务员王梅去外汇管理局办理核销手续。2011 年 8 月 29 日，广州嘉童有限公司派财务人员到国税局办理退税手续。

出口业务实训练习

实训目的：在已学习国际贸易基础知识和掌握单项技能的前提下，通过在仿真环境中进行出口流程的模拟和实训，巩固和扩充学生现有的知识和技能，培养学生完成出口业务的实际操作能力。

实训内容：涉及一笔交易的整个流程，即交易前的准备、交易磋商与合同签订、合同履行及业务善后。

实训要求：

1. 能够做好交易前的各项准备工作，如熟悉产品、了解市场；通过各种途径寻找客户；调查客户资信和贸易障碍等。

2. 掌握交易磋商环节信函的撰写技能，熟练掌握不同价格术语的报价核算方法并能够根据交易磋商结果，合理、准确地缮制出口销售合同。

3. 掌握合同履行各环节的操作。

（1）能够撰写催证函，根据合同和《UCP600》审核信用证，并根据审核结果撰写改证函；

（2）能够根据具体情况做好租船订舱工作；

（3）熟悉出口报检和投保的流程；

（4）能够完成国内运输和报关操作。

4. 掌握办理出口核销与退税的流程。

实训材料：广州利华有限公司是一家具有进出口经营权的专门生产和销售各种装修材料的生产型外贸企业，欲开拓美国市场，以广州利华有限公司外贸业务员李丽的身份完成锌合金（zinc alloy）门把手出口阿联酋的出口业务流程操作。

一、建立业务关系操作

广州利华有限公司（Guangzhou Lihua Co., Ltd.）是一家取得外贸经营权的专门生产和销售各种装修材料的生产型外贸企业。在第 109 届中国进出口商品交易会上，有位阿联酋客户对广州利华有限公司的门把手很感兴趣。由于当时他好像有急事，没来得及详谈，只留下一张名片就走了。

广交会后，广州利华有限公司希望外贸业务员李丽能够尽快与阿联酋客户联络，与客户建立业务关系。请你根据客户留下的名片，代李丽写一封传真函，寄些商品目录和图片，并希望能够了解一下阿联酋客户的资信情况。（发函时间：2011 年 5 月 6 日）

Jan
Purchase manager
Tim Co., Ltd.
No. 1 Roak Rd., Dubai
UAE
TEL: 000196971102 FAX: 000196971102
E－MAIL: chil@ www. tvl. com. ntl

Guangzhou Lihua Co., Ltd.
No. 1 Renmin Rd., Guangzhou, China
Tel: 020－58818844/58818766 Fax: 020－58818840
E-mail: Foreign Department @ www. Lihua. com. cn

To:
Attention:
From:
Dated:

Dear Miss Jan,

Yours faithfully,
Lily

二、报价核算与报盘操作

5 月 10 日，李丽收到来自阿联酋客户 Tim Co., Ltd. 的电子邮件，内容如下：

Dear Miss Li,
Thank you for your fax of May 6, 2011 and your latest catalogue.
We are impressed by your Door Handle Article No. DH5010 and would appreciate your sending some detailed information about the best price of 9,000 pairs on FOB Chinese port, CFR Dubai, UAE, payment by D/P at sight.
Awaiting your early offer.

Yours faithfully,
Jan

（一）报价核算

李丽立即通知公司报价，次日收到报价如下：锌合金（zinc alloy）门把手 9 000 付，生产成本为人民币 58.5 元/付（含税价），增值税率为 17%，每付装 1 个泡沫纸袋（foam bag）（含配件），然后装入一个出口标准内盒，每 20 付内盒装一个标准出口纸箱，纸箱尺寸为 57 厘米 ×31 厘米 ×31 厘米，每箱毛重为 18.5 千克，净重为 17.5 千克，9 000 付装 1 ×20' FCL。

若 2011 年 5 月 10 日的美元牌价按 USD 1 = RMB 6.460 300/6.525 900 计，公司报价时要求美元按当天牌价的 99% 计算；出口退税率为 5%；国内运费为 RMB 1 800/20' FCL，其他所有国内费用为生产成本的 6%；由广州至阿联酋迪拜的海运费为 US D1 100/20' FCL；预期利润率为 10%（按生产成本计算）。请核算出口报价。（计算过程中，数值要保留到小数点后 4 位，最后保留到小数点后 2 位）

出口成本 =
国内费用 =
国外运费 =
（预期）出口利润 =
FOB Guangzhou =
CFR Dubai =

（二）书写发盘函

根据以上核算的出口报价和相关条件，用英文书写以下发盘函，要求在 2011 年 5 月 16 日复到有效。装运期为信用证日期后 30 天内。

Guangzhou Lihua Co., Ltd.

No. 1 Renmin Rd., Guangzhou, China

Tel: 020 - 58818844 58818766 Fax: 020 - 58818840

E-mail: Foreign Department @ www. Lihua. com. cn

To:

Attention:

From:

Dated:

Dear Miss Jan,

Yours faithfully,

Lily

三、签订出口合同操作

根据前面资料和以下业务背景，填制出口合同。

通过反复磋商，2011 年 6 月 1 日，双方达成如下条款：

单价：9.80 美元/付，CFR Dubai，UAE。

装运期：最迟 2011 年 7 月 10 日装船，不允许转运，不允许分批装运。

支付：20% 货款在合同签订后 10 天内电汇支付；余款用即期信用证方式支付。

数量与金额允许有不超过 1% 的增减。

（一）填写出口合同

请填写以下合同的各条款内容，使其成为一份完整的出口合同。

SALES CONTRACT

NO. LY0723　　DATE：June 1，2011

THE SELLER：Guangzhou Lihua Co.，Ltd.
No. 1 Renmin Rd.，Guangzhou，
China

THE BUYER：Tim Co.，Ltd.
No. 1 Roak Rd.，Dubai
UAE

This Contract is made by and between the Buyer and Seller，whereby the Buyer agrees to buy and the Seller agrees to sell the under-mentioned commodity according to the terms and conditions stipulated below：

Commodity & Specification	Quantity	Unit Price	Amount
(1)	(2)	(3)	(4)
Total			
Total Contract Value：(5)			

MORE OR LESS CLAUSE：

(6) ____________________

PACKING：One pair packed in a foam bag，then in an inner box，20 inner boxes per carton

TIME OF SHIPMENT：

(7)

PORT OF LOADING AND DESTINATION：

(8)

Transshipment is (9)　　and partial shipment is (10)

INSURANCE：(11)

TERMS OF PAYMENT：(12) ____________________

____

REMARKS：

This contract is made in two original copies and becomes valid after both parties' signature，one copy to be held by each party.

Signed by：

THE SELLER：　　THE BUYER：

（二）拟写成交函

李丽打算在寄送合同的同时随附成交函寄送给阿联酋客户。请你代李丽拟写一份成交函（成交函中须催开信用证）。

Guangzhou Lihua Co., Ltd. No. 1 Renmin Rd., Guangzhou, China Tel: 020 – 58818844 58818766 Fax: 020 – 58818840 E-mail: Foreign Department @ www. Lihua. com. cn
To: Attention: From: Dated: Dear Miss Jan,   Yours faithfully, Lily

四、出口履约操作

（一）审证与改证操作

广州利华有限公司与阿联酋客户达成交易后，2011 年6 月10 日，收到了 Tim Co., Ltd 公司开来的信用证，试根据 LY0723 出口合同对信用证进行审核，指出信用证存在的问题，并在发给阿联酋客户的改证函中提出具体的改证要求。

MT 700		ISSUE OF A DOCUMENTARY CREDIT
SENDER		DUBAI ISLAMIC BANK
RECEIVER		BANK OF CHINA GUANGZHOU, CHINA
SEQUENCE OF TOTAL	27:	1 / 1
FORM OF DOC. CREDIT	40A:	IRREVOCABLE
DOC. CREDIT NUMBER	20:	ACD90875
DATE OF ISSUE	31C:	2011 – 06 – 08
APPLICABLE RULES	40E:	UCP LATEST VERSION
DATE AND PLACE OF EXPIRY.	31D:	DATE 2001 – 07 – 01 PLACE IN UAE
APPLICANT	50:	TIM CO., LTD NO. 1 ROAK RD., DUBAI, UAE
BENEFICIARY	59:	GUANGZHOU LIHUA CO., LTD. NO. 1 DAXIN RD., GUANGZHOU, CHINA
AMOUNT	32B:	CURRENCY USD AMOUNT 64, 000. 00

（续上表）

AVAILABLE WITH/BY	41D：	ANY BANK IN CHINA, BY NEGOTIATION
DRAFTS AT ...	42C：	30 DAYS AFTER SIGHT
DRAWEE	42A：	TIM CO., LTD
PORT OF LOADING	44E：	ANY CHINESE MAIN PORT
PORT OF DISCHARGE	44F：	Dubai, UAE
SHIPMENT PERIOD	44D：	NOT LATER THAN JULY 10, 2011
DESCRIPTION OF GOODS AND/OR SERVICES	45A：	DOOR HANDLE ARTICLE NO. DH5010 ONE PAIR PACKED IN A FOAM BAG, THEN IN AN INNER BOX, 20 INNER BOXES PER CARTON AS PER S/C NO. 787878
DOCUMENTS REQUIRED	46A：	+ COMMERCIAL INVOICE SIGNED MANUALLY IN TRIPLICATE. + PACKING LIST IN TRIPLICATE + INSURANCE POLICY/CERTIFICATE IN DUPLICATE ENDORSED IN BLANK FOR 110% INVOICE VALUE, COVERING ALL RISKS AND WAR RISK OF CIC OF PICC (1/1/1981) + FULL SET OF CLEAN ‘ON BOARD’ OCEAN BILLS OF LADING MADE OUT TO ORDER MARKED FREIGHT PREPAID AND NOTIFY APPLICANT
ADDITIONAL CONDITION	47A：	+ ALL PRESENTATIONS CONTAINING DISCREPANCIES WILL ATTRACT A DISCREPANCY FEE OF USD 50.00. THIS CHARGE WILL BE DEDUCTED FROM THE BILL AMOUNT WHETHER OR NOT WE ELECT TO CONSULT THE APPLICANT FOR A WAIVER + THE NUMBER AND THE DATE OF THIS CREDIT AND THE NAME OF ISSUING BANK MUST BE QUOTED ON ALL DOCUMENTS
CHARGES	71B：	ALL CHARGES AND COMMISSIONS OUT OF ISSUING BANK ARE FOR ACCOUNT OF BENEFICIARY
CONFIRMATION INSTRUCTION	49：	WITHOUT

1. 信用证存在的问题
2. 拟写改证函

Guangzhou Lihua Co., Ltd. No. 1 Renmin Rd., Guangzhou, China Tel: 020 – 58818844　58818766 Fax: 020 – 58818840 E-mail: Foreign Department @ www. Lihua. com. cn To: Attention: From: Dated: Dear Miss Jan,   Yours faithfully, Lily

（二）出口托运订舱操作

2011 年 6 月 15 日，中国银行广州分行通知广州利华有限公司，收到阿联酋 Tim Co., Ltd. 公司传来的信用证修改书。经审核，广州利华有限公司认为修改书基本符合其 6 月 11 日要求阿联酋客户改证的内容，随即通知公司生产部门按照信用证要求进行生产。6 月 30 日货物生产完毕，7 月 1 日开始进行货物的托运工作。请根据信用证及合同的有关规定填写“出口货物订舱委托书”并随附缮制的商业发票及装箱单一并提交货代委托订舱。（经查船期表，订舱船名为：PU HE 0011W）

出口订舱委托书

日期：

<table>
<tr><td rowspan="4">1）发货人</td><td colspan="2">4）信用证号码</td></tr>
<tr><td colspan="2">5）开证银行</td></tr>
<tr><td>6）合同号码</td><td>7）成交金额</td></tr>
<tr><td>8）装运口岸</td><td>9）目的港</td></tr>
<tr><td rowspan="4">2）收货人</td><td>10）转船运输</td><td>11）分批装运</td></tr>
<tr><td>12）信用证有效期</td><td>13）装船期限</td></tr>
<tr><td>14）运费</td><td>15）成交条件</td></tr>
<tr><td>16）公司联系人</td><td>17）电话/传真</td></tr>
<tr><td rowspan="2">3）通知人</td><td>18）公司开户行</td><td>19）银行账户</td></tr>
<tr><td colspan="2">20）特别要求</td></tr>
<tr><td colspan="3">21）标记唛码　22）货号规格　23）包装件数　24）毛重　25）净重　26）数量　27）单价　28）总价</td></tr>
<tr><td colspan="3">29）总件数　30）总毛重　31）总净重　32）总尺码　33）总金额</td></tr>
<tr><td colspan="3">34）备注</td></tr>
</table>

Guangzhou Lihua Co., Ltd.

No. 1 Renmin Rd., Guangzhou, China

Tel: 020 - 58818844   58818766 Fax: 020 - 58818840

E-mail: Foreign Department @ www. Lihua. com. cn

PACKING LIST

Marks & No.: N/M

Name of Commodity and Specifications	Qty. (Paris)	CTNS.	G. W. (KGS)	N. W. (KGS)	MEAS. (m^3)
TOTAL					

Say Total:

Guangzhou Lihua Co., Ltd.

No. 1 Renmin Rd., Guangzhou, China

Tel: 020 - 58818844   58818766 Fax: 020 - 58818840

E-mail: Foreign Department @ www. Lihua. com. cn

COMMERCIAL INVOICE   ORIGINAL

Messrs:

Invoice NO.: LH045

Invoice Date:

S/C NO.:

L/C NO.:

L/C Date:

Exporter:

Terms of Payment:

Marks & Numbers	Description of Goods	Quantity	Unit Price	Amount

Total Quantity:

Total Weight:

Say Total:

（三）出口货物报关操作

2011 年 7 月 6 日，广州利华有限公司收到货代转交的 S/O。根据新的海关报关规定要求，货物的出口报关必须在货物进入装货码头仓库后才能进行。广州利华有限公司于 7 月 7 日货物进入码头仓库后即向海关报关，以免耽误 7 月 10 日的船期。

请填制报关委托书、出口收汇核销单并随附商业发票、装箱单委托货代向海关报关。

出口收汇核销单　　**出口收汇核销单**　　**出口收汇核销单**

存根　　出口退税专用

编号：　　编号：　　编号：

<table>
<tr><td>出口单位：</td><td rowspan="8">出口单位盖章</td><td colspan="5">出口单位：</td><td rowspan="8">出口单位盖章
海关盖章</td><td colspan="3">出口单位：</td></tr>
<tr><td>单位代码：</td><td colspan="5">单位代码：</td><td colspan="3">单位代码：</td></tr>
<tr><td>出口币种总价：</td><td rowspan="4">银行签注栏</td><td>类别</td><td>币种金额</td><td>日期</td><td>盖章</td><td>货物名称</td><td>数量</td><td>币种总价</td></tr>
<tr><td>收汇方式：</td><td rowspan="3"></td><td rowspan="3"></td><td rowspan="3"></td><td rowspan="3"></td><td rowspan="3"></td><td rowspan="3"></td><td rowspan="3"></td></tr>
<tr><td>约计收款日期：</td></tr>
<tr><td>报关日期：</td></tr>
<tr><td>备注：</td><td colspan="5">海关签注栏：</td><td colspan="3">报关单编号：</td></tr>
<tr><td></td><td colspan="5">外汇局签注栏：</td><td colspan="3">外汇局签注栏：</td></tr>
</table>

代理报关委托书

（出 口）报托 第　号

广州新方海外国际货运代理公司：

我单位现委托贵公司代理货物（出 口 ）报关

合同号：　　货名：　　件数：

毛重：　　净重：　　价值：

我单位保证遵守《中华人民共和国海关法》及国家有关法规，保证所提供的单位与所报的货物相符，如申报货物有任何问题，责任由我单位承担。本委托书有效期至本委托书项下货物报关、缴税及退税完毕止。

委托单位：（盖章）　　代理单位：（盖章）

海关注册登记编码：　　海关注册登记编码：

法定代表人姓名：　　法定代表人姓名：

联系电话：　　联系电话：

经办人：　　经办人：

年　月　日

（四）发装运通知

7 月 10 日，该批锌合金门把手在广州黄埔港装上了开往目的港的“PU HE”轮第 0011W 航次，广州利华有限公司需及时向阿联酋客户发送装船通知。请你撰写一份装船通知，于装运当天发出。（提单号：CSA1603；E. T. D.：July 11，2011；E. T. A.：July 29，2011）

Guangzhou Lihua Co., Ltd. No. 1 Renmin Rd., Guangzhou, China Tel: 020 - 58818844 58818766 Fax: 020 - 58818840 E-mail: Foreign Department @ www. Lihua. com. cn To: Attention: From: Dated: Shipping advice Dear Miss Jan,   Yours faithfully, Lily

（五）出口制单结汇操作

广州利华有限公司于 7 月 10 日向阿联酋客户发送装船通知后，开始着手准备信用证规定的全套议付单据。请根据信用证缮制出口单据，要求完整、正确、简明、整洁、及时。

Guangzhou Lihua Co., Ltd.
No. 1 Renmin Rd., Guangzhou, China
Tel: 020 - 58818844 58818766 Fax: 020 - 58818840
E-mail: Foreign Department @ www. Lihua. com. cn

PACKING LIST

To: Date:
Invoice No.:
L/C No.:

Marks & No. : N/M

Name of Commodity and Specifications	Qty. (Pairs)	CTNS.	G. W. (KGS)	N. W. (KGS)	MEAS. (m^3)
Door Handle Article No. DH5010					
TOTAL					

Say Total:

Guangzhou Lihua Co., Ltd.

Guangzhou Lihua Co., Ltd.

No. 1 Renmin Rd., Guangzhou, China

Tel: 020 - 58818844 58818766 Fax: 020 - 58818840

E-mail: Foreign Department @ www. Lihua. com. cn

COMMERCIAL INVOICE ORIGINAL

Messrs:

Invoice NO.:

Invoice Date::

S/C NO.:

L/C NO.:

L/C Date:

Exporter:

Terms of Payment:

<table>
<tr><th>Marks &Numbers</th><th>Description of Goods</th><th>Quantity</th><th>Unit Price</th><th>Amount</th></tr>
<tr><td rowspan="3"></td><td colspan="4"></td></tr>
<tr><td rowspan="2"></td><td rowspan="2"></td><td rowspan="2"></td><td></td></tr>
<tr><td>Total Amount:</td></tr>
<tr><td colspan="5">Total Quantity:
Total Weight:
Say Total:</td></tr>
</table>

海运提单

<table>
<tr><td colspan="2">托运人
Shipper</td><td colspan="2" rowspan="7">B/L NO. CSA1603　ORIGINAL
中国对外贸易运输总公司
CHINA NATIONAL FOREIGN TRADE TRANSPORT CORPORATION
直运或转船提单
BILL OF LADING DIRECT OR WITH TRANSSHIPMENT
Shipped on board the vessel named above in apparent good order and condition (unless otherwise indicated) the goods or packages specified herein and to be discharged at the above mentioned port of discharge or as near there to as the vessel may safely get and be always afloat.
The weight, measure, marks and numbers quality, contents and value, being particulars furnished by the shipper, are not checked by the Carrier on loading.
The shipper, Consignee and the Holder of this Bill of Lading hereby expressly accept and agree to all printed, written or stamped provisions, exceptions and conditions of this Bill of Loading, including those on the back hereof.
In witness where of the number of original Bill of Loading stated below have been signed, one of which being accomplished, the other (s) is/are to be void.</td></tr>
<tr><td colspan="2">收货人或指示
Consignee or Order</td></tr>
<tr><td colspan="2">通知地址
Notify Address</td></tr>
<tr><td>前程运输
Pre-carriage by</td><td>装货港
Port of Loading</td></tr>
<tr><td>船名
Ocean Vessel</td><td>转运港
Port of Transshipment</td></tr>
<tr><td>卸货港
Port of Discharge</td><td>目的地
Final Destination</td></tr>
<tr><td>交货地点
Place of Delivery</td><td>收货地点
Place of Receipt</td></tr>
<tr><td>集装箱/封志号或标记与号码
Container/seal No. or Marks And NOS.</td><td>包装件数和种类/货名
Number And Kind Of Packages/Description of Goods</td><td>毛重
Gross Weight (kgs)</td><td>尺码
Measurement (m^3)</td></tr>
<tr><td colspan="4">以上细目由托运人提供
ABOVE PARTICULARS FURNISHED BY SHIPPER</td></tr>
</table>

<table>
<tr><td>运费和附加费
Freight and Charges</td><td>运费吨
Revenue Tons</td><td>运费率
Rate</td><td>每
Per</td><td>运费预付
Prepaid</td><td>运费到付
Collect</td></tr>
</table>

<table>
<tr><td rowspan="2">兑换率
Ex. Rate</td><td>运 费 预 付 地 点
Freight Prepaid at</td><td>运费到付地点
Freight Payable at</td><td>签单地点和日期
Place and Date of Issue</td></tr>
<tr><td>预付总额
Total Prepaid</td><td>正本提单份数
No. of Original
B (s) /L</td><td>代表承运人签字
Signed for on Behalf of the Carrier
签名：
as Agent</td></tr>
</table>

（六）出口业务善后操作

7 月 25 日，广州利华有限公司接到议付行通知，开证行已如数付款。至此，该笔交易顺利结汇。请向外方公司去函致谢，另寄新的商品价目表，并表示只要定单数超过 10 万美元，可给予2%的特别折扣。

Guangzhou Lihua Co., Ltd.
No. 1 Renmin Rd., Guangzhou, China
Tel: 020－58818844　58818766 Fax: 020－58818840
E-mail: Foreign Department @ www. Lihua. com. cn

To:
Attention:
From:
Dated:

Dear Miss Jan,

Yours faithfully,
Lily

实训二　进口业务实训

项目一　交易前的准备与磋商

交易磋商信函往来

2010年9月，广州威海进出口有限责任公司拟开展进口红酒业务，经过市场调查，威海公司了解到法国吉洛（GUILLOT）有限公司是一家专业从事红酒出口的供货商。威海公司向法国吉洛有限公司发出一封建立业务关系并询问红酒供货价格的函电。

To: GUILLOT COMPANY LIMITED
Subject: Inquiry
Date: September 7, 2010

Dear Sirs,

We have your name and address from the Internet and are glad to learn that you have been supplying the best quality wine all over the world.

Our corporation is established for the purpose of carrying on import and export business as well as other activities in connection with foreign trade.

We shall appreciate it if you will quote us your floor price for wine of different varieties on the basis of CFR Guangzhou at your earliest convenience.

We are looking forward to your early reply.

Best regards!

Yours faithfully,

×××

9月9日，威海公司收到法国吉洛公司的发盘函：

To: GUANGZHOU WEIHAI IMP. & EXP. CORP., LTD
Subject: Quotation
Date: September 9, 2010

Dear Sirs,

Thank you for your enquiry of September 7th, 2010. We are glad to learn that you are interested in our products.

We specialize in producing wine of various varieties, with a history of 64 years. The enclosed catalogue will make you acquainted with some of our products.

In particular, we recommend and quote for the following wine which have met with warm reception in the Asia market and, we are sure, will be of interest to you.

Name of Commodity: Chateau Les Arromans wine
Specifications: Chateau Les Arromans 2007, AOC Bordeaux, 75% Merlot, 25% Cabernet Sauvignon
Price: USD 3.5/PC CFR Guangzhou
Alcohol Content: 12.8%
Minimum Order Quantity: 600 pieces
Packing: To be packed 6 pieces in one carton

We'd appreciate payment by 30% T/T in advance and 70% confirmed and irrevocable sight L/C. The goods would be ready for shipment one month from receipt of your written order.

We look forward to your trial order.

Sincerely yours,

×××

威海公司通过对国内外市场行情的分析与把握，认为对方报价过高，随即写一封还盘函，要求法国吉洛公司降低价格，并将支付方式改为即期不可撤销信用证。

To：GUILLOT COMPANY LIMITED

Subject：Counter offer

Date：September 12，2010

Dear Sirs，

Thank you for your letter of September 9. In reply，we regret to inform you that we find your price much too high. Information indicates that the same commodity have been sold there at a level about ten percent lower than yours. And your payment suggestion of 30% T/T in advance and 70% confirmed and irrevocable sight L/C would tie up our fund.

To step up trade，we counter offer as follows，subject to your reply being received here by September 17，our time：“12，000 pieces of Chateau Les Arromans wine at USD 3 per piece on CFR Guangzhou，payment by 100% irrevocable sight L/C.”

As the market is declining，we recommend your immediate acceptance.

Best regards！

Yours faithfully，

×××

9 月 15 日，法国吉洛公司收到威海公司的还盘后，来函表示接受。

To：GUANGZHOU WEIHAI IMP. & EXP. CORP.，LTD

Subject：Acceptance

Date：September 15，2010

Dear Sirs，

I have received your counter offer. Considering our cooperation in the future，I can accept your price and payment suggestion.

I am looking forward to our further cooperation.

Best regards！

Yours faithfully，

×××

项目二　合同签订

任务一：缮制进口合同

9 月 15 日，威海公司根据与法国吉洛公司的磋商结果缮制进口合同，并将进口合同寄至法国吉洛公司要求其会签。9 月 17 日，威海公司收到法国吉洛公司会签后寄回的合同。

进口合同实例

PURCHASE CONFIRMATION

P/C NO.：WHIM－20100915
DATE：SEP. 15, 2010

THE SELLER：GUILLOT COMPANY LIMITED
75 ROUTE 96570 DARDILLY, FRANCE
FAX：33－56－12345678 TEL：3333－56－12345678

THE BUYER：GUANGZHOU WEIHAI IMP. & EXP. CORP., LTD
80 ZHONGSHAN ROAD, GUANGZHOU, CHINA
FAX：86－020－23456789 TEL：86－020－23456789

THIS SALES CONFIRMATION IS HEREBY MUTUALLY CONFIRMED, TERMS AND CONDITIONS ARE AS FOLLOWS：

DESCRIPTION OF GOODS	QUANTITY	UNIT PRICE	AMOUNT
CHATEAU LES ARROMANS WINE CHATEAU LES ARROMANS 2007, AOC BORDEAUX, 75% MERLOT, 25% CABERNET SAURIGNON	12,000 PIECES	CFR GUANGZHOU @ USD 3.00 PER PIECE	USD 36,000.00
TOTAL CONTRACT VALUE：U. S. DOLLARS THIRTY-SIX THOUSAND ONLY			

PACKING：6 PIECES IN ONE CARTON

PORT OF LOADING & DESTINATION：FROM BORDEAUX TO GUANGZHOU, CHINA

TIME OF SHIPMENT：TO BE EFFECTED WITHIN 30 DAYS AFTER RECEIPT OF THE RELEVANT L/C, BUT NOT LATER THAN NOVEMBER 30, 2010

PAYMENT：BY IRREVOCABLE SIGHT L/C AGAINST BENEFICIARY'S DRAFT FOR 100% INVOICE VALUE

INSURANCE：TO BE EFFECTED BY THE BUYER

THE SELLER
GUILLOT COMPANY LIMITED
75 ROUTE 96570 DARDILLY, FRANCE
(SIGNATURE)

THE BUYER
GUANGZHOU WEIHAI IMP. & EXP. CORP., LTD
80 ZHONGSHAN ROAD, GUANGZHOU, CHINA
(SIGNATURE)

任务二：申请开立信用证

10月8日，威海公司根据进口合同的要求，向中国银行广州分行提交了进口合同副本、进口付汇核销单、开证申请书以及银行要求的其他单据，申请开立信用证。应注意的是，在向银行提交完整资料的同时，还需按事先约定的金额向银行支付开证保证金以及开证手续费。

开证申请书实例

IRREVOCABLE DOCUMENTARY CREDIT APPLICATION

(Please mark × in appropriate boxes)

TO: BANK OF CHINA GUANGZHOU BRANCH　　　　Date: OCT. 8, 2010

<table>
<tr><td colspan="2">Credit to be issued by
☒ Full Teletransmission
☐ Airmail
☐ With a Preliminary Advice by Teletransmission</td><td colspan="2">Irrevocable Documentary Credit No.
Date and Place of Expiry　Date: DEC. 15, 2010
Place: France</td></tr>
<tr><td colspan="2">Advising Bank
Banque Nationale de Paris</td><td colspan="2">Beneficiary (Full Name and Address)
GUILLOT COMPANY LIMITED
75 ROUTE 96570 DARDILLY, FRANCE</td></tr>
<tr><td colspan="2">Applicant (Full Name and Address)
GUANGZHOU WEIHAI IMP. & EXP. CORP., LTD
80 ZHONGSHAN ROAD, GUANGZHOU, CHINA</td><td colspan="2">Currency Code and Amount
In Figures: USD 36, 000. 00
In Word: SAY US DOLLARS THIRTY SIX THOUSAND ONLY</td></tr>
<tr><td>Partial Shipments
☒ allowed ☐not allowed</td><td>Transshipment
☒ allowed ☐not allowed</td><td colspan="2" rowspan="2">Credit available with
☒ by sight payment ☐by acceptance
☐by negotiation ☐by draft payment at against the documents detailed herein
☒ and beneficiary's draft for 100% of the invoice value at ☒ sight ☐ __ days sight ☐ __ days after date of shipment
Draw on Issuing Bank</td></tr>
<tr><td colspan="2">Loading on board / dispatch / taking in charge at / from BORDEAUX, FRANCE
For Transportation to GUANGZHOU, CHINA
Latest Date of Shipment NOVEMBER 30, 2010</td></tr>
<tr><td colspan="2">Trade Term: ☐FOB ☒ CFR ☐CIF
☐other term (please specify): ________</td><td>Form of L/C
☐Transferable
☒ Not Transferable</td><td>Confirmation
☐Confirm
☒ Without</td></tr>
</table>

(续上表)

Documents Required: (marked with ×) 1. ☒ Signed Commercial Invoice in 4 copies indicating L/C No. and Contract No. ________ 2. ☒ Full set of clean on board ocean Bills of Lading made out to order and blank endorsed, marked "Freight ☐collect ☒ prepaid ", notifying ☒ Applicant with full name and address ☐________ 3. ☐Air Waybills showing "freight ☐to collect ☐prepaid ☐indicating freight amount" and consigned to __ 4. ☐Railway Bill showing Freight ☐collect ☐prepaid and consigned to ________ 5. ☐Insurance Policy / Certificate in ____ copies for ____% of the invoice value showing claims payable in China in currency of the draft, blank endorsed, covering ( ) Ocean Marine Transportation / ( ) Air Transportation / ( ) Over Land Transportation) All Risks, War Risks. 6. ☒ Packing List / Weight Memo in 4__ copies indicating quantity / gross and net weights of each package and packing conditions as called for by the L/C. 7. ☐Certificate of Quantity / Weight in 3 copies issued an independent surveyor at the loading port, indicating the actual surveyed quantity / weight of shipped goods as well as the packing condition. 8. ☒ Certificate of Quality in 3 copies issued by ☐manufacturer / ☐public recognized surveyor / ☒ beneficiary 9. ☒ Beneficiary's certified issued by beneficiary state that the goods under S/C no. WHIM – 20100915 has been shipped before Nov. 30, 2010 and all the required documents have been faxed to the applicant in one week after shipping date. 10. ☐Beneficiary's Certificate certifying that extra copies of the documents have been dispatched according to the contract terms. 11. ☐Certificate of Origin in copies certifying. Issued by ☐the beneficiary, ☐manufacture. 12. ☐Other documents: ☒ Declaration issued by beneficiary stating that the goods shipped are without wooden packing.
Description of the goods: 12 000 Pieces CHATEAU LES ARROMANS WINE CHATEAU LES ARROMANS 2007, AOC BORDEAUX, 75% MERLOT, 25% CABERNET SAUVIGNON Packing: 6 Pieces in one Carton
Additional Conditions: 1. ☒ All banking charges outside the issuing bank are for beneficiary's account. 2. ☒ Documents must be presented with 15 days after the date of issuance of the transport documents but within the validity of this credit. 3. ☐Third party as shipper is not acceptable. Short Form / Blank Back B/L is not acceptable. 4. ☐Both quantity and amount ____% more or less are allowed. 5. ☐Prepaid freight drawn in excess of L/C amount is acceptable against presentation of original charges voucher issued by Shipping Co. / Air line / or it's agent. 6. ☒ All documents to be forwarded in one cover, unless otherwise stated above. 7. ☒ All documents must be issued in English. 8. ☐Other terms:

Signature and Seal of the Applicant Contact Person: Tel. No. Fax No.	For bank user only

项目三　合同履行

进口合同的履行包括货物的催装与投保、进口审单付汇、进口报关与商检、进口付汇核销等环节。

任务一：催装货物与投保

（一）撰写催装函

威海公司通过中国银行顺利向法国吉洛公司开立编号为 LC20101008 的信用证（见附件一）后，要及时通知法国吉洛公司，并撰写一封催装函催促对方尽快安排运输事宜，以免延误货期。

> Dear Sirs,
> We are pleased to inform you that we have opened through Bank of China Guangzhou Branch, an irrevocable letter of credit NO. LC20101008 on Oct. 8, 2010. According to the terms of Contract No. WHIM – 20100915, shipment is to be effected within 30 days of the receipt of the relevant L/C. We trust you will ship the order within the stipulated time. Thank you in advance for your kind cooperation. We hope you will let us have your shipping advice without delay.
> Best regards!
>
> Yours faithfully,
> × × ×

（二）进口投保

2010 年 10 月 15 日，威海公司收到法国吉洛公司的装船通知（见附件二），根据和保险公司事先签好的预约保险合同，随即缮制预约保险启运通知书，将船名、开航日期及航线、货物名称、数量、金额等内容通知保险公司，进行投保。2010 年 10 月 17 日，威海公司收到保险公司的保险单（见附件三）。

预约保险启运通知书的实例

GUANGZHOU WEIHAI IMP. & EXP. CORP., LTD
80 ZHONGSHAN ROAD, GUANGZHOU, CHINA
FAX: 86 – 020 – 23456789 TEL: 86 – 020 – 23456789

中国人民财产保险股份有限公司广州分公司：

我公司 WHIM – 20100915 合同项下货物已于 2010 年 10 月 15 日，自 BORDEAUX, FRANCE 港装运，我公司承诺自 2010 年 10 月 15 日至 10 月 16 日之间此批货物未出险，并请按以下明细投保：

1. 运输标志：WEIHAI

WHIM－20101915

GUANGZHOU

NO. 1－2000

2. 数量：12 000 PIECES
3. 品名：CHATEAU LES ARROMANS WINE
4. 发票金额：USD 36 000. 00 CFR GUANGZHOU
5. 船名航次：CMA CGM NEPTUNE V. 485W
6. 装运港：BORDEAUX，FRANCE
7. 目的港：GUANGZHOU，CHINA
8. 装船日期：OCT. 15，2010

多谢合作！

广州威海进出口有限责任公司

2010 年 10 月 15 日

进口货物运输预约保险合同实例

进口货物运输预约保险合同

合同号：OP83654　　　　2010 年 2 月 10 日

甲方：广州威海进出口有限责任公司

乙方：中国人民财产保险股份有限公司

双方就进口货物的运输预约保险议定下列各条以资共同遵守：

1. 保险范围

甲方从国外进口的全部货物，不论运输方式，凡贸易条件规定由买方办理保险的，都属于本合同范围之内。甲方应根据本合同规定，向乙方办理投保手续并支付保险费。

乙方对上述保险范围内的货物，负有自动承保的责任，在发生本合同规定范围内的损失时均按本合同的规定负责赔偿。

2. 保险金额

保险金额以进口货物的到岸价格（CIF）即货价加运费加保险费为准（运费可用实际运费，亦可由双方协定一个平均运费率计算）。

3. 保险险别和费率

各种货物需要投保的险别由甲方选定并在投保单中填明。乙方根据不同的险别规定不同的费率。现暂定如下：

货物种类	运输方式	保险险别	保险费率
红酒	海运	一切险	0.8%

4. 保险责任

各种险别的责任范围，按照所属乙方制定的“海洋货物运输保险条款”、“海洋货物运输战争险条款”、“航空运输综合险条款”和其他有关条款的规定为准。

5. 投保手续

甲方一经掌握货物发运情况，即应向乙方寄送起运通知书，办理投保。通知书一式五份，由保险公司签认后退回一份。如果不办理投保，货物发生损失，乙方不予理赔。

6. 保险费

乙方按甲方寄送的起运通知书照前列相应的费率逐笔计收保费，甲方应及时付费。

7. 索赔手续和期限

本合同所保货物发生保险范围以内的损失时，乙方应按制定的“关于海运进口保险货物残损检验和赔款给付办法”迅速处理。甲方应尽力采取防止货物扩大受损的措施，对已遭受损失的货物必须积极抢救，尽量减少货物的损失。向乙方办理索赔的有效期限，以保险货物卸离海轮之日起满一年终止。如有特殊需要可向乙方提出延长索赔期。

8. 合同期限

本合同自 2010 年 2 月 10 日开始生效。

甲方（签章）	乙方（签章）
广州威海进出口有限责任公司	中国人民财产保险股份有限公司

附件一：信用证

2010 OCT. 8 16：50：35		LOGICAL TERMINAL PMJ1
MT S700	ISSUE OF DOCUMENTARY CREDIT	PAGE 00001
		FUNC FJMJPRQ1
		UMR 14711942

BASIC HEADER	F 01BKCHCNBJA940 0542 763485
APPLICATION HEADER	Q700104 011214 SCBKHKHHBXXX 3414 633333 1048N
	* BANK OF CHINA GUANGZHOU BRANCH
	* GUANGZHOU
USER HEADER	SERVICE CODE 103：
	BANK PRIORITY 113：
	MESG USER REF. 108：
BBIBMEY036P40000	
	INFO. FROM CI 115：
SEQUENCE OF TOTAL	27：1/1
FORM OF DOC. CREDIT	40A：IRREVOCABLE
DOC. CREDIT NUMBER	20：LC20101008
DATE OF ISSUE	31C：20101008
EXPIRY	31D：DATE 20101215 PLACE FRANCE
APPLICANT	50：GUANGZHOU WEIHAI IMP. & EXP. CORP., LTD
	80 ZHONGSHAN ROAD, GUANGZHOU, CHINA
BENEFICARY	59：GUILLOT COMPANY LIMITED
	75 ROUTE 96570 DARDILLY, FRANCE
AMOUNT	32B：CURRENCY USD AMOUNT 36, 000. 00
AVAILABLE WITH/BY	41D：ANY BANKBY NEGOTIATION
DRAFT AT	42C：AT SIGHT
DRAWEE	42D：BKCHCNBJA940
	* BANK OF CHINA

		* GUANGZHOU
		* (GUANGZHOU BRANCH)
PARTIAL SHIPMENT	43P:	ALLOWED
TRANSSHIPMENT	43T:	ALLOWED
LOADING IN CHARGE	44A:	BORDEAUX, FRANCE
FOR TRANSPORT TO	44B:	GUANGZHOU, CHINA
LATEST SHIPMENT DATE	44C:	20101130
DESCRIPTION OF GOODS	45A:	CHATEAU LES ARROMANS WINE CHATEAU LES ARROMANS 2007 AOC BURDEAUX 75% MERLOT, 25% CABERNET SANVIGNON QUANTITY: 12,000 PIECES PACKING: 6 PIECES IN ONE CARTON AS PER P/C NO. WHIM - 20100915 CFR GUANGZHOU
DOCUMENTS REQUIRED	46A:	

1. SIGNED COMMERCIAL INVOICE IN FOUR COPIES INDICATING L/C NO. AND P/C NO.
2. FULL SET OF CLEAN ON BOARD BILL OF LADING MADE OUT TO ORDER AND BLANK ENDORSED, MARKED "FREIGHT PREPAID", NOTIFY APPLICANT WITH FULL NAME AND ADDRESS.
3. PACKING LIST/WEIGHT MEMO IN 4 COPIES INDICATIING QUANTITY/GROSS AND NET WEIGHTS OF EACH PACKAGE AND PACKING CONDITIONS.
4. CERTIFICATE OF QUALITY IN 3 COPIES ISSUED BY BENEFICIARY.
5. DECLARATION ISSUED BY BENEFICIARY STATING THAT THE GOODS SHIPPED ARE WITHOUT WOODEN PACKING.
6. BENEFICIARY'S CERTIFICATE ISSUED BY BENEFICIARY STATING THAT THE GOODS UNDER P/C NO. WHIM - 20100915 HAS BEEN SHIPPED BEFORE NOV. 30, 2010 AND ALL THE REQUIRED DOCUMENTS HAVE BEEN FAXED TO THE APPLICANT IN ONE WEEK AFTER SHIPPING DATE.

ADDITIONAL CON. 47A

1. ALL BANKING CHARGE OUTSIDE THE ISSUING BANK ARE FOR BENEFICIARY' S ACCOUNT.
2. DOCUMENTS MUST BE PRESENTED WITH 15 DAYS AFTER THE DATE OF ISSUANCE OF THE TRANSPORT DOCUMENTS BUT WITHIN THE VALIDITY OF THE CREDIT.
3. ALL DOCUMENTS TO BE FORWARDED IN ONE COVER, UNLESS OTHERWISE STATED ABOVE.
4. ALL DOCUMENTS MUST BE ISSUED IN ENGLISH.

CONFIRMATION *49: WITHOUT

INSTRUCTION 78:

ON RECEIPT OF DOCUMENTS CONFIRMING TO THE TERMS OF THIS DOCUMENTARY CREDIT, WE UNDERTAKE TO REIMBURSE YOU IN

THE CURRENCY OF THE CREDIT IN ACCORDANCE WITH YOUR INSTRUCTIONS, WHICH SHOULD INCLUDE YOUR UID NUMBER AND THE ABA CODE OF THE RECEIVING BANK.

附件二：装船通知

GUILLOT COMPANY LIMITED

75 ROUTE 96570 DARDILLY, FRANCE

SHIPPING ADVICE

MESSERS: GUANGZHOU WEIHAI IMP. & EXP. CORP., LTD. DATE: OCT. 16, 2010

DEAR SIRS:

RE: L/C NO. LC20101008

WE HEREBY INFORM YOU THAT THE GOODS ABOVE MENTIONED HAVE BEEN SHIPPED. THE DETAILS OF THE SHIPPMENT ARE AS FOLLOWS:

COMMODITY: CHATEAU LES ARROMANS WINE
QUANTITY: 12,000 PIECES
PACKAGES: 2,000 CTNS
VALUE: USD 36,000
VESSEL'S NAME: CMA CGM NEPTUNE V. 485W
DATE OF SHIPMENT: OCT. 15, ,2010
B/L NO.: CGLSHA0303088NA
CONTAINER NO. & SEAL NO.: 1×20' TRLU4578610
FROM BORDEAUX TO GUANGZHOU, CHINA
MARKS: WEIHAI
WHIM-20100915
GUANGZHOU
NO. 1-2000

GUILLOT COMPANY LIMITED.

附件三：保险单

PICC **中国人民财产保险股份有限公司**

PICC Property and Casualty Company Limited.

总公司设于北京 一九四九年创立

Head Office: Beijing Established in 1949

货物运输保险单 CARGO TRANSPORTATION INSURANCE POLICY

发票号码
Invoice No.: 786/MSF/09/2010

保险单号
Policy No.: 356489751

被保险人
INSURED: GUANGZHOU WEIHAI IMP. & EXP. CORP., LTD

中国人民财产保险公司（以下简称本公司）根据被保险人要求，以被保险人向本公司缴付约定的保险费为对价，按照本保险单列明条款承保下述货物运输保险，特订立本保险单。

THIS POLICY OF INSURANCE WITNESSES THAT PICC PROPERTY AND CASUALTY COMPANY LIMITED (HEREIN AFTER CALLED "THE COMPANY") AT THE REQUEST OF THE INSURED AND IN CONSIDERATION OF THE AGREED PREMIUM PAID TO THE COMPANY BY THE INSURED, UNDERTAKES TO INSURE THE UNDERMENTIONED GOODS IN TRANSPORTATION SUBJECT TO THE CONDITIONS OF THIS POLICY AS PER THE CLAUSES PRINTED BELOW.

标记 Marks & Nos.	包装及数量 Quantity	保险货物项目 Description of Goods	保险金额 Amount Insured
WEIHAI WHIM - 20100915 GUANGZHOU NO. 1 - 2000	2, 000 CARTONS	CHATEAU LES ARROMANS WINE	USD 39, 600. 00

总保险金额

TOTAL AMOUNT INSURED: SAY US DOLLARS THIRTY NINE THOUSAND SIX HUNDRED ONLY

保费 AS ARRANGED　　开航日期 OCT. 15, 2010　　装载工具 AS PER B/L

PREMIUM　　DATE OF COMMENCEMENT　　PER CONVEYANCE

自　　至

FROM BORDEAUX, FRANCE　　TO GUANGZHOU, CHINA

承保险别：

CONDITIONS

COVERING ALL RISKS, WAR RISKS AS PER OCEAN MARINE CARGO CLAUSES (WAREHOUSE TO WAREHOUSE CLAUSE IS INCLUDED) AND OCEAN MARINE CARGO MAR RISK CLAUSES OF THE PEOPLES INSURANCE COMPANY OF CHINA (1/1/1981).

所保货物如发生保险单项下可能引起索赔的损失，应立即通知本公司或下述代理人勘察。如有索赔，应向本公司提交正本保险单（本保险单共有 2 份正本）及有关文件。如一份正本已用于索赔，其余正本自动失效。

IN THE EVENT OF LOSS OR DAMAGE WHICH MAY RESULT IN A CLAIM UNDER THIS POLICY, IMMEDIATE NOTICE MUST BE GIVEN TO, THE COMPANY OR AGENT AS MENTIONED. CLAIMS, IF ANY, ONE OF THE ORIGINAL POLICY WHICH HAS BEEN ISSUED IN TWO ORIGINAL (S) TOGETHER WITH THE PELEVANT DOCUMENTS SHALL BE SURRENDERED TO THE COMPANY. IF ONE OF THE ORIGINAL POLICY HAS BEEN ACCOMLISHED, THE OTHER TO BE VOID.

中国人民财产保险股份有限公司广州分公司

PICC Property and Casualty Company Limited

Guangzhou Branch

赔款偿付地点

CLAIM PAYABLE AT GUANGZHOU IN USD　　AUTHORIZED SIGNATURE

签单日期

DATE：OCT. 16，2010.

任务二：进口审单付汇

2010 年 11 月 4 日，广州威海公司收到中国银行的对外付款/承兑通知书（见附件四），以及出口方提供的全套贸易单据（附件五）。广州威海公司根据信用证和进口合同及时、准确地审核贸易单据，并填写审单记录。

进口单据审单记录

<table>
<tr><td>合同号</td><td colspan="6">WHIM－20100915</td><td colspan="3">信用证号</td><td colspan="3">LC20101008</td></tr>
<tr><td>客户</td><td colspan="9">GUILLOT COMPANY LIMITED</td><td>国别</td><td colspan="2">FRANCE</td></tr>
<tr><td>商品</td><td colspan="4">CHATEAU LES
ARROMANS WINE</td><td colspan="2">数量</td><td colspan="3">12 000 PIECES</td><td>金额</td><td colspan="2">USD 36 000.00</td></tr>
<tr><td>术语</td><td colspan="4">BORDEAUX
FOB BORDEAUX</td><td colspan="2">装运港</td><td colspan="3">BORDEAUX
FRANCE</td><td>有效期</td><td colspan="2">2010.12.15</td></tr>
<tr><td>单据</td><td>汇票</td><td>发票</td><td>提单</td><td>保险单</td><td>装箱单</td><td>品质证书</td><td>数量证书</td><td>电传副本</td><td>受益人证明</td><td>包装证明</td><td>原产地证</td><td>装运前检验证明</td></tr>
<tr><td>份数</td><td>2</td><td>4</td><td>3</td><td>无</td><td>4</td><td>1</td><td>无</td><td>无</td><td>1</td><td>1</td><td>无</td><td>无</td></tr>
<tr><td colspan="13">审核结果及处理意见

单证相符

审核：××× 2010 年 11 月 5 日</td></tr>
<tr><td colspan="13">业务员

年 月 日</td></tr>
<tr><td colspan="13">经理

年 月 日</td></tr>
</table>

附件四：对外付款/承兑通知书

对外付款/承兑通知书

银行业务编号 111P0070050013　　　　日期 2010－11－04

<table>
<tr><td>结算方式</td><td colspan="3">☑信用证☐保函☐托收☐其他</td><td colspan="2">信用证/保函编号</td><td colspan="2">LC20101008</td></tr>
<tr><td>来单币种及金额</td><td colspan="3">USD 36,000.00</td><td colspan="2">开证日期</td><td colspan="2">2010－10－08</td></tr>
<tr><td>索汇币种及金额</td><td colspan="3">USD 36,000.00</td><td>期限</td><td>即期</td><td>到期日</td><td>2010－12－15</td></tr>
<tr><td>来单行名称</td><td colspan="3">BANQUE NATIONALE DE PARIS</td><td colspan="2">来单行编号</td><td colspan="2">BNPB3699</td></tr>
<tr><td>收款人姓名</td><td colspan="7">GUILLOT COMPANY LIMITED</td></tr>
<tr><td>收款行名称及地址</td><td colspan="7">BANQUE NATIONALE DE PARIS</td></tr>
<tr><td>付款人名称</td><td colspan="7">广州威海进出口有限责任公司</td></tr>
<tr><td>☑对公组织机构代码</td><td colspan="2">755597992</td><td rowspan="2">☐对私</td><td colspan="4">个人身份证号码</td></tr>
<tr><td>扣费币种及金额</td><td colspan="2"></td><td colspan="2">☐中国居民个人</td><td colspan="2">☐非中国居民个人</td></tr>
<tr><td>合同号</td><td colspan="2">WHIM－20100915</td><td colspan="3">发票号</td><td colspan="2">786/MSF/09/2010</td></tr>
<tr><td>提运单号</td><td colspan="2">CGLSHA0303088NA</td><td colspan="3">合同金额</td><td colspan="2">USD 36,000.00</td></tr>
<tr><td colspan="8">银行附言：
单据清单如下：
DRAFT 2　INV. 4　B/L 3/3　N/N B/L 3　P/L 4　C/QUT 3　BENEF CERT 1
PACKING DECLARATION：1</td></tr>
</table>

<table>
<tr><td colspan="2">申报号码</td><td colspan="3"></td><td colspan="2">实际付款币种及金额</td><td></td></tr>
<tr><td colspan="2">付款编号</td><td colspan="3"></td><td colspan="2">若为购汇支出，则购汇汇率</td><td></td></tr>
<tr><td colspan="5">收款人常驻国家（地区）名称及代码　☐☐☐</td><td colspan="2">是否为进口核销项下付款</td><td>☐是 ☐否</td></tr>
<tr><td colspan="2">是否为预付货款</td><td>☐是 ☐否</td><td>最迟装运期</td><td></td><td colspan="2">外汇局批件/备案表号</td><td></td></tr>
<tr><td colspan="2">付款币种及金额</td><td colspan="3"></td><td>金额大写</td><td colspan="2"></td></tr>
<tr><td rowspan="3">其中</td><td>购汇金额</td><td colspan="3"></td><td>账　号</td><td colspan="2"></td></tr>
<tr><td>现汇金额</td><td colspan="3"></td><td>账　号</td><td colspan="2"></td></tr>
<tr><td>其他金额</td><td colspan="3"></td><td>账　号</td><td colspan="2"></td></tr>
<tr><td rowspan="2">交易编码</td><td>☐☐☐☐☐☐</td><td rowspan="2">相应币种
及 金 额</td><td colspan="2"></td><td rowspan="2">交易附言</td><td colspan="2"></td></tr>
<tr><td>☐☐☐☐☐☐</td><td colspan="2"></td><td colspan="2"></td></tr>
<tr><td colspan="3">☐同意即期付款
☐同意承兑并到期付款
☐申请拒付
联系人及电话
申报日期</td><td colspan="3">付款人印鉴（银行预留印鉴）</td><td colspan="2">银行业务章
经办　复核 负责人</td></tr>
</table>

附件五：全套贸易单据

1. 发票

GUILLOT COMPANY LIMITED

75 ROUTE 96570 DARDILLY, FRANCE

COMMERCIAL INVOICE

TO:　　　　　　　　　　　　　　　　　　　　　　　　INVOICE NO.: 786/MSF/09/2010

GUANGZHOU WEIHAI IMP. & EXP. CORP., LTD.　　　　DATE: SEP. 17, 2010

80 ZHONGSHAN ROAD, GUANGZHOU, CHINA　　　　　　P/C NO.: WHIM-20100915

FAX: 86-020-23456789 TEL: 86-020-23456789　　　　L/C NO.: LC20101008

FROM BORDEAUX TO GUANGZHOU, CHINA BY SEA

MARKS & NOS.	DESCRIPTION OF GOODS	QUANTITY	UNIT PRICE	AMOUNT
WEIHAI			CFR GUANGZHOU	
WHIM-20100915	CHATEAU LES ARROMANS WINE CHATEAU LES ARROMANS 2007, AOC BORDEAUX, 75% MERLOT, 25% CABERNET SAUVIGNON	12,000 PIECES	USD 3.00/PIECE	USD 36,000.00
GUANGZHOU				
NO. 1-2000				
TOTAL:		12,000 PIECES		USD 36,000.00

SAY US DOLLARS THIRTY SIX THOUSAND ONLY

GUILLOT COMPANY LIMITED

75 ROUTE 96570DARDILLY, FRANCE

STAMP

2. 装箱单

GUILLOT COMPANY LIMITED

75 ROUTE 96570 DARDILLY, FRANCE

PACKING LIST

TO:　　　　　　　　　　　　　　　　　　　　　　　　INVOICE NO: 786/MSF/09/2010

GUANGZHOU WEIHAI IMP. & EXP. CORP., LTD.　　　　DATE: SEP. 17, 2010

80 ZHONGSHAN ROAD, GUANGZHOU, CHINA

FAX: 86-020-23456789 TEL: 86-020-23456789

FROM BORDEAUX TO GUANGZHOU, CHINA BY SEA

MARKS & NOS.	DESCRIPTION OF GOODS	QUANTITY	NOS. OF PKGS	G. W.	N. W	MEAS.
WEIHAI WHIM - 20100915 GUANGZHOU NO. 1 - 2000	CHATEAU LES ARROMANS WINE	12, 000 PIECES	2, 000 CTNS	7. 75 KGS/CTN	7. 5 KGS/CTN	0. 018 M^3/CTN
TOTAL		12, 000 PIECES	2, 000 CTNS	15, 500 KGS	15, 000 KGS	36 M^3

SAY TWO THOUSAND CARTONS ONLY

GUILLOT COMPANY LIMITED
75 ROUTE 96570 DARDILLY, FRANCE
STAMP

3. 提单

B/L No.: CGLSHA0303088NA

<table>
<tr><td colspan="2">Shipper
GUILLOT COMPANY LIMITED
75 ROUTE 96570 DARDILLY, FRANCE
FAX: 33 - 56 - 12345678
TEL: 3333 - 56 - 12345678</td><td rowspan="6">中国对外贸易运输总公司
CHINA NATIONAL FOREIGN TRADE TRANSPORTATION CORP.

直运或转船提单
BILL OF LOADING
DIRECT OR WITH TRANSHIPMENT
SHIPPED on board in apparent good order and condition (unless otherwise indicated) the goods or packages specified herein and to be discharged at the mentioned port of discharge or as near thereto as the vessel may safely get and be always afloat.
The weight, measure, marks and numbers, quality, contents and value. Being particulars furnished by the shipper, are not checked by the currier on loading.
The shipper, consignee and the holder of this bill of lading hereby expressly accept and agree to all printed, written or stamped provisions. Exceptions and conditions of this Bill of Lading, including those on the back hereof.
IM WITNESS whereof the number of original Bills if Lading stated below have been signed, one of which being accomplished, the other to be void.</td></tr>
<tr><td colspan="2">Consignee or order
TO THE SHIPPER'S ORDER</td></tr>
<tr><td colspan="2">Notify Party
GUANGZHOU WEIHAI IMP. & EXP. CORP., LTD
80 ZHONGSHAN ROAD, GUANGZHOU, CHINA
FAX: 86 - 020 - 23456789
TEL: 86 - 020 - 23456789</td></tr>
<tr><td>Pre-carriage by</td><td>Place of receipt</td></tr>
<tr><td>Vessel
CMA
CGMNEPTUNE V. 485W</td><td>Port of loading
BORDEAUX FRANCE</td></tr>
<tr><td>Port of discharges
GUANGZHOU CHINA</td><td>Final destination</td></tr>
</table>

（续上表）

<table>
<tr><td>Container seal No.
or marks and Nos.
1×20’ TRLU4578610
WEIHAI
WHIM－20100915
GUANGZHOU
NO. 1－2000</td><td colspan="2">Number and kind of packages
Description of goods
TWO THOUSAND(2,000)
CARTONS
CHATEAU LES ARROMANS WINE</td><td>Gross weight（kgs.）
15,500

ON BOARD
DATE: OCT. 15, 2010</td><td>Measurement（m^3）
36</td></tr>
<tr><td colspan="4">REGARDING TRANSHIPMENT
INFORMATION PLEASE CONTACT</td><td>Freight and charges
FREIGHT PREPAID</td></tr>
<tr><td rowspan="2">Ex. rate</td><td>Prepaid at
BORDEAUX</td><td>Freight payable at</td><td colspan="2">Place and date of issue
BORDEAUX OCT. 15, 2010</td></tr>
<tr><td>Total prepaid</td><td>Number of original
B(s)/L THREE(3)</td><td colspan="2">Signed for or on behalf of the Master
as Agent
CHINA NATIONAL FOREIGN TRADE TRANSPORTION CORP. AS CARRIER
STAMP</td></tr>
</table>

4. 质量证明

GUILLOT COMPANY LIMITED

75 ROUTE 96570DARDILLY, FRANCE

CERTIFICATE OF QUALITY

TO: DATE: OCT. 16, 2010

GUANGZHOU WEIHAI IMP. & EXP. CORP., LTD

80 ZHONGSHAN ROAD, GUANGZHOU, CHINA

RE: L/C NO.: LC20101008, INVOICE NO: 786/MSF/09/2010

WE HEREBY CERTIFY THAT THE GOODS MENTIONED BELOW HAVE BEEN MANUFACTURED IN ACCORDANCE WITH MANUFACTURER' S STANDARD PROCEDURES IN FRANCE.

COMMODITY: CHATEAU LES ARROMANS WINE

QUANTITY: 12,000 PIECES

GUILLOT COMPANY LIMITED

75 ROUTE 96570 DARDILLY, FRANCE

STAMP

5. 受益人证明

GUILLOT COMPANY LIMITED

75 ROUTE 96570 DARDILLY, FRANCE

BENEFICIARY'S CERTIFICATE

TO: DATE: OCT. 16, 2010

GUANGZHOU WEIHAI IMP. & EXP. CORP., LTD PLACE: BORDEAUX FRANCE

80 ZHONGSHAN ROAD, GUANGZHOU, CHINA

RE: L/C NO.: LC20101008, INVOICE NO.: 786/MSF/09/2010

WE HEREBY INFORM YOU THAT THE GOODS UNDER P/C NO. WHIM – 20100915 HAVE BEEN SHIPPED ON OCT. 15, 2010 AND ALL THE REQUIRED DOCUMENTS HAVE BEEN FAXED TO YOU IN ONE WEEK AFTER SHIPPING DATE. THE DOCUMENTS INCLUDING:

1. COMMERCIAL INVOICE IN QUADRUPLICATE.
2. FULL SET ORIGINAL CLEAN ON BOARD BILL OF LADING.
3. PACKING LIST IN 4 COPIES.
4. CERTIFICATE OF QUALITY IN 3 COPIES.
5. PACKING DECLARATION IN ONE COPY.

GUILLOT COMPANY LIMITED
75 ROUTE 96570 DARDILLY, FRANCE
STAMP

6. 包装声明

GUILLOT COMPANY LIMITED
75 ROUTE 96570 DARDILLY, FRANCE
DECLARATION

TO WHOM IT MAY CONCERN: DATE: OCT. 16, 2010
PLACE: BORDEAUX FRANCE

RE: L/C NO.: LC20101008, INVOICE NO.: 786/MSF/09/2010
WE HEREBY DECLARE THAT GOODS UNDER ABOVE MENTIONED B/L ARE WITHOUT WOODREN PACKING.

GUILLOT COMPANY LIMITED
75 ROUTE 96570 DARDILLY, FRANCE
STAMP

7. 汇票

BILL OF EXCHANGE

Drawn under BANK OF CHINA GUANGZHOU BRANCH
L/C No. LC20101008
Dated OCT. 08, 2010
Payable with interest @ ______ % per annum
No.: 786/MSF/09/2010 Exchange for USD 36,000.00 BORDEAUX, FRANCE, OCT. 28, 2010
At * * * Sight of this FIRST of Exchange (Second of exchange being unpaid)
pay to the order of Banque Nationale de Paris
The sum of SAY US DOLLARS THIRTY SIX THOUSAND ONLY.
To BANK OF CHINA GUANGZHOU BRANCH

GUILLOT COMPANY LIMITED
STAMP

任务三：进口商检与报关

2010 年 11 月 8 日，威海公司向中国银行广州分行付款赎单，并取得全套单据。11 月 22 日，货物抵达目的港，威海公司收到运输公司寄交的“到货通知书”（见附件六）。11 月 23 日，威海公司到船公司缴清换单费等相关费用之后，凭海运提单正本换取提货单（见附件七）。11 月 24 日，威海公司填写入境货物报检单和报关单办理入境货物报检、报关手续。

（一）报检

中华人民共和国出入境检验检疫

入境货物报检单

报检单位（加盖公章）：广州威海进出口有限责任公司　　　　＊编　号________

报检单位登记号：3755597992　联系人：×××　电话：23456789　　　　报检日期：2010 年 11 月 24 日

发货人	（中文）＊＊＊	企业性质（划“√”）	□合资□合作☑外资
	（外文）GUILLOT COMPANY LIMITED		
收货人	（中文）广州威海进出口有限责任公司		
	（外文）GUANGZHOU WEIHAI IMP. & EXP. CORP., LTD.		

货物名称（中/外文）	H. S. 编码	原产国（地区）	数/重量	货物总值	包装种类及数量
葡萄酒 CHATEAU LES ARRO-MANS WINE	2204210000	法国	12 000 支	USD 36 000. 00	2 000 CTNS

运输工具名称号码	CMA CGMNEPTUNE V. 485W	合 同 号	WHIM－20100915

贸易方式	一般贸易	贸易国别（地区）	法国	提单/运单号	CGLSHA0303088NA
到货日期	20101122	起运国家（地区）	法国	许可证/审批号	0660128999
卸毕日期	20101122	起运口岸	BORDEAUX	入境口岸	广州
索赔有效期至	卸货后 60 天内	经停口岸	＊＊＊	目 的 地	广州
集装箱规格、数量及号码	1×20’TRLU4578610				

合同订立的特殊条款以及其他要求	货物到达口岸后，如发现到货的规格或数量/重量与合同不符，除应由保险公司或船公司负责外，买方于货物到岸卸货后 60 天内凭有关检验证书有权拒收货	货物存放地点	仓库
		用　　途	食用

（续上表）

<table>
<tr><td colspan="2">随附单据（划“√”或补填）</td><td>标 记 及 号 码</td><td>＊外商投资财产（划“√”）</td><td>☐是☑否</td></tr>
<tr><td rowspan="4">☑合同
☑发票
☐提/运单
☐兽医卫生证书
☐植物检疫证书
☐动物检疫证书
☑卫生证书
☑原产地证
☐许可/审批文件</td><td rowspan="4">☑到货通知
☑装箱单
☑质保书
☐理货清单
☐磅码单
☐验收报告
☐
☐
☐</td><td rowspan="4">WEIHAI
WHIM－20100915
GUANGZHOU
NO. 1－2000</td><td colspan="2">＊检验检疫费</td></tr>
<tr><td>总金额
（人民币元）</td><td></td></tr>
<tr><td>计费人</td><td></td></tr>
<tr><td>收费人</td><td></td></tr>
<tr><td colspan="3" rowspan="3">报检人郑重声明：
1. 本人被授权报检
2. 上列填写内容正确属实
签名：×××</td><td colspan="2">领 取 证 单</td></tr>
<tr><td>日 期</td><td></td></tr>
<tr><td>签 名</td><td></td></tr>
</table>

注：有“＊”号栏由出入境检验检疫机关填写　　◆国家出入境检验检疫局制

（二）报关

中华人民共和国海关进口货物报关单

预录入编号：059912345　　海关编号：513154321

<table>
<tr><td>进口口岸
广州海关（5100）</td><td colspan="2">备案号</td><td>进口日期
20101122</td><td>申报日期
20101125</td></tr>
<tr><td>经营单位
广州威海进出口有限责任公司 3571097632</td><td colspan="2">运输方式
江海运输</td><td>运输工具名称
CMA CGM-NEPTUNE V. 485W</td><td>提运单号
CGLSHA0303088NA</td></tr>
<tr><td>收货单位
广州威海进出口有限责任公司 3571097632</td><td colspan="2">贸易方式
一般贸易</td><td>征免性质
一般征税</td><td>征税比例</td></tr>
<tr><td>许可证号
0660128999</td><td colspan="2">起运国（地区）
法国</td><td>装货港
波尔多</td><td>境内目的地
广州</td></tr>
<tr><td>批准文号
01140888</td><td>成交方式
CFR</td><td>运费</td><td>保费
0. 3/1</td><td>杂费</td></tr>
<tr><td>合同协议号
WHIM－20100915</td><td>件数
2 000</td><td>包装种类
纸箱</td><td>毛重（公斤）
15 500</td><td>净重（公斤）
15 000</td></tr>
</table>

（续上表）

<table>
<tr><td>集装箱号
TRLU4578610/20/1860</td><td>随附单据</td><td colspan="2">用途
外贸自营内销</td></tr>
<tr><td colspan="4">标记唛码及备注
WEIHAI
WHIM－20100915
GUANGZHOU
NO. 1－2000</td></tr>
<tr><td colspan="4">项号 商品编号 商品名称、规格型号 数量及单位 原产国（地区） 单价 总价 币制 征免</td></tr>
<tr><td colspan="4">1 2204210000 葡萄酒 12 000 支 法国 3 36 000 USD 照章</td></tr>
<tr><td colspan="4"></td></tr>
<tr><td colspan="4">税费征收情况</td></tr>
<tr><td>录入员 录入单位</td><td>兹声明以上申报无讹并承担法律责任</td><td colspan="2">海关审单批注及放行日期（签章）
审单 审价</td></tr>
<tr><td colspan="2" rowspan="2">报关员×××
申报单位（签章）
单位地址：广州中山大道 80 号
邮编 510000 电话 020－23456789 填制日期 20101125</td><td colspan="2">征税 统计</td></tr>
<tr><td colspan="2">查验 放行</td></tr>
</table>

附件六：到货通知书

ARRIVAL ADVICE

到货通知书

尊敬的客户：广州威海进出口有限责任公司

一、贵公司进口货物预计于 2010 年 11 月 22 日至广州港

船名航次：CMA CGM NEPTUNE V. 485W　　提单号：CGLSHA0303088NA

件数：2 000 CTNS　毛重：15 500 kgs　体积：36 m^3

预计于：11 月 23 日 9：00，可来我公司办理换单手续。如方便请再来电联系，谢谢！

请将正确的中文品名以书面形式传至我公司，以便贵司能及时报关，如贵公司提供的中文品名有错漏或未及时提供，我公司不承担因翻译不当所造成的一切后果。

支票抬头请开：中国对外贸易运输总公司广州分公司。

二、收费如下：

（1）换单费：　RMB 100.00

（2）分拨费：　RMB ______

（3）海运费：　RMB ______

（4）代理费：　RMB ______

（5）THC：　RMB 370.00

（6）危险品

三、请在收到本通知之后，携带加盖公章的正本提单前来换单，（如提单位电放提单，请携带贵公司正本电放保函）；若贵公司未收到提单，请速与发货人联系并向其索取，我公司不承担由于通知不到所引起的一切责任和产生的费用。

四、本通知根据起运港提供的提单与仓单上的“收货人”与“通知人”的地址发送，如上述信息有误，我公司不承担由于通知不到而产生的损失。

五、根据《中华人民共和国海关法》规定，海运进口货之收货人必须在船舶申报之日 14 天内向海关申报。逾期由海关征收滞报金，货物如在 3 个月内不提取作无主货处理。凡船抵港后十天内不提取货物，由此产生的滞箱费、疏港费等责任后果均由收货人承担。

我公司地址：广州市华乐路 53 号南塔 20 层　　邮编：510000
电话：020 - 37390661　　传真：020 - 37391772
E-mail：recruit_ log@ sinotrans. com

中国对外贸易运输总公司广州分公司

2010 年 11 月 21 日

附件七：提货单

中国对外贸易运输总公司广州分公司

进口集装箱货物提货单

NO. 1234567

港区场站：　　船档号：

收货人名称：广州威海进出口有限责任公司		收货人开户银行与账号		
船舶预计到达时间：NOV. 22，2010	船名：CMA CGMNEPTUNE	航次：V. 485W	起运港：BORDEAUX，FRANCE	目的港：GUANGZHOU，CHINA
提单号：CGLSHA0303088NA	交付条款：CY - CY	卸货地点：GUANGZHOU，CHINA	进库场日期：NOV. 22，2010	第一程运输
标记与集装箱号	货名	集装箱数或件数	重量（kgs）	体积（m^3）
WEIHAI WHIM - 20100915 GUANGZHOU NO. 1 - 2000	CHATEAU LES ARRO-MANS WINE	20 GP * 12, 000 CTNS	15, 500	36

（续上表）

<table>
<tr><td rowspan="2">运输公司重要提示：
(1) 本提货单中有关船、货内容按照提单的相关显示填制；
(2) 请当场核查本提货单内容错误之处，否则本公司不承担由此产生的责任和损失；
(3) 本提货单仅为向承运人或承运人委托的雇佣人或替承运人保管货物订立合同的人提货的凭证，不得买卖转让；
(4) 在本提货单下，承运人的代理人及雇佣人的任何行为，均应视为代表承运人的行为，均应享受承运人享有的免责、责任限制或其他任何抗辩理由；
(5) 本提货单所列的船舶预计到达时间，不作为申报进境和计算滞报金、滞箱费、疏港费等起算的依据，货主不及时换单和提货造成的损失，责任自负；
(6) 本提货单中的中文译文仅供参考。
中国对外贸易运输总公司广州分公司
（盖章有效）
2010 年 11 月 23 日

注意事项：
(1) 本提货单需盖有船代放货章和海关放行章后方有效。凡属法定检验、检疫的进口商品，必须向检验检疫机构申报。
(2) 提货人到码头公司办理提货手续时，应出示单位证明或经办人的身份证明。提货人若非本提货单记名收货人时，还应当出示提货单记名收货人开具的证明，以表示其为有权提货人。
(3) 货物超过港存期，码头公司可以按《广州港口货物疏运管理条例》的有关规定处理。在规定期间无人提取的货物，按《海关法》和国家有关规定处理。</td><td>收货人章</td><td>海关章</td></tr>
<tr><td>检验检疫章</td><td></td></tr>
</table>

项目四　进口付汇核销

威海公司在进口货物报关后，取得进口付汇核销专用报关单，即到外管局办理进口付汇核销手续，办理时需要提交的资料有：进口付汇核销表、进口报关单（核销联）正本原件、对外付款/承兑通知书（第三联）以及企业电子口岸 IC 卡。

贸易进口付汇核销单（代申报单）

印单局代码：334000　　　　　　　　　　　　　　核销单编号：01140883

单位代码 755597992	单位名称 广州威海进出口有限责任公司	所在地外汇局名称
付汇银行名称 中国银行广州分行	收汇人国别 法国	交易编码□□□□
收款人是否在保税区： □是 ☑否	交易附言	
对外付汇币种　美元　　对外付汇金额 36 000.00 其中：购汇金额 USD 9 886.80　　现汇金额　　其他方式金额 人民币账号××××××　　外汇账号××××××		
付　汇　性　质 ☑正常付汇 □不在名录　□90 天以上信用证　□90 天以上托收　□异地付汇 □90 天以上到货　□转口贸易　□境外工程使用物资　□真实性审查 备案表编号		
预计到货日期 2010－11－22	进口批件号	合同/发票号 WHIM－20100915
结　算　方　式		
信用证 90 天以内☑　90 天以上□　承兑日期　/　/　付汇日期　/　/　期限　天		
托收　90 天以内□　90 天以上□　承兑日期　/　/　付汇日期　/　/　期限　天		
汇款：预付货款□　货到付汇（凭报关单付汇）☑　付汇日期　/　/ 报关单号　报关日期　/　/　报关单币种　金额 报关单号　报关日期　/　/　报关单币种　金额 报关单号　报关日期　/　/　报关单币种　金额 报关单号　报关日期　/　/　报关单币种　金额 报关单号　报关日期　/　/　报关单币种　金额 （若报关单填写不完，可另附纸）		
其他□　　付汇日期　/　/		
以下由付汇银行填写 申报号码：□□□□□□　□□□□　□□　□□□□□□　□□□□□□□ 业务编号：　　审核日期：　/　/　　（付汇银行签章）		

进口单位签章　　　　　　　　　　联系电话

进口业务实训练习

实训目的：通过本次进口业务实训，使学生熟悉进口业务的整套流程，包括进口交易的准备与磋商，进口合同的签订以及进口合同的履行；掌握各个环节的具体操作，包括能够熟练撰写磋商函电，缮制进口合同，完成开证申请工作，能够履行货物的催装与投保、进口审单付汇、进口报关与商检、进口付汇核销等各个进口操作环节。

实训内容：本次实训以实际的商品进口为例，贯穿整个进口贸易流程，包括进口交易前的准备和磋商、进口合同签订以及进口合同的履行等三项实训内容。进口交易前的准备磋商主要包括询盘、还盘、接受等函电的撰写；进口合同的签订包括进口合同的缮制以及开证申请等相关内容；进口合同的履行则包括货物的催装与投保、进口审单付汇、进口报关与商检、进口付汇核销等内容。

实训要求：熟悉进口的基本流程，通过撰写英语函电与外商进行进口磋商，根据磋商结果缮制进口合同，并填写开证申请书；根据进口合同撰写催装函，完成进口投保工作，并缮制预约保险启运通知书和保险单；根据信用证和进口合同，审核出口方提交的单据；熟悉进口报检、报关的基本流程，制作入境货物报检单和报关单；最后完成进口付汇核销工作。

实训材料：广州嘉嘉纺织品有限公司是一家生产型外贸企业，该公司根据市场行情和生产需要，计划购买 2 台新的意大利产的 GGG 牌剑杆织机 Rapier Loom。请以广州嘉嘉纺织品有限公司的名义完成 GGG 牌剑杆织机 Rapier Loom 的进口业务操作。

一、交易前的准备与磋商

以广州嘉嘉纺织品有限公司的名义向 GGG 品牌亚洲总代理香港 ITMM Ltd. 发一封建立业务关系并询问报价的函电。

Guangzhou Jiajia Textile Co., Ltd.
No. 1 Renmin Rd., Guangzhou, China
Tel: 020 - 58818844 58818766 Fax: 020 - 58818840
E-mail: Foreign Department @ www. Jiajia. com. cn

To:
Subject:
From:
Dated:

Dear Sirs,

Yours faithfully,
× × ×

2010 年 3 月 25 日，广州嘉嘉纺织品有限公司收到 ITMM Ltd. 报价如下：单价为 EUR 40 000. 00 /set FOB Genoa, Italy，收到信用证后 30 天内装运，按即期信用证支付。请以广州嘉嘉纺织品有限公司外贸业务员的名义给 ITMM Ltd. 回函，接受 ITMM Ltd. 的报价，但是要求将 L/C 的付款时间改为见票后 90 天付款。

Guangzhou Jiajia Textile Co., Ltd.
No. 1 Renmin Rd., Guangzhou, China
Tel: 020 - 58818844 58818766 Fax: 020 - 58818840
E-mail: Foreign Department @ www. Jiajia. com. cn

To:
Attention:
From:
Dated:

Dear Sirs,

Yours faithfully,
×××

二、合同的签订

（一）缮制合同

广州嘉嘉纺织品有限公司与 ITMM Ltd. 通过反复磋商，于 2010 年 3 月 28 日达成共识，决定签署合同，请帮助完成合同的缮制。

CONTRACT

Contract No.:　　　　Date of Signature:
The Buyer:

The Seller:

This Contract is made by and between the Buyer and Seller, whereby the Buyer agrees to buy and the Seller agrees to sell the under-mentioned commodity according to the terms and conditions stipulated below:
1. Description of Goods:
2. Quantity:
3. Unit Price:
4. Total Value:
5. Country of Origin and Manufacturer:
6. Packing:

（续上表）

7. Shipping Mark： 8. Time of Shipment： 9. Port of Shipment and Destination： 10. Insurance： 11. Terms of Payment： 12. Documents：   13. Guarantee of Quality： 14. Inspection and Claims：   15. Banking Charges： 16. Other Terms：（omitted） THE BUYER： THE SELLER：

（二）填制开证申请书

2010年4月1日，广州嘉嘉纺织品有限公司外贸业务员向中国农业银行广州分行申请开证，请填制以下开证申请书。

IRREVOCABLE DOCUMENTARY CREDIT APPLICATION

TO：Agricultural Bank of China Guangzhou Branch　　Date：Apr. 1，2010

（　）Issue by airmail （　）With brief advice by teletransmission （　）Issue by teletransmission （　）Issue by express	Credit No. Date and place of expiry
Applicant	Beneficiary
Advising Bank	Amount： Say：

（续上表）

<table>
<tr><td>Partial shipments
(　) allowed
(　) not allowed</td><td>Transshipment
(　) allowed
(　) not allowed</td><td rowspan="3">Credit available with ____________________
By (　) sight payment　(　) acceptance
(　) negotiation　(　) deferred payment at against the documents detailed herein (　) and beneficiary's draft (s) for _ % of invoice
value at ________________ sight
drawn on ________________</td></tr>
<tr><td colspan="2">Loading on board:
not later than
For transportation to:</td></tr>
<tr><td colspan="2">(　) FOB (　) CFR (　) CIF
(　) other terms</td></tr>
<tr><td colspan="3">Documents required: (marked with ×)
1. (　) Signed commercial invoice in ____ copies indicating L/C No. and Contract No. ______.
2. (　) Full set of clean on board Bills of Lading made out to order and blank endorsed, marked "freight [　] to collect/ [　] prepaid" notifying ______ .
(　) Airway bills/cargo receipt/copy of railway bills issued by ______________ showing "freight [　] collect/ [　] prepaid" [　] indicating freight amount and consigned to ______.
3. (　) Insurance Policy/Certificate in ____for ____of the invoice value blank endorsed, covering ______.
4. (　) Packing List/Weight Memo in ____copies indicating quantity, gross and net weights of each package.
5. (　) Certificate of Quantity and/or Quality in ____copies issued by ______.
6. (　) Certificate of ____Origin in ____ copies issued by ____________.
7. (　) Beneficiary's certified copy of fax send to the applicant within ____________ days after shipment advising L/C NO.: name of vessel, date of shipment, name, quantity, weight and value of goods.
(　) Other documents, if any.</td></tr>
<tr><td colspan="3">Description of goods:</td></tr>
<tr><td colspan="3">Additional instructions:
1. (　) All banking charges outside the opening bank are for beneficiary's account.
2. (　) Documents must be presented within ____ days after date of shipment but within the validity of this credit.
(　) Other terms, if any.</td></tr>
</table>

STAMP OF APPLICANT:

三、合同的履行

（一）撰写装船指示

2010 年 4 月 4 日，中国农业银行广州分行开出信用证。4 月 28 日，ITMM Ltd. 通知广州嘉嘉纺织品有限公司预计 7 天内能发货。广州嘉嘉纺织品有限公司业务员通过兆荣国际货代公司订了东方海外 Orient Overseas Container Line Ltd. 班轮的舱位，航次为 06W20，船名为 WAN HAI 603，5 月 9 日在意大利热那亚港装船。以下为兆荣国际货代公司在热那亚港代理商的信息：

名称：KUK International Freight Forwarding Co., Ltd.　地址：No. 45 Jim Rd. Genoa, Italy
联系人：Henry　电话：0039-419-891-0088　传真：0039-419-891-0077

请你以广州嘉嘉纺织品有限公司的名义撰写一份装船指示。

Dear Sir,   Best regards, ×××

（二）填制预约保险启运通知书

2010年5月9日，船公司在意大利热那亚港将合同项下货物装船，并向广州嘉嘉纺织品有限公司发出装船通知。由于广州嘉嘉纺织品有限公司跟保险公司已经签订了预约保单，其收到装船通知后，将具体情况通知保险公司，进行投保。请以广州嘉嘉纺织品有限公司的名义完成预约保险启运通知书。

GUANGZHOU JIAJIA TEXTILE CO., LTD.
NO. 1 RENMIN RD., GUANGZHOU, CHINA
TEL: 020-58818844 58818766 FAX: 020-58818840

中国人民保险公司广州分公司：

我公司 ________ 合同项下货物已于 ____ 年 __ 月 __ 日，自 ______.港装运，我公司承诺自 ____ 年__月 __ 日至 __ 月 __ 日之间此批货物未出险，并请按以下明细投保：

1. 运输标志：

2. 数量：
3. 品名：
4. 发票金额：
5. 船名航次：
6. 装运港：
7. 目的港：
8. 装船日期：

多谢合作！

广州嘉嘉纺织品有限公司
年　月　日

（三）填写入境货物报检单和报关单

2010 年 5 月 23 日，广州嘉嘉纺织品有限公司收到开证行的到单通知书和单据副本，要求在 5 月 30 日前作出是否承兑汇票的答复，否则，将于 5 月 30 日对外承兑，不再另行通知。广州嘉嘉纺织品有限公司审单无误之后，同意开证行承兑汇票，并取得全套单据。

6 月 12 日，货物抵达目的港，广州嘉嘉纺织品有限公司收到运输公司寄交的到货通知书，着手办理入境货物报检、报关手续，请帮助广州嘉嘉纺织品有限公司填写入境货物报检单和报关单。

中华人民共和国出入境检验检疫

入境货物报检单

报检单位（加盖公章）： ＊编　号

报检单位登记号： 联系人： 电话： 报检日期： 年 月 日

发货人	（中文）	企业性质（划“√”）	□合资□合作□外资
	（外文）		
收货人	（中文）		
	（外文）		

货物名称（中/外文）	H. S. 编码	原产国（地区）	数/重量	货物总值	包装种类及数量

运输工具名称号码				合 同 号	
贸易方式		贸易国别（地区）		提单/运单号	
到货日期		起运国家（地区）		许可证/审批号	
卸毕日期		起运口岸		入境口岸	
索赔有效期至		经停口岸		目 的 地	
集装箱规格、数量及号码					
合同订立的特殊条款 以及其他要求		货物存放地点			
		用　　途			

随附单据（划“√”或补填）		标 记 及 号 码	＊外商投资财产（划“√”）	□是□否
□合同	□到货通知		＊检验检疫费	
□发票	□装箱单		总金额 （人民币元）	
□提/运单	□质保书			
□兽医卫生证书	□理货清单			
□植物检疫证书	□磅码单		计费人	
□动物检疫证书	□验收报告			
□卫生证书	□		收费人	
□原产地证	□			
□许可/审批文件	□			

报检人郑重声明： 1. 本人被授权报检 2. 上列填写内容正确属实 签名：________	领　取　证　单	
	日　期	
	签　名	

注：有“＊”号栏由出入境检验检疫机关填写　　◆国家出入境检验检疫局制

中华人民共和国海关进口货物报关单

预录入编号：　　　　　　　　　　　　　　　　　　　　海关编号：

进口口岸	备案号		进口日期	申报日期
经营单位	运输方式		运输工具名称	提运单号
收货单位	贸易方式		征免性质	征税比例
许可证号	起运国（地区）		装货港	境内目的地
批准文号	成交方式	运费	保费	杂费
合同协议号	件数	包装种类	毛重（公斤）	净重（公斤）
集装箱号	随附单据			用途
标记唛码及备注				
项号 商品编号 商品名称、规格型号 数量及单位 原产国（地区） 单价 总价 币制 征免				
税费征收情况				

录入员　录入单位	兹声明以上申报无讹并承担法律责任	海关审单批注及放行日期（签章） 审单　审价
报关员 × × × 申报单位（签章） 单位地址 邮编　电话　填制日期		征税　统计 查验　放行

参考答案

模块一　国际贸易业务流程

项目一

知识练习：

一、名词解释

1. 国际贸易惯例（International Trade Custom）：指在国际贸易实践中逐渐自发形成的，某一地区、某一行业中普遍接受和经常遵守的任意性行为规范。

2. Trade Terms：贸易术语，是在国际贸易中用来表明商品的价格构成，说明货物交接过程中有关的风险、责任和费用划分问题的专门用语。例如，业务中常用的 FOB、CIF 和 CFR 等。

3. 象征性交货：指卖方按合同规定装运货物后，向买方提交包括物权凭证在内的有关单证，就算完成交货义务，无须保证到货。

4. FOB Liner Terms：这一变形是指装船费用按照班轮的做法来办，即由船方或买方承担。所以，采用这一变形，卖方不负担装船的有关费用。

二、判断题

×√×√××√××√×√×××√√×××

三、问答题

1. 国际贸易惯例的特点有：

（1）国际贸易惯例是在长期的国际贸易实践中自发形成的。

（2）国际贸易惯例是为某一地区、某一行业的人们所普遍遵守和接受的班轮条款，因而这种做法就成了同业者之间的国际贸易惯例。

（3）国际贸易惯例具有任意性，没有强制适用力。

2. FOB、CFR 和 CIF 这三种常用贸易术语，按照《2010 通则》的解释，卖方都是在装运港交货；买卖双方承担的风险都是以船舷为界进行划分；都是仅适用于水上运输方式；卖方承担出口通关的责任和费用，买方承担进口通关的责任和费用。但在运输和保险的安排上却存在着差别。FOB 条件下，运输和保险由买方自行安排，卖方没有责任；CFR 条件下，卖方负责签订运输合同，支付运费，保险由买方自行安排；CIF 条件下，运输合同和保险合同均由卖方负责签订，并承担运费和保险费。由此可见，三种贸易术语在交货地点、风险划分界限、适用的运输方式以及出入境通关的责任负担方面都是完全相同的，区别只是在于有关运输保险的责任和费用的承担方面。

职业实训：

1. 港商是为了简化向韩商的交货手续或企图将运费转嫁给出口方。若运至釜山的运费由港商负担则可以接受。具体做法可采取：①港商将运费汇交我公司；②在信用证内加列允许受益人超支运费条款；③由港商将运费直接交付船公司，并从船公司得到确认后，我方照办。

2. 从案例的多处疑点可以推论，此系卖方与船方互相勾结进行的诈骗，导致了我方蒙受重大的无法挽回的损失。因此，L/C 支付方式并非没有风险，因为银行只要"单证一致，单单一致"就付款，至于对货物是否到达目的港和货物是否有假、提单是否有假均不负责。做进口业务时，客户资信如何十分重要，按信用证支付，开证行仅凭单据议付。与新客户、资信情况不明晰或资信较差的客户及中间商做大宗买卖，更应对对方的资信做深入的调查，以防上当受骗。CFR 条件是卖方租船订舱，负责运输，买方办理保险，对买方风险较大。因此对大宗进口交易，在正常情况下应争取按 FOB 条件成交，必要时应指定装运船只的船名或所属船公司，规定船只必须适航等限制性条件，同时还应有专人掌握对方派船进度、在途、到港等情况。

即使在 FOB 条件下，也应坚持买方自己租船订舱或自派船运输，不能轻易让对方代为租船，对方租船无论是 CFR 还是 FOB，风险都较大，往往是实施诈骗的关键所在，因为提单是交货收据，在正常情况下，发货人不交货便拿不到提单，只有租船提单才便于装货人与承运人互相勾结，沆瀣一气，制作假提单或真提单但中途将货物转卖以骗取货款。

3. 这一合同的性质不再属于 CIF 合同。因为合同条款内容与 CIF 本身的解释相抵触。抵触有二：一是合同在 C1F 条件下竟规定了"到货日期"，这与 CIF 价格术语所赋予的风险界限划分的本意相抵，按 CIF 是装运港交货，货物超越船舷后的一切风险均由买方负责。如果限定到货日期，就是要卖方承担超越船舷后的一切风险；二是 CIF 是"象征性交货"，只要卖方提供齐全、正确的货运单据，买方不能拒收单据，拒付贷款。而该合同竟规定"如货运船只不能如期到达，买方将收回货款"，实际上成了货到付款。由此看来，该合同的一些主要条款已与 CIF 价格术语的本意相抵触。尽管名义上是按 CIF 成交，但实质上并不是 CIF 合同性质。

项目二

知识练习：

一、单项选择题

DAABB

二、判断题

××√×

三、名词解释

1. 国际货物买卖合同：按照《联合国国际货物买卖合同公约》的规定，是指营业地处于不同国家的当事人所订立的货物买卖合同。

2. 交易磋商：指买卖双方以买卖某种商品为目的而通过一定程序就交易的各项条件进行洽商并最后达成协议的全过程。

3. 接受：在法律上称为承诺，指受盘人在发盘规定的时限内，以声明或行为表示同意发盘提出的各项条件。

四、问答题

1. 答：构成一项有效的接受必须具备以下条件：接受必须由特定的受盘人做出；接受

必须表示出来；接受必须与发盘相符；接受必须在发盘的有效期内表示；接受的传递方式必须符合发盘的要求。

2. 答：合同的内容又称合同条款，是确定合同双方当事人权利与义务关系的重要依据，同时也是判断合同是否有效的客观依据。根据《中华人民共和国合同法》的规定，合同的内容由双方当事人约定，一般包括以下条款：当事人的名称或者姓名和住所；标的；数量；质量；价款或者报酬；履行期限、地点和方式；违约责任；解决争议的方法。需要指出的是，以上合同条款是合同中通常包括的内容，并不是必须要都包括这些条款合同的成立才有效。买卖双方当事人可根据交易货物特点和实际需要，对合同的内容条款作出增加或减少的约定。

职业技能实训：

1. 建交函

Dear Mr Smith,

We learn from the internet that you are in the market for Textiles, which falls within our business scope, so we avail ourselves of this opportunity to approach you for the establishment of the business relations with you.

We are a leading trading company in Shanghai, and we have good connections with some reputable manufacturers.

In order to acquaint you with our business lines, we enclose a copy of our latest catalogue and price list.

If any items interest you, please let me know. We shall be glad to give you our lowest quotations upon receipt of your detailed requirement.

We are looking forward to your favorable reply.

Yours sincerely,
Shanghai Yongsheng Imp & Exp Co.
Shen Hao
Mar 7, 2007

2. 询盘

Dear Mr Shen Hao,

We are very pleased to receive your mail. Right now we are looking forward to establishing business relation with Chinese clothing manufacturers. We are very interested in the skirt made of pure cotton. Can you please kindly send me your latest illustrated catalogue and price list?

Yours faithfully,
MANDARS Import & Export Co., Ltd
John Smith
Mar 9, 2007

3. 发盘

Dear Mr Smith,

We are pleased to receive your inquiry of Mar 9, 2007 and to hear that you are interested in our products.

In reply, we offer firm, subject to your reply reaching us on or before Mar 13.

Name of Commodity: Skirt made of pure cotton
Unit price: USD 7. 50 per piece CIF London
Packing: 18 pieces / CTN
Shipment: not later than May 30, 2007
Insurance: For 110 percent of the invoice value covering ALL RISKS & WAR RISK
Payment: By L/C at 60 days sight after B/L
We are looking forward to your initial order.

Yours truly,
Shanghai Yongsheng Imp & Exp Co.
Shen Hao
Mar 10, 2007

4. 还盘

Dear Mr Shen Hao,
Thank you for your offer of Mar 10, 2007.
We think that your price is much higher than the market price. Could you please reduce the price to USD 7 per piece? We are looking forward to your reply as soon as possible.

Yours faithfully,
MANDARS Import & Export Co., Ltd
John Smith
Mar 9, 2007

5. 接受

Dear Mr Smith,
Thank you for your letter of Mar 12, 2007.
We would like to inform you that in view of our long standing business relationship we accept your proposal for price, other conditions remain unchanged. We will draw up sales contract and send it to you as soon as possible.

Yours truly,
Shanghai Yongsheng Imp & Exp Co.
Shen Hao
Mar 13, 2007

职业拓展实训：

分析：对于逾期接受是否有效关键要看造成逾期的原因是什么。根据《公约》的规定，若逾期的原因是因为受盘人延迟做出接受引起的，合同并未成立；但如果是由于传递出现不正常的情况而造成延误，那么这种逾期接受仍然被认为是有效的，合同是成立的。

项目三

任务一

知识练习：

一、单项选择题

CBDDADDA

二、多项选择题

BCE　BCE　CD

三、问答题

1. 答：合同中的品质规定应尽量明确、具体，而不要笼统、含混；尽量不要同时用几种方法来表示商品的品质；注意品质条款各项指标之间的相互关系，要做到相互一致，避免矛盾和脱节；品质条款的表示要注意灵活性和科学性。

2. 答：品质机动幅度是指允许卖方所交货物的品质指标，可在一定幅度内机动掌握，它主要用于某些初级产品。而品质公差则大都用于工业制成品，是指卖方所交付的货物品质，可以高于或低于合同规定品质的最大限度，这种品质公差，可以由买卖双方商定，也可以按国际同行业所公认的幅度掌握。在合同中订立品质机动幅度和品质公差，主要是为了便于卖方交货，保证交易顺利进行。卖方交货品质只要在品质机动幅度和品质公差范围内，可以认为符合合同，一般都按合同价格计收价款。

职业实训：

1. 分析：对方的索赔要求是合理，因为我方交货品质不符合合同要求。对某些农副产品，如果将品质规定得过死、过细，日后实际交货时就很难做到品质与合同规定相符，卖方会处于被动地位，容易引起一些品质纠纷。对这类商品的品质规定要用机动幅度，允许卖方所交货物的品质指标可有一定幅度范围内的差异。只要卖方所交货物的品质没有超出机动幅度的范围，买方就无权拒收货物，但可根据合同规定调整价格。这一方法主要适用于初级产品。品质机动幅度的规定方法三种，即规定范围、规定极限、规定上下差异。

2. 分析：本案中买卖双方在合同中规定了表示商品品种的具体规格，同时卖方又对买方提供了样品，因此，本交易既是凭规格买卖也是凭样品买卖。但是，卖方订约后电告买方"成交货物与样品相似"，而不是"成交货物与样品一致"，因此，卖方提交货物比样品低10%不属于违约，不需要赔偿。

任务二

知识练习：

一、单项选择题

DBCBBCABDD

二、多项选择题

BCDE　BCE　ABCD　ABDE　ABCD　ABCD

三、问答题

1. 答：所谓溢短装条款（More or Less Clause），是指卖方在交货时，可按合同中的数量多交或少交一定的百分比，它一般是在数量条款之中加订的。溢短装条款的内容主要包括机动幅度的百分比，溢短装部分由谁选择以及该部分的作价方法。溢短装的选择权，由买卖双方约定。一般情况下，多由卖方选择。

2. 答：国际货物买卖合同中数量条款应注意：①正确掌握成交数量；②明确计量单位；③数量条款应当明确具体；④合理规定数量机动幅度。

职业实训：

1. 分析：卖方不可以多交或少交货物。如果卖方交付货物数量大于合同规定的数量，买方可以拒收多交的部分，也可以收取多交部分中的一部分或全部，但应按合同价款执行；如卖方交货数量少于合同规定，卖方应在规定的交货期内补交不足部分，但不得给买方造成不便或承担不合理的开支，即便如此，买方也保留要求损害赔偿的权利。

2. 分析：显然我方按 CFR350 美元报价就要吃亏。1 公吨 =1 000 公斤，1 长吨 =1 016 公斤，1 短吨 =907 公斤，1 短吨运费为 50 美元，1 公吨运费为 50 ÷0. 907 =55. 13 美元，所以按每公吨 CFR 价 355. 13 美元对外报价较为合理，否则每公吨在运费上就要多付出 55. 15 -50 =5. 13 美元。出口 1 万公吨，就要损失：5. 13 ×10 000 =5. 13 万美元。

任务三

知识练习：

一、单项选择题

CBBABB

二、多项选择题

ABCD　AB　ABC　ABCDE

三、问答题

1. 答：为了确定包装条款，以便合同的履行，在商定包装条款时，需要注意下列事项：①在合同中要明确规定包装材料、包装方式和规格；②根据商品的特点和运输方式的要求选择合适的包装材料、包装方式及包装规格，同时还要考虑进口国的要求；③约定包装时，应明确具体，不宜笼统规定；④根据包装费用负担的不同情况，关于包装费用的内容可能在合同中列出，也可能不在合同中列出。

2. 答：中性包装是指既不标明生产国别、地名和厂商名称，也不标明商标或牌号的包装，包括无牌中性包装和定牌中性包装两种。前者是指包装上既无生产地名和厂商名称，又无商标、品牌；后者是指包装上仅有买方指定的商标或品牌，但无生产地名和出口厂商的名称。

采用中性包装的目的主要是为了打破进口国家和地区实行的各种限制和政治歧视，是扩大商品出口的一种竞争手段，有利于打破某些国家和地区对我国商品实行关税和不合理的配额的限制，使我国商品能进入这些国家和地区市场。

职业实训：

1. 分析：本案中菲律宾客户要求的包装即为定牌中性包装，这是扩大商品出口的一种竞争手段，目前已经成为国际贸易中的一种习惯做法，我方可以接受。

2. 分析：对方拒收是合理的。根据《联合国国际货物买卖合同公约》第 35 条规定，卖方必须按照合同规定的方式装箱或包装。如卖方交付的货物未按合同约定的条件装箱或包装，就构成了违约，买方有权拒收货物。

3. 分析：在此案例中，货物的总数没有改变，都是 1. 5 公吨；每箱的重量没有改变，都是 15 公斤。然而每箱的盒数以及每盒的重量改变了，也就是说改变了计件单位的包装，这也可能会给进口商的销售带来影响，当然这也是违反合同的做法，所以会遭到索赔。

任务四

知识练习：

一、单项选择题

BBDAADA

二、多项选择题

ABC　ABCDEF　AB　ABCDE　ABC　AB　BCD　ABCD

三、问答题

1. 答：进出口合同中的价格条款，一般包括商品的单价和总值两项基本内容。单价通常由四个部分组成，即包括计量单位、单位价格金额、计价货币和贸易术语。总值（或称总价）是单价同数量的乘积，也就是一笔交易的货款总金额。

2. 答：国际贸易中的作价方法有：

（1）固定作价。

买卖双方明确约定成交价格，履约时按此价格结算货款。这是我国进出口贸易中最常见的作价方法，也是国际上常用的方法。若无特殊规定，合同价格视为固定价格。合同价格一旦确定，必须严格执行，不可任意改动。采用固定价格，买卖双方要承担价格变动的风险。要减少价格风险可能给某一方带来损失，可采取如下措施：预测价格可能的变化；慎重选择订约对象。

（2）非固定作价。

即一般业务上所说的“活价”，适用于行情频繁变动、价格涨落不定且交货期较长的合同，可以使买卖双方避免承担市价变动的风险。主要有以下几种做法：

①具体价格待定。在价格条款中不规定出具体价格，而是规定定价时间和定价方法或只规定作价时间而不规定作价方法。一般用于双方长期交往，有比较固定的交易习惯的合同。

②暂定价格。合同中先订立一个初步价格，作为开立信用证和初步付款的依据，待双方确定最后价格后再进行最后结算，多退少补。最后价格以交货前一段时间的市场情况为依据。往往用于与信用可靠、业务关系密切的客户之间的交易。

③部分价格固定，部分不固定。为了照顾买卖双方的利益，解决在定价方法上可能存在的分歧，可以采用部分固定价格，部分非固定价格的方法。尤其是分期交货的合同，可以在订约时将交货期近的价格固定下来，其余的在交货前一定期限内由双方议定价格。这种方法适用于大宗交易、分批交货的合同。

（3）价格调整条款（滑动价格）。

在国际货物买卖中，随着许多国家通货膨胀的加剧，有的合同除规定具体价格外，还规定有各种不同的价格调整条款。在定约时只规定初步价格，同时规定，如原材料价格和工资等发生变化，按原材料价格和工资等的变化来计算合同的最终价格。该条款主要适用于买卖类似生产加工周期较长的机器设备等商品的合同。

职业实训：

1. 分析：

（1）错误。CIF 后应该跟具体港口名，应改为：每箱 35 美元 CIF 纽约。

（2）正确。

（3）错误。①计价货币不明确；②FOB 术语后应为装运港而非目的港。应改为：每打 75 美元 FOB 上海。

（4）错误。①没有佣金率；②CFR 术语后的港口应为目的港。应改为：每公吨 600 英镑 CFRC3% 伦敦。

2. 分析：这起争议发生的原因是双方对佣金支付的时间观点上不一致。因为合同规定的价格是 CIFC5%，这是一个含佣价，佣金应该在卖方收妥货款后，再支付给中间商。

任务五

知识练习：

一、单项选择题

ACCBCBDDDB

二、多项选择题

BE　ABCD　ABCE　BD　ABCD　CD　BDE

三、问答题

1. 答：海运提单简称提单，是证明海上运输合同和货物由承运人接管或装船，以及承运人据以保证交付货物的凭证。海运提单的性质和作用主要表现为以下三个方面：

（1）货物收据，提单是承运人发给托运人的收据，确认承运人已收到提单所列货物并已装船，或者承运人已接管了货物，已代装船。

（2）物权凭证，提单是货物所有权的凭证。谁持有提单，谁就有权要求承运人交付货物，并且享有占有和处理货物的权利，提单代表了其所载明的货物。

（3）运输契约的证明，是托运人与承运人的运输契约证明。

2. 答：因为备运提单上面没有装船日期，也无载货的具体船名，将来货物能否装运，何时装运，都很难预料，因此，买方一般都不愿意接受这种提单。在国际贸易中，银行一般不接受备运提单，一般只接受已装船提单。而清洁提单是承运人收到货物之后，在提单上未加注货物外表状况不良，或货物存在缺陷和包装破损等批注的提单，银行一般也不接受不清洁提单。指示提单因为可以转让流通，又避免了提单丢失的风险，因此银行和买方只接受指示提单。

3. 答：国际多式联运是指按照多式联运合同，以至少两种不同的方式运输，由多式联运经营人把货物从一国境内接运货物的地点运至另一国境内指定交付货物的地点。国际多式联运具有责任统一、手续简便、节省费用、降低运输成本、减少中间环节、时间缩短、运输质量和组织水平提高、运输更加合理化、实现门对门运输的优点。

职业实训：

1. 分析：银行拒付有理。因为《跟单信用证统一惯例》对定期、定量分批装运规定："信用证规定在指定时期内分期支款及/或装运，其中任何一期未按期支款及/或装运，除非信用证另有规定，否则信用证对该期及以后各期均告失效。"卖方 9 月份的一批货物未按时装运，因此 9 月及以后各批均失效。

2. 解：该货物每箱体积 $=40\times30\times20=24\ 000$（立方厘米）$=0.024$（立方米）

每箱重量 $=30$ 千克 $=0.03$ 公吨

因此，该货物的运费计费标准选择按重量计算：

运费 $=222\times0.03\times100\times(1+10\%)=732.6$（港元）

任务六

知识练习：

一、单项选择题

ABACDDCABB

二、多项选择题

ABCDE　ABCDE　ABCD　ABE　ABC　BD　BD　BCE　BCE

三、判断题

×√×√×√√√√×

四、简答题

1. 保险货物的推定全损有以下几种情况：

第一，保险标的的实际全损不可避免。如船舶触礁地点在偏远而危险的地方，因气候恶劣，不能进行救助，尽管货物实际全损还没有发生，但实际全损将不可避免地发生；又如货物在运输途中严重受损，虽然当时没有丧失属性，但可以预计到达目的地时丧失属性不可避免。这类情况下被保险人就可以按推定全损索赔。

第二，被保险人丧失对保险标的的实际占有。被保险人丧失对保险标的的实际占有，在合理的时间内不可能收回该标的，或者收回标的的费用要大于标的回收后的价值，就构成推定全损。

第三，保险货物严重受损，其修理、恢复费用和续运费用总和大于货物本身的价值，该批货物就构成了推定全损。

2. 共同海损（General Average，G. A.）是指当载货船舶在海上遇到了自然灾害和意外事故，威胁到船货等各方共同安全时，为了结束这种威胁、维护船货安全，或者使得航程得以继续安全，由船方有意识地、合理地采取措施而造成的特殊损失或支出特殊额外费用的行为。在船舶发生共同海损后，凡属共同海损范围内的牺牲和费用，均可通过共同海损清算，由有关获救受益方（即船方、货方和运费收入方）根据获救价值按比例分摊，然后再向各自的保险人索赔。共同海损分摊涉及的因素比较复杂，一般均由专门的海损理算机构进行理算（Adjustment）。

单独海损（Particular Average）是指除共同海损以外的部分损失。它属于特定方面的损失，不涉及其他货主和船方。单独海损由特定利益方承担。

二者的主要区别在于：

（1）造成损失的原因不同。共同海损是因采取人为的、故意的措施而导致的损失；而单独海损则是因意外的、偶然的事故所直接导致的损失。

（2）涉及的利益方不一样。共同海损是为船货各方的共同利益所受的损失；而单独海损则只涉及损失方个人的利益。

（3）损失承担的方式不同。共同海损应由受益方分摊；而单独海损则由损失方自己承担。

职业实训：

1. 解：假设保费为 x，则：

$(7\,800+x)\times(1+20\%)\times1\%=x$

$x=947.37$（美元）

2. 解：8 万美元的共同海损应该由船货运费三方根据获救价值（$100+50+30+18+2$）共同分摊：

船方分摊：$8\times100/200=4$（万美元）

甲分摊：$8\times50/200=2$（万美元）

乙分摊：$8\times30/200=1.2$（万美元）

丙分摊：$8\times18/200=0.72$（万美元）

运费方分摊：$8\times2/200=0.8$（万美元）

任务七

知识练习：

一、单项选择题

CABBCCACC

二、多项选择题

BD　BC　ABCE　CE　AC　ABC

三、问答题

1. 答：托收可根据所使用的汇票不同，分为光票托收和跟单托收，国际贸易中货款的收取大多采用跟单托收。在跟单托收情况下，根据交单情况不同，又可分为付款交单和承兑交单两种。使用托收方式时应注意：

（1）认真考察进口人的资信情况和经营作风，并根据进口人的具体情况妥善掌握成交金额，不宜超过其信用程度。

（2）对于贸易管理和外汇管制较严的进口国家和地区不宜使用托收方式，以免货到目的地后，由于不准进口或收不到外汇而造成损失。

（3）要了解进口国家的商业惯例，以免由于当地习惯做法，影响安全迅速收汇。

（4）出口合同应争取按 CIF 或 CIP 条件成交，由出口人办理货运保险；或也可投保出口信用保险，在不采用 CIF 或 CIP 条件时，应投保卖方利益险。

（5）采用托收方式收款时，要建立健全管理制度，定期检查，及时催收清理，发现问题应迅速采取措施，以避免或减少可能发生的损失。

2. 答：信用证是指开证银行应申请人的要求并按其指示向第三方开立的载有一定金额的，在一定的期限内凭符合规定的单据付款的书面保证文件。信用证是国际贸易中最主要、最常用的支付方式。信用证有以下特点：

（1）信用证付款是一种银行信用。

（2）信用证是一种自足的文件，不依附于贸易合同而独立存在。

（3）信用证项下付款是一种单据的买卖。

职业实训：

1. 分析：C 银行不可以 B 公司倒闭为由拒绝付款。因为信用证付款是一种银行信用。在信用证方式下，开证银行承担第一付款责任，即只要出口方提交了表面符合信用证条款规定的单据，则开证行都必须对受益人或其指定银行付款。

2. 分析：B 银行的要求不对。因为保兑行是根据开证行的请求在信用证上加具保兑的银行。它与开证行一样均负第一付款责任，而且保兑行对信用证独立负责，承担必须付款或议付的责任。在付款或议付后，不论开证行倒闭或无理拒付，都不能向受益人追索。

3. 分析：我方应拒绝该银行的要求，坚决要求该银行付款。因为保兑行与开证行一样均负第一付款责任。开证行倒闭，保兑行要承担付款责任，而且保兑行对信用证独立负责，承担必须付款或议付的责任。在付款或议付后，不论开证行倒闭或无理拒付，都不能向受益人追索。

任务八

知识练习：

一、名词解释

1. 商品检验：是指对商品的品质和数量所进行的鉴定工作。

2. 法定检验：是指国家规定必须经过商品检验后才准许进出口的商品检验。

3. 商检证书：是指进出口商品经有商检资格的机构检验、鉴定后所出具的证明文件。

二、判断题

××××

三、简答题

1. 答：在国际货物买卖合同中，对货物检验的时间和地点通常有以下几种规定方法：

（1）以离岸品质、重（数）量为准。根据此种规定，出口货物于装运前由装运港约定的检验机构检验并出具证书作为品质、重（数）量的最后依据。

（2）以到岸品质、重（数）量为准。根据此种规定，货物运抵目的港卸货后，由该处约定的检验机构检验并出具证书，作为解决品质、重（数量）的最后依据。

（3）以装运港检验机构验货后出具的检验证书作为议付货款的依据；货到目的港后买力有复验权，如品质、重（数）量与合同规定不符而责任属卖方的，可凭商检机构出具的证书向卖方提出异议，作为索赔的依据。这种规定方法容易被买卖双方所接受，因为它考虑到买卖双方的利益，在检验问题上做到公平合理。

2. 答：例如，出口合同的检验条款规定："买卖双方同意以装运港中国出入境检验检疫局签发的品质和数（重）量检验证书作为信用证项下议付单据的一部分。买方有权对货物的品质、数（重）量进行复验。复验费由买方负担。如发现品质、数（重）量与合同不符，买方有权向卖方索赔。索赔期限为货到目的港30天内提出。"通过上述条款可以看出，国际货物买卖合同中的检验条款，主要包括检验时间与地点，检验机构与检验证书，复验权，复验时间与地点，以及检验标准与方法等内容。

职业实训：

分析：不一定。"以装运地检验报告为准"表明，卖方对交货后货物所发生的变化不承担责任，实际上排除了买方的复验权。除非买方能证明，他所收到的与合同规定不符的货物是由于卖方的违约或货物的固有瑕疵所造成的。

任务九

知识练习：

一、名词解释

1. 根本性违约：是指一方违反合同的结果，使另一方蒙受损害以致剥夺了他依照合同有权得到的东西。

2. 争议：是指买卖的一方认为另一方未能全部或部分履行合同规定的责任和义务所引起的纠纷。

3. 不可抗力：是由自然原因和社会原因引起的，当事人在订立合同时无法预见、无法预防、无法避免和无法控制的事件。

4. 仲裁：指买卖双方达成协议，自愿将有关争议交给双方同意的仲裁机构进行裁决的一种解决争议纠纷的方法。

二、判断题

××××√√√√√√××××××××√××

三、简答题

1. 不可抗力条款的内容包括不可抗力的范围、不可抗力的处理、不可抗力的通知和证明。

2. 与诉讼相比，仲裁具有以下特点：

（1）仲裁机构属于民间性质，而法院是国家机器，具有法定管辖权。

（2）仲裁须是双方同意的，而诉讼可以是一方提出，无须对方同意。

（3）仲裁比诉讼时间短，程序简便，费用低，争议双方关系较缓和。

（4）仲裁结果是终局的，而诉讼多是二审终审制，败诉方可上诉。

（5）仲裁机构不能强制执行裁决，而法院可强制执行法院判决。

职业实训：

分析：港方应该承担责任。因为；

（1）根据买卖合同的有关法律和惯例，当事人一方因不可抗力事件不能履行合同的全部和部分义务时，应及时通知另一方并出具有关的证明文件。本案中港方并未及时通知对方并出具有关证明。

（2）不可抗力事件必须是该事件的发生和后果是当事人不可避免的、不能克服的。本案合同及补充协议中并未规定具体一家或几家工厂提供原料，所以，一家工厂停产不能提供规定的原料，并不能证明其他工厂也无法生产和提供同类的原料。对此，港方所述的理由不充分，不足以证明该事件的发生和后果是不可避免的和不能克服的。

（3）不可抗力事件还必须是事前无法预见的。而本案中，双方在签订补充协议前，港方已经没有完全履行合同。在签订补充协议时，港方理应预见，在执行补充协议时将存在，在签订补充协议前曾出现过，甚至仍存在的不能履行的风险。

由上述分析可知：港方以一家工厂停产买不到规定的原料为不可抗力要求免责的说法是不成立的。本案具有补偿贸易和来料加工的性质，没有港方的来料，内地方就没有加工费可以补偿进口设备的价款，就势必影响合同的全面履行，港方应负违约责任并承担赔偿内地方的经济损失。

职业技能实训：

根据资料拟定贸易合同：

卖方：冠驰股份有限公司　　　　合同编号：Order01

买方：宏昌国际股份有限公司　　签订时间：2004－08－20

签订地点：南京

一、产品名称、品种规格、数量、金额、供货时间：

选择	产品编号	品名规格	计量单位	数量	单价（元）	总金额（元）	交（提）货时间及数量
	01005	甜玉米罐头 每箱6罐，每罐3 060克	CARTON	800	65	52 000	2010年4月16日前工厂交货
合计：			CARTON	800	52 000		
合计人民币（大写）伍万贰仟元整							
备注：							

二、质量要求、技术标准、卖方对质量负责的条件和期限：

质量符合国标出口优级品，如因品质问题引起的一切损失及索赔由供方承担，质量异议以本合同产品保质期为限。（产品保质期以商标效期为准）

三、交（提）货地点、方式：
工厂交货

四、交（提）货地点及运输方式及费用负担：
集装箱门到门交货，费用由需方承担。

五、包装标准、包装物的供应与回收和费用负担：
纸箱包装符合出口标准，商标由需方无偿提供。

六、验收标准、方法及提出异议期限：
需方代表按出口优级品检验内在品质及外包装，同时供方提供商检放行单或商检换证凭单。

七、结算方式及期限：
需方凭供方提供的增值税发票及相应的税收（出口货物专用）缴款书在供方工厂交货后七个工作日内付款。如果供方未将有关票证备齐，需方扣除17%税款支付给供方，等有关票证齐全后结清余款。

八、违约责任：
违约方支付合同金额的15%违约金。

九、解决合同纠纷的方式：
按《中华人民共和国经济合同法》。

十、本合同一式两份，双方各执一份，效力相同。未尽事宜由双方另行友好协商。

卖 方	买 方
单位名称：	单位名称：宏昌国际股份有限公司
单位地址：	单位地址：南京市北京西路嘉发大厦2501室
法人代表或委托人：	法人代表或委托人：刘铭华
电话：	电话：86－25－2350 12 13
税务登记号：	税务登记号：000000000000003
开户银行：	开户银行：南京商业银行
账号：	账号：SIM－dst011
邮政编码：	邮政编码：210014

<table>
<tr><td colspan="4">GRAND WESTERN FOODS CORP.</td></tr>
<tr><td colspan="4">Room 2501，Jiafa Mansion，Beijing West road，Nanjing 210005，P. R. China</td></tr>
<tr><td colspan="4">SALES CONFIRMATION</td></tr>
<tr><td rowspan="3">Messrs：</td><td rowspan="3">Carters Trading Company，LLC P. O. Box8935，New Terminal，Lata，Vista，Ottawa，Canada</td><td>NO.</td><td>Contract 01</td></tr>
<tr><td>Date：</td><td>August1，2010</td></tr>
<tr><td></td><td></td></tr>
</table>

（续上表）

Dear Sirs. We are pleased to confirm our sales of the following goods on the terms and conditions set forth below:				
Description	Quantity	Unit	Unit Price	Amount
				CIF Toronto
CANNED SWEET CORN 3, 060G × 6 TINS/CTN	800	CARTON	USD 14	USD 1, 120. 00
Total:	800	CARTON	USD 1, 120. 00	
Say Total:	U. S. DOLLARS ELEVEN THOUSAND TWO HUNDRED ONLY			
Payment:	By 100% irrevocable sight letter of credit in our favor.			
Packing:	3, 060G × 6TINS/CTN Each of the carton should be indicated with Item No. , Name of the Table, G. W.			
Port of Shipment:	Nanjing			
Port of Destination:	Toronto			
Shipment:	All of the goods will be shipped on or before Sep. 20th, 2010 subject to L/C reaching the SELLER by the end of August, 2010. Partial shipments and transhipment are not allowed.			
Shipping Mark:	CANNED SWEET CORN CANADA C/NO. 1 – 800 MADE IN CHINA			
Quality:	As per sample submitted by seller.			
Insurance:	The SELLER Shall arrange marine insurance covering ICC (A) plus institute War Risks for 110% of CIF value and provide of claim, if any, payable in Canada, with U. S. currency.			
Remarks:	The Buyers are requested to sign and return one copy of this Sales Confirmation immediately after receipt of the same.			
BUYERS		SELLERS		
		GRAND WESTERN FOODS CORP.		
		Minghua Liu		
(Manager Signature)		(Manager Signature)		

项目四

知识练习：

一、单项选择题

ADCCD

二、判断题

×√√×√

三、简答题

1. 答：进出口商在合同规定的时间内向经营外汇业务的银行办理申请开立信用证，申请开立信用证的程序如下：

（1）递交有关合同的副本及附件。进口商在向银行申请开证时，要向银行递交进口合同的副本以及所需附件，如进口许可证。

（2）填写开证许可书。进口商根据银行规定的开证申请书格式，一般填写一式三份，一份留业务部门，一份留财务部门，一份交银行。填写开证申请书时，必须严格按贸易合同中对信用证的各项要求，内容要明确、完整。

（3）缴付保证金。按照国际贸易的习惯做法，除非开证行对开证申请人有授信额度，进出口商向银行申请开立信用证时，应向银行缴付一定比例的保证金，其金额一般为信用证金的百分之几到百分之几十，一般根据进口商的资信情况而定。

（4）支付开证手续费。进口商在申请开证时，必须按规定支付一定金额的开证手续费。

2. 答：我国出口结汇的方式有三种，即收妥结汇、出口押汇、定期结汇。

（1）收妥结汇，又称先收后结，是指议付行收到受益人提交的单据，经审核确认与信用证条款的规定相符后，将单据寄给国外付款行索汇，待付款行将外汇划给议付行后，议付行再按当日外汇牌价结算成人民币交付受益人。

（2）出口押汇，又称买单结汇、议付，是指议付行审核单据后确认受益人所交单据符合信用证条款规定期限的情况下，按信用证的条款买入受益人的汇票，按照票面金额扣除从议付日到估计收到票款之日的利息，将净数按议付日人民币市场价折算成人民币付给信用证的受益人，议付行即可凭汇票向信用证的付款行索取票款。

（3）定期结汇，指议付行根据向国外付款行索偿所需时间，预先确定一个固定的结汇期限，并与出口企业约定该期限到期后，无论是否已经收到国外付款行的货款，都将主动将票款金额折成人民币拨交出口企业。

职业技能实训：

上海进出口贸易公司

SHANGHAI IMPORT& EXPORT TRADE CORPORATION

1321 ZHONGSHAN ROAD SHANGHAI CHINA

售货确认书

SALE CONFIRMATION

Post code：200032　　　　S/C NO.：TXT264

Fax：（021）65788876　　　　DATE：Sep. 30，2006

TEL：（021）65788877

To Messrs：

Yi Yang Trading Co. Ltd.

61 Queensway NSW 2119 FRANCE

谨启者：

兹确认售予你方下列货品，其成交条款如下：

Dear Sirs,

We hereby confirm having sold to you the following goods on terms and conditions as specified below：

唛头 SHIPPING MARK	货物描述及包装 DESCRIPTIONS OF GOODS，PACKING	数量 QUANTITY	单价 UNIT PRICE	总值 TOTAL AMOUNT
YI YANG TXT264 MARSEILLE C/NO.：1 – UP	Canvas Trousers for little boys Buttons & rivets：Antique silver stitching yarn：stone grey 18 – 0615TC Elastic waistband Please print the YI YANG Co. order No. in carelabel	16, 800 pcs	CIF MARSEILLE USD 8. 00	USD 134, 400. 00

装运港：　SHANGHAI PORT
LOADING PORT：

目的港：　MARSEILLE PORT
DESTINATION：

装运期限：　LATEST DATE OF SHIPMENT Oct. 31，2006
TIME OF SHIPMENT：

分批装运：　PROHIBITED
PARTIAL SHIPMENT：

转船：　PROHIBITED
TRANSSHIPMENT：

保险：　FOR 110 PERCENT OF THE INVOICE VALUE COVERING ALL RISKS AND WAR RISK AS PER CIC OF PICC DATED 01/01/1981
INSURANCE：

付款条件：　L/C AT SIGHT
TERMS OF PAYMENT：

买方需于 2006 年 9 月 30 日前开出本批交易的信用证（或通知售方进口许可证号码），否则，售方有权不经过通知取消本确认书，或接受买方对本约未执行的全部或一部分，或向买方提出索赔。

The Buyer shall establish the covering Letter of Credit（or notify the Import License Number）before Sep. 30, 2006，falling which the Seller reserves the right to rescind without further notice，or to accept whole or any part of this Sales Confirmation non-fulfilled by the Buyer，or，to lodge claim for direct losses sustained，if any.

凡以 CIF 条件成交的业务，保额为发票价的 110%，投保险别以售货确认书中所开列的为限，买方如果要求增加保额或保险范围，应于装船前经卖方同意，因此而增加的保险费由买方负责。

For transactions concluded on CIF basis，it is understood that the insurance amount will be for 110% of the invoice value against the risks specified in Sales Confirmation. If additional insurance amount or coverage is required，the Buyor must have consent of the Seller before Shipment，and the additional premium is to be borne by the Buyer.

品质/数量异议：如买方提出索赔，凡属品质异议，须于货到目的口岸之 60 日内提出，凡属数量异议，须于货到目的口岸之 30 日内提出，对所装货物所提任何异议属于保险公司、轮船公司等其他有关运输或邮递机构责任范围的，卖方不负任何责任。

QUALITY/QUANTITY DISCREPANCY：In case of quality discrepancy，claim should be filed by the Buyer within 60 days after the arrival of the goods at port of destination；while for quantity discrepancy，claim should be filed by the Buyer within 30 days after the arrival of the goods at port of destination. It is understood that the Seller shall not be liable for any discrepancy of the goods shipped due to causes for which the Insurance Company，Shipped Company other transportation organization/or Post Office are liable.

本确认书内所述全部或部分商品，如因人力不可抗拒的原因，以致不能履约或延迟交货，卖方概不负责。

The Seller shall not be held liable for failure of delay in delivery of the entire lot or a portion of the goods under this Sales Confirmation in consequence of any Force Majeure incidents.

买方在开给卖方的信用证上请填注本确认书号码。

The Buyer is requested always to quote THE NUMBER OF THIS SALES CONFIRMATION in the letter of Credit to be opened in favour of the Seller.

买方收到本售货确认书后请立即签回一份，如买方对本确认书有异议，应于收到后五天内提出，否则认为买方已同意接受本确认书所规定的各项条款。

The Buyer is requested to sign and return one copy of the Sales Confirmation immediately after the receipt of same. Objection, if any, should be raised by the Buyer within five days after the receipt of this Sales Confirmation, in the absence of which it is understood that the Buyer has accepted the terms and conditions of the sales confirmation.

买方：签名盖章	卖方：签名盖章
THE BUYER：	THE SELLER：

职业拓展实训：

1. 分析：此案的案情并不复杂，却给我方带来巨大的损失，不得不引起我们的深思。我们应该从中吸取以下教训：

（1）应尽早办理装运。A 公司虽然在信用证规定的装船期限内办理了装运，满足了信用证的要求，但距 B 公司开证时已 4 个多月了。在这段时间内，由于货物本身的消费特征以及国际市场供求情况的变化，货物的当地市场价格有可能大幅下降，为避免价格下降给对方带来的损失（其实也为避免我方的损失），我方应尽快办理装运。在此案中，B 公司曾多次来电要求我方尽早装运，但我方认为装运期仍未到，没有很合理地安排生产进度，以致在装船期即将临近时才办理装运，货物到港时已距 B 公司开证时 5 个多月，又恰逢当地市场价格下降，其实已为客户拒付货款埋下了伏笔。

（2）应严格按照信用证与《UCP600》的要求制作与审核单据。信用证要求提供"已装船"提单，我方应提供相应的提单，以便做到"单证相符"。根据《UCP600》的规定："除非信用证另有规定，提单应注明货物已装船或已装具名船只，可由提单上印就的'货物已装上具名船只'或'货物已装运具名船只'的词语来表示。"因此，提单的出具日期即视为装船日期与装运日期。在所有其他情况下，装上具名船只，必须以提单上注明货物装船日期的批注来证实，所以，装船批注日期即视为装运日期。案中的提单（提单上没有印就上述词语）则属于后一种情况，只要在提单上注明货物装船日期的批注就行了。如果我方业务人员能按照信用证的要求制作托运单（在托运单上注明要求提供"已装船"提单），承运人或其代理就能根据托运单内容与《UCP600》的规定制作并签发提单，银行就能根据信用证与《UCP600》来审核 A 公司交来的议付单据。

2. 分析：第（1）种情况应向卖方索赔，属于原装货物有内在缺陷。第（2）种情况应向承运人索赔，因承运人签发清洁提单，货到目的港后应如数交货。第（3）种情况可以向保险公司索赔，属承保范围以内的损失，但如进口人能举证原装数量不足，也可向卖方索赔。

模块二 国际贸易业务实训

出口业务实训练习

一、建立业务关系操作

Guangzhou Lihua Co., Ltd.
No. 1 Renmin Rd., Guangzhou, China
Tel: 020 - 58818844 58818766 Fax: 020 - 58818840
E-mail: Foreign Department @ www. Lihua. com. cn

To: Tim Co., Ltd.
Attention: Miss Jan
From: Guangzhou Lihua Co., Ltd.
Dated: May 6, 2011

Dear Miss Jan,

Thank you for your interest in our products during the 109th China import and export commodity fair. It was a pity that we didn't have the chance to talk with you in detail at that moment.（说明有关客户的信息来源）

We are now writing you to introduce ourselves as one of a large factory and trading companies in Guangzhou and express our wish to enter into business relations with you.（说明去函的目的）

We have a Foreign Department specializing in the export of various zinc alloy Door Handles, which are all fashionable designed and competing well in the world market.

Our Door Handle Article No. DH5010 in which you have shown special interest have already enjoyed a high reputation in your neighbor countries for their lovely styles, comfortable feel.

As a well - organized factories, we can assure you of the high quality as well as punctuate shipment.

In addition, we have airmailed to you some latest leaflets for our Door Handles, which may meet with your demand. If you have any specific requirements, please let us know. We can also produce according to your designated styles so long as the quantity is substantial.

As to our financial standing, you may refer to the Bank of China, Guangzhou Branch (120 Sihua Road, Guangzhou, China Tel: 81939532). We will appreciate it if you could inform us of your bank reference.（公司与产品介绍）

We are pleased to add you to our list of clients and looking forward to your inquiries.
（激励性结尾，邀请递盘）

Yours faithfully,
Lily

二、报价核算与报盘操作

（一）报价核算

出口成本 = ｛1 - ［退税率 ÷ （1 + 增值税率）］ × 人民币含税价｝ ÷ 汇率
= ｛1 - ［5% ÷ （1 + 17%）］ × 58.5｝ ÷ （6.460 300 × 99%）
= 8.755 9（美元/付）

国内费用 = 1 800 ÷ 9 000 + 58.5 × 6% = 0.2 + 3.51 = 3.71 元/付 = 0.58（美元/付）

国外运费 = 1 100 ÷ 9 000 = 0.122 2（美元/付）

（预期）出口利润 = 58.5 × 10% = 5.85 元/付 = 0.914 7（美元/付）

FOB Guangzhou = 出口成本 + 国内费用 + 出口利润
= 8.755 9 + 0.58 + 0.914 7
= 10.25（美元/付）

CFR Dubai = 10.25 + 0.122 2 = 10.37（美元/付）

（二）书写发盘函

Guangzhou Lihua Co., Ltd.

No. 1 Renmin Rd., Guangzhou, China

Tel: 020 - 58818844 58818766 Fax: 020 - 58818840

E-mail: Foreign Department @ www. Lihua. com. cn

To: Tim Co., Ltd.
Attention: Miss Jan
From: Guangzhou Lihua Co., Ltd.
Dated: May 10, 2011

Dear Miss Jan,
Thanks for your inquiry of May 10, 2011. Our offer is as follows:
① Door Handle Article No. DH5010
② Packing: one pair packed in a foam bag, then in an inner box, 20 inner boxes per carton
③ Unit price: USD 10. 25/pair FOB Guangzhou
USD 10. 37/ pair CFR Dubai, UAE
④ Quantity: 9, 000 pairs
⑤ Payment: By L/C at sight
⑥ Shipment: To be effected within 30 days after the L/C date.
This offer is valid subject to your reply here by May 16, 2011.
Awaiting your early reply.

Yours faithfully,
Lily

三、签订出口合同操作

（一）填写出口合同

Commodity & Specification	Quantity	Unit Price	Amount
(1) Door Handle Article No. DH5010	(2) 9, 000 pairs	(3) CFR Dubai, UAE USD 9. 80/ pair	(4) USD 88, 200. 00
Total	9, 000 pairs		USD 88, 200. 00
Total Contract Value: (5) U. S. DOLLARS EIGHTY-EIGHT THOUSAND AND TWO HUNDRED ONLY.			

MORE OR LESS CLAUSE:
(6) More or less 1% of the quantity and the amount are allowed.
PACKING: One pair packed in a foam bag, then in an inner box, 20 inner boxes per carton
TIME OF SHIPMENT :
(7) Not later than July 10, 2011
PORT OF LOADING AND DESTINATION:
(8) FromGuangzhou, China to Dubai, UAE
Transshipment is (9) not allowed and partial shipment is (10) not allowed
INSURANCE: (11) covered by the buyer.

TERMS OF PAYMENT: (12) 20% of contract value payable by T/T within 10 days after the contract date, the remaining payable by L/C at sight.

（二）拟写成交函

Guangzhou Lihua Co., Ltd.
No. 1 Renmin Rd., Guangzhou, China
Tel: 020-58818844 58818766 Fax: 020-58818840
E-mail: Foreign Department @ www. Lihua. com. cn

To: Tim Co., Ltd.
Attention: Miss Jan
From: Guangzhou Lihua Co., Ltd.
Dated: June 1, 2011

Dear Miss Jan,

Thank you for your order No. 123 which you faxed to us yesterday. We are glad to tell you that all items can be delivered by July 10, 2011.

Attached is our sales Confirmation No. LY0723 in duplicate made out against your order mentioned above. Please Counter sign it and return one copy for our file, and establish the covering L/C.

We wish to point out that the stipulations in the relevant credit should strictly conform to the terms stated in our Sales Confirmation to avoid subsequent amendments.

You may rest assured that we shall make up your order upon receipt of the credit and effect the shipment as contracted.

We appreciate your co-operation and look forward to receiving your further orders.

Yours faithfully,
Lily

四、出口履约操作

（一）审证与改证操作

1. 信用证存在的问题

①到期时间为7月25日，到期地点为中国

②受益人地址错误，应为：No. 1 Renmin Rd., Guangzhou, China

③信用证金额错误，应为：70 560.00

④汇票期限错误，应为：at sight

⑤45A中合同号码错误，应为：LY0723

⑥付款人错误，应为：DUBAI ISLAMIC BANK

⑦贸易术语为：CFR Dubai, UAE，保险由买方办理，删除46A中的保险条款

2. 拟写改证函：

Guangzhou Lihua Co., Ltd.

No. 1 Renmin Rd., Guangzhou, China

Tel: 020 - 58818844 58818766 Fax: 020 - 58818840

E-mail: Foreign Department @ www. Lihua. com. cn

To: Tim Co., Ltd.

Attention: Miss Jan

From: Guangzhou Lihua Co., Ltd.

Dated: June 11, 2011

Dear Miss Jan,

Thank you for your L/C No. ACD90875 issued by DUBAI ISLAMIC BANK, which arrived here yesterday.

On going through the L/C, however, we have found the following discrepancies with our Sales Contract No. LY0723:

1. The date of expiry should be July 25 and the place of expiry should be in China;

2. The address of the beneficiary is No. 1 Renmin Rd., Guangzhou, China;

3. The amount of the L/C should be US $ 70,560.00;

4. The draft is paid at sight instead of at 30 days after sight;

5. The number of the Contract should be LY0723 instead of 787878;

6. The drawee should be DUBAI ISLAMIC BANK instead of TIM CO., LTD

7. Delete the clause "INSURANCE POLICY/CERTIFICATE IN DUPLICATE ENDORSED IN BLANK FOR 110% INVOICE VALUE, COVERING ALL RISKS AND WAR RISK OF CIC OF PICC (1/1/1981)".

Please let us have your L/C Amendment soon so that we may effect shipment within the contracted delivery time.

Thank you.

Yours faithfully,

Lily

（二）出口托运订舱操作

出口订舱委托书

日期：2011 - 7 - 1

1）发货人 Guangzhou Lihua Co., Ltd. No. 1 Renmin Rd., Guangzhou China	4）信用证号码 ACD90875	
	5）开证银行　DUBAI ISLAMIC BANK	
	6）合同号码　LY0723	7）成交金额　USD 88 200.00
	8）装运口岸 Guangzhou, China	9）目的港 Dubai, UAE
2）收货人 To order	10）转船运输 not allowed	11）分批装运 not allowed
	12）信用证有效期 2011 - 7 - 25	13）装船期限 2011 - 7 - 10
	14）运费	15）成交条件 L/C
	16）公司联系人　李丽	17）电话/传真 020 - 58818844

（续上表）

<table>
<tr><td rowspan="2">3）通知人
Tim Co., Ltd.
No. 1 Roak Rd., Dubai
UAE
TEL：+000196971102
FAX：+000196971102</td><td>18）公司开户行</td><td>19）银行账户</td></tr>
<tr><td colspan="2">20）特别要求
请在提单上标注“Freight Prepaid”
L/C No. ACD90875
L/C Date：June 8，2011
Name of Issuing Bank：DUBAI ISLAMIC BANK</td></tr>
</table>

21）标记唛码	22）货号规格	23）包装件数	24）毛重	25）净重	26）数量	27）单价	28）总价
N/M	Door Handle Article No. DH5010	450 Cartons	8,325 kgs	7,875 kgs	9,000 pairs	CFR Dubai，UAE USD 9.80/ pair	USD 88,200

29）总件数	30）总毛重	31）总净重	32）总尺码	33）总金额
450 Cartons	8,325 kgs	7,875 kgs	24.65 m^3	USD 88,200.00

34）备注

Guangzhou Lihua Co., Ltd.

No. 1 Renmin Rd., Guangzhou，China

Tel：020 - 58818844 58818766 Fax：020 - 58818840

E-mail：Foreign Department @ www. Lihua. com. cn

PACKING LIST

To：Tim Co., Ltd.
No. 1 Roak Rd., Dubai
UAE

Date：July 1，2011
Invoice No.：LH045
L/C No.：ACD90875

Marks & No.：N/M

Name of Commodity and Specifications	Qty. (Pairs)	CTNS.	G. W. (kgs)	N. W. (kgs)	MEAS. (m^3)
Door Handle Article No. DH5010	9,000	450	8,325	7,875	24.65
TOTAL	9,000	450	8,325	7,875	24.65

Say Total：Say four hundred and fifty cartons only.

Guangzhou Lihua Co., Ltd.

Guangzhou Lihua Co., Ltd.

No. 1 Renmin Rd., Guangzhou，China

Tel：020 - 58818844 58818766 Fax：020 - 58818840

E-mail：Foreign Department @ www. Lihua. com. cn

COMMERCIAL INVOICE

ORIGINAL

Messrs：
Tim Co., Ltd.
No. 1 Roak Rd., Dubai

Invoice NO.：LH045
Invoice Date：July 1，2011
S/C NO.：LY0723
L/C NO.：ACD90875
L/C Date：June 8，2011

Exporter：

Guangzhou Lihua Co., Ltd.

No. 1 Renmin Rd., Guangzhou China

Terms of Payment：L/C at sight

Marks &Numbers	Description of Goods	Quantity	Unit Price	Amount
N/M	CFR Dubai, UAE			
	Door Handle Article No. DH5010	9, 000 pairs	USD 9. 80/ pair	USD 88, 200. 00

Total Quantity：9, 000 pairs

Total Weight：8, 325kgs

Say Total：U. S. Dollars eighty-eight thousand and two hundred only

Guangzhou Lihua Co., Ltd.

李丽

（三）出口货物报关操作

<table>
<tr><td colspan="2">出口收汇核销单
存根
编号：44k766965</td><td colspan="6">出口收汇核销单

编号：44k766965</td><td colspan="4">出口收汇核销单
出口退税专用
编号：44k766965</td></tr>
<tr><td>出口单位：
广州利华有限公司</td><td rowspan="9">出口单位盖章</td><td colspan="5">出口单位：
广州利华有限公司</td><td rowspan="5">出口单位盖章</td><td colspan="3">出口单位：
广州利华有限公司</td></tr>
<tr><td>单位代码：
23111265 - 2</td><td colspan="5">单位代码：23111265 - 2</td><td colspan="3">单位代码：
23111265 - 2</td></tr>
<tr><td>出口币种总价：</td><td rowspan="3">银行签注栏</td><td>类别</td><td>币种金额</td><td>日期</td><td>盖章</td><td>货物名称</td><td>数量</td><td>币种总价</td></tr>
<tr><td>收汇方式：</td><td rowspan="2"></td><td rowspan="2"></td><td rowspan="2"></td><td rowspan="2"></td><td rowspan="2">门把手</td><td rowspan="2">450 箱</td><td rowspan="2">USD
88 200.00</td></tr>
<tr><td>约计收款日期：</td></tr>
<tr><td>报关日期：</td><td colspan="5" rowspan="2">海关签注栏：</td><td rowspan="4">海关盖章</td><td colspan="3" rowspan="2">报关单编号：</td></tr>
<tr><td>备注：</td></tr>
<tr><td></td><td colspan="5">外汇局签注栏：</td><td colspan="3">外汇局签注栏：</td></tr>
</table>

代理报关委托书

（出 口）报托 第　456 号

广州新方海外国际货运代理公司：

我单位现委托贵公司代理货物（出 口 ）报关

合同号：LY0723　　　货名：门把手　　　件数：9 000 付

毛重：8 325kgs　　　净重：7 875kgs　　　价值：USD 88 200.00

我单位保证遵守《中华人民共和国海关法》及国家有关法规保证所提供的单位与所报的货物相符，如申报货物有任何问题，责任由我单位承担。本委托书有效期至本委托书项下货物报关、缴税及退税完毕止。

委托单位：（盖章）　　　　　　　　代理单位：（盖章）

广州利华有限公司

海关注册登记编码：44××××××××　　海关注册登记编码：
法定代表人姓名：×××　　法定代表人姓名：
联系电话：　　联系电话：
1321564786
经办人：　　经办人：
李丽

年　月　日

（四）发装运通知

Guangzhou Lihua Co., Ltd.
No. 1 Renmin Rd., Guangzhou, China
Tel: 020－58818844 58818766 Fax: 020－58818840
E-mail: Foreign Department @ www. Lihua. com. cn

To: Tim Co., Ltd.
Attention: Miss Jan
From: Guangzhou Lihua Co., Ltd.
Dated: July 10, 2011

Shipping advice

Dear Miss Jan,
We are pleased to inform you 9,000 pairs Door Handles under S/C No. LY0723 were shipped on 10th, July 2011 per "PU HE 0011W". Please find the details as follows:
Invoice No.: LH045
Shipping Details:
Name of Vessel: PU HE 0011W
E. T. D.: July 11, 2011
E. T. A.: July 29, 2011
B/L No.: CSA1603
L/C No. ACD90875
L/C Date: June 8, 2011
Name of Issuing Bank: DUBAI ISLAMIC BANK
Shipping Company: China National Foreign Trade Transport Corporation
Freight Prepaid
We hope the goods will reach you at the due time.

Yours faithfully,
Lily

（五）出口制单结汇操作

说明：此结汇单据中的发票金额与报关时提供的发票金额是不同的，因为有20%的货款已经预付了，结汇发票的金额不能全部开，只能开80%信用证项下的金额。

Guangzhou Lihua Co., Ltd.
No. 1 Renmin Rd., Guangzhou, China
Tel: 020－58818844 58818766 Fax: 020－58818840
E-mail: Foreign Department @ www. Lihua. com. cn

PACKING LIST

To: Tim Co., Ltd.　　Date: July 1, 2011
No. 1 Roak Rd., Dubai　　Invoice No.: LH045

UAE L/C No. : ACD90875

Marks & No. : N/M

Name of Commodity and Specifications	Qty. (Pairs)	CTNS.	G. W. (kgs)	N. W. (kgs)	MEAS. (m^3)
Door Handle Article No. DH5010 L/C No. ACD90875 L/C Date: June 8, 2011 Name of Issuing Bank: DUBAI ISLAMIC BANK	9, 000	450	8, 325	7, 875	24. 65
TOTAL	9, 000	450	8, 325	7, 875	24. 65

Say Total: Say four hundred and fifty cartons only.

Guangzhou Lihua Co., Ltd.

Guangzhou Lihua Co., Ltd.

No. 1 Renmin Rd., Guangzhou, China

Tel: 020 - 58818844 58818766 Fax: 020 - 58818840

E-mail: Foreign Department @ www. Lihua. com. cn

COMMERCIAL INVOICE ORIGINAL

Messrs:
Tim Co., Ltd.
No. 1 Roak Rd., Dubai

Invoice NO.: LH045
Invoice Date: July 1, 2011
S/C NO.: LY0723
L/C NO.: ACD90875
L/C Date: June 8, 2011

Exporter:
Guangzhou Lihua Co., Ltd.
No. 1 Renmin Rd., Guangzhou China
Terms of Payment: L/C at sight

Marks &Numbers	Description of Goods	Quantity	Unit Price	Amount
N/M	CFR Dubai, UAE			
	Door Handle Article No. DH5010	9, 000 pairs	USD 9. 80/ pair	USD 88, 200. 00 Less down payment: USD 17, 640 Total amount: USD 70, 560. 00

Total Quantity: 9, 000 pairs
Total Weight: 8, 325 kgs
Say Total: U. S. Dollars seventy thousand five hundred and sixty only

L/C No. : ACD90875
L/C Date: June 8, 2011
Name of Issuing Bank: DUBAI ISLAMIC BANK

Guangzhou Lihua Co., Ltd.
李丽

海运提单

<table>
<tr><td colspan="2">托运人
Shipper
Guangzhou Lihua Co., Ltd.
No. 1 Renmin Rd., Guangzhou China</td><td rowspan="8">B/L NO. CSA1603
ORIGINAL
中国对外贸易运输总公司
CHINA NATIONAL FOREIGN TRADE
TRANSPORT CORPORATION
直运或转船提单
BILL OF LADING DIRECT OR WITH TRANSSHIPMENT
Shipped on board the vessel named above in apparent good order and condition (unless otherwise indicated) the goods or packages specified herein and to be discharged at the above mentioned port of discharge or as near there to as the vessel may safely get and be always afloat.
The weight, measure, marks and numbers quality, contents and value, being particulars furnished by the shipper, are not checked by the Carrier on loading.
The shipper, Consignee and the Holder of this Bill of Lading hereby expressly accept and agree to all printed, written or stamped provisions, exceptions and conditions of this Bill of Loading, including those on the back hereof.
In witness where of the number of original Bill of Loading stated below have been signed, one of which being accomplished, the other (s) is/are to be void.</td></tr>
<tr><td colspan="2">收货人或指示
Consignee or Order
To order</td></tr>
<tr><td colspan="2">通知地址
Notify Address
Tim Co., Ltd.
No. 1 Roak Rd., Dubai, UAE
TEL: + 000196971102 FAX: +000196971102</td></tr>
<tr><td>前程运输
Pre-carriage by</td><td>装货港
Port of Loading
Guangzhou, China</td></tr>
<tr><td>船名
Ocean Vessel
PU HE 0011W</td><td>转运港
Port of Transshipment</td></tr>
<tr><td>卸货港
Port of Discharge
Dubai, UAE</td><td>目的地
Final Destination</td></tr>
<tr><td>交货地点
Place of Delivery</td><td>收货地点
Place of Receipt</td></tr>
</table>

集装箱/封志号或标记与号码 CONTAINER/SEAL NO. OR MARKS AND NOS.	包装件数和种类/货名 NUMBER AND KIND OF PACKAGES/DESCRIPTION OF GOODS	毛重 Gross Weight (Kgs)	尺码 Measurement (m^3)
N/M	450 CTNS DOOR HANDLE ARTICLE NO. DH5010 TOTAL: FOUR HUNDRED AND FIFTY ONLY "FREIGHT PREPAID" L/C No. ACD90875 L/C Date: June 8, 2011 Name of Issuing Bank: DUBAI ISLAMIC BANK	8, 325	24. 65

（续上表）

<table>
<tr><td colspan="6">以上细目由托运人提供
ABOVE PARTICULARS FURNISHED BY SHIPPER</td></tr>
<tr><td>运费和附加费
Freight and Charges</td><td>运费吨
Revenue Tons</td><td>运费率
Rate</td><td>每
Per</td><td>运费预付
Prepaid</td><td>运费到付
Collect</td></tr>
</table>

<table>
<tr><td rowspan="2">兑换率
Ex. Rate</td><td>运费预付地点
Freight Prepaid at</td><td>运费到付地点
Freight Payable at</td><td>签单地点和日期
Place and Date of Issue
GUANGZHOU JULY 10，2011</td></tr>
<tr><td>预付总额
Total Prepaid</td><td>正本提单份数
No. of Original
B（s）/L
Three（3）</td><td>代表承运人签字
Signed for on Behalf of the Carrier
CHINA NATIONAL FOREIGN TRADE
TRANSPORT CORPORATION
签名：张朝
as Agent</td></tr>
</table>

（六）出口业务善后操作

Guangzhou Lihua Co., Ltd.

No. 1 Renmin Rd., Guangzhou, China

Tel: 020 – 58818844 58818766 Fax: 020 – 58818840

E-mail: Foreign Department @ www. Lihua. com. cn

To: Tim Co., Ltd.

Attention: Miss Jan

From: Guangzhou Lihua Co., Ltd.

Dated: June 26, 2011

Dear Miss Jan,

We are very much pleased to have received USD 88, 200. 00 under Contract No. LY0723. You can be sure that the goods shipped will meet your needs just well. We believe the conclusion of this transaction will help to further our mutual understanding and pave the way for more business in the future.

In order to promote commercial intercourse with overseas business circle, we are prepared to take steps in world trade. Not only various terms of payment, but more forms of business cooperation can be adopted in the time to come. Needless to say, with the development of our trade relations, there will be more and more topics of interest to be discussed between us. We are expecting your advice.

As you might not be aware of the new development in our product range, we are airmailing to you a copy of our latest illustrated price list. If any item interests you, please let us know. We will give you a special discount of 2% for orders exceeding USD 100, 000. 00 to promote sales at your end.

We hope our handling of your first order will lead to further transactions between us and look forward to your favorable reply.

Yours faithfully,

Lily

进口业务实训练习

一、交易前的准备与磋商

Guangzhou Jiajia Textile Co., Ltd.
No. 1 Renmin Rd., Guangzhou, China
Tel: 020 - 58818844 58818766 Fax: 020 - 58818840
E-mail: Foreign Department @ www. Jiajia. com. cn

To: ITMM Ltd.
Subject: Inquiry
From: Guangzhou Jiajia Textile Co., Ltd
Dated: Mar. 22, 2010

Dear Sirs,

We have read your advertisement in "Economic Reporter" and are glad to know that you are the general agent of "GGG" brand Rapier Loomone in Asia.

It will be highly appreciated if you could quote us your rock-bottom prices, with indication of date of shipment.

When replying, please state terms of payment and discounts you would allow on purchases of quantities of two sets.

We look forward to your early reply.

Yours faithfully,

×××

Guangzhou Jiajia Textile Co., Ltd.
No. 1 Renmin Rd., Guangzhou, China
Tel: 020 - 58818844 58818766 Fax: 020 - 58818840
E-mail: Foreign Department @ www. Jiajia. com. cn

To: ITMM Ltd.
Subject: Counter offer
From: Guangzhou Jiajia Textile Co., Ltd
Dated: Mar 25, 2010

Dear Sirs,

Thank you for your letter of Mar 24. Considering our cooperation in the future, we accept your price of EUR 40,000.00 per set FOB Genoa, Italy. But we found that your payment suggestion of irrevocable sight L/C would tie up our fund, which will add to our cost. Therefore we hope you can accept 100% irrevocable L/C at 90 days after sight.

Looking forward to your early reply.

Best regards!

Yours faithfully,

×××

二、合同的签订

（一）缮制合同

CONTRACT

Contract No：JH08009　　　　　　　　　　Date of Signature：Mar. 28，2010

The Buyer：Guangzhou Jiajia Textile Co.，Ltd

Address：No. 1 Renmin Rd.，Guangzhou，China

The Seller：ITMM Ltd.

Address：No. 19 Wang Hoi Rd. Kowloon Bay，Kowloon，Hong Kong

This Contract is made by and between the Buyer and Seller，whereby the Buyer agrees to buy and the Seller agrees to sell the under-mentioned commodity according to the terms and conditions stipulated below：

1. Description of Goods：GGG Rapier Loom 1，900 mm working width.
2. Quantity：2 sets.
3. Unit Price：EUR 40，000. 00 /set FOB Genoa，Italy.
4. Total Value：EUR 80，000. 00（Say in Euro Eighty Thousand only）.
5. Country of Origin and Manufacturer：Italy/GGGTECH.
6. Packing：The Seller shall undertake to pack the goods in container with skid packing suitable for long distance ocean transportation，and be liable for any rust，damage and loss attributable to inadequate or improper protective measure taken by the Seller in regard to the packing.
7. Shipping Mark：　　JH08009

   GUANGZHOU，CHINA
8. Time of Shipment：All 2 sets rapier looms will be shipped within May 31，2008，subject to the L/C opening not later than Apr. 15，2008. Partial shipment and transshipment are prohibited.
9. Port of Shipment and Destination：From Genoa，Italy to Guangzhou，China.
10. Insurance：Shipment insurance shall be covered by the Buyer.
11. Terms of Payment：The Buyer shall open 100% L/C at 90 days after sight in favor of the Seller and remaining valid for negotiation in Hong Kong for further 15 days after the effected shipment. Advising bank：Intesa Sanpaolo S. P. A.，Hong Kong Branch，Hong Kong.　　SWIFT：IBSPHKHHXXXXN
12. Documents：

a. Full set of clean on board ocean Bills of Lading marked freight to collect and made out to order，blank endorsed，and notify the Buyer.

b. Invoice in quintuplicate indicating contract number.

c. Packing List in quintuplicate.

d. Certificate of Quality and Quantity in duplicate issued by the Manufacturer.

e. Certificate of Italian Origin in 1 copy issued by Manufacturer.

f. A copy of the fax to the Buyer，advising the shipment details within three working days after it is effected.

Note：The Seller shall send within 10 working days one copy each of the above mentioned documents，with the exception of Item(f) of this Clause，to the Buyer.

13. Guarantee of Quality：The Seller shall guarantee that the goods，when correctly mounted and properly operated and maintained，shall give satisfactory performance for a period of 12 months from the date of its commissioning but not later than 18 months after B/L date.

（续上表）

14. Inspection and Claims：

(1) After the arrival of the goods at the port of destination, the Buyer shall apply to the China Entry-exit Inspection and Quarantine Bureau (CIQ) for a preliminary inspection in respect of the quality, specification and quantity of the goods and a Survey Report shall be issued by CIQ. If discrepancies are found by CIQ regarding specifications, and/or the quantity, except when the responsibilities lie with the insurance company or shipping company, the Buyer shall, within 120 days after arrival of the goods at the port of destination, have the right to reject the goods or to lodge a claim against the Seller.

(2) Should the quality and specifications of the goods not be in conformity with the contract, or should the goods prove defective within the guarantee period stipulated in Clause 13 for any reason, including latent defects or the use of unsuitable material, the Buyer shall arrange for a survey to be carried out by CIQ and shall have the right to lodge a claim against the Seller on the strength of the Survey Report.

15. Banking Charges：All banking charges outside the opening bank are for the Seller's account.

16. Other Terms：(omitted)

This contract is made in two originals, one original for each party in witness thereof.

THE BUYER：GUANGZHOU JIAJIA TEXTILE CO., LTD

×××

THE SELLER：ITMM LTD.

×××

（二）填制开证申请书

IRREVOCABLE DOCUMENTARY CREDIT APPLICATION

TO：Agricultural Bank of China Guangzhou Branch　　Date：Apr. 1, 2010

<table>
<tr><td colspan="2">(　) Issue by airmail
(　) With brief advice by teletransmission
(×) Issue by teletransmission
(　) Issue by express</td><td>Credit No.

Date and place of expiry
June 15, 2010, in Hong Kong</td></tr>
<tr><td colspan="2">Applicant
Guangzhou Jiajia Textile Co., Ltd
No. 1 Renmin Rd., Guangzhou, China</td><td>Beneficiary
ITMM Ltd.
No. 19 Wang Hoi Rd. Kowloon Bay, Kowloon, Hong Kong</td></tr>
<tr><td colspan="2">Advising Bank
Intesa Sanpaolo S. P. A., Hong Kong Branch, Hong Kong, SWIFT：IBSPHKHHXXXXN</td><td>Amount：EUR 80,000.00
Say：Euro Eighty Thousand only</td></tr>
<tr><td>Partial shipments
(　) allowed
(×) not allowed</td><td>Transshipment
(　) allowed
(×) not allowed</td><td rowspan="5">Credit available with any bank in Hong Kong
By (　) sight payment　(　) acceptance
(×) negotiation (　) deferred payment at
against the documents detailed herein
(×) and beneficiary's draft (s) for 100 % of invoice value at 90 days after sight
drawn on issuing bank</td></tr>
<tr><td>Loading on board：</td><td>Genoa, Italy</td></tr>
<tr><td>not later than</td><td>May 31, 2010</td></tr>
<tr><td>For transportation to：</td><td>Guangzhou, China</td></tr>
<tr><td colspan="2">(×)FOB (　)CFR(　)CIF(　)other terms</td></tr>
</table>

（续上表）

Documents required：（marked with ×）
1. （×） Signed commercial invoice in 5 copies indicating L/C No. and Contract No. JH08009 . 2. （×） Full set of clean on board Bills of Lading made out to order and blank endorsed, marked "freight [×] to collect/ [ ] prepaid" notifying the applicant . （ ） Airway bills/cargo receipt/copy of railway bills issued by ______ showing "freight [ ] to collect/ [ ] prepaid" [ ] indicating freight amount and consigned to ______. 3. （ ） Insurance Policy/Certificate in ____ for ____ of the invoice value blank endorsed, covering ____. 4. （×） Packing List/Weight Memo in 5 copies indicating quantity, gross and net weights of each package. 5. （×） Certificate of Quantity and/or Quality in 2 copies issued by the Manufacturer . 6. （×） Certificate of Italian Origin in 1 copies issued by the Manufacturer . 7. （×） Beneficiary's certified copy of fax send to the applicant within three working days after shipment advising L/C NO., name of vessel, date of shipment, name, quantity, weight and value of goods. （ ） Other documents, if any.
Description of goods： GGG Rapier Loom 1,900 mm working width, 2 sets, EUR 40,000.00 /set FOB Genoa, Italy.
Additional instructions： 1. （×） All banking charges outside the opening bank are for beneficiary's account. 2. （×） Documents must be presented within 15 days after date of shipment but within the validity of this credit. （ ） Other terms, if any.

STAMP OF APPLICANT：广州嘉嘉纺织品有限公司

×××

三、合同的履行

（一）撰写装船指示

Dear Sir,

We are pleased to inform you that we have booked space according to the order No. JH08009 covering GGG Rapier Loom 1,900 mm working width estimated time of departure from Genoa, Italy on May 9, 2010 via WAN HAI 603, V. 06W20.

Forwarder Agency in Genoa, Italy: KUK International Freight Forwarding Co., Ltd.

Address: No. 45 Jim Rd. Genoa, Italy

Contact Person: Henry

Tel: 0039-419-891-0088

Fax: 0039-419-891-0077

Proper arrangements of shipment will be appreciated.

Best regards,

×××

（二）填制预约保险启运通知书

GUANGZHOU JIAJIA TEXTILE CO., LTD.
NO. 1 RENMIN RD., GUANGZHOU, CHINA
TEL: 020 - 58818844 58818766 FAX: 020 - 58818840

中国人民保险公司广州分公司：

我公司 JH08009 合同项下货物已于 2010 年 5 月 9 日，自 Genoa, Italy 港装运，我公司承诺自 2010 年 5 月 9 日至 5 月 9 日之间此批货物未出险，并请按以下明细投保：

1. 运输标志：JH08009
GUANGZHOU, CHINA
2. 数量：2 sets
3. 品名：GGG Rapier Loom 1900 mm working width
4. 发票金额：EUR 80 000. 00 FOB Genoa
5. 船名航次：WAN HAI 603 V. 06W20
6. 装运港：Genoa, Italy
7. 目的港：Guangzhou, China
8. 装船日期：May 9, 2010

多谢合作！

广州嘉嘉纺织品有限公司
2010 年 5 月 9 日

（三）填写入境货物报检单和报关单

中华人民共和国出入境检验检疫

入境货物报检单

报检单位（加盖公章）：广州嘉嘉纺织品有限公司　　＊编　号________

报检单位登记号：3788597452　联系人：×××　电话：58818844　报检日期：2010 年 6 月 13 日

发货人	（中文）＊＊＊			企业性质（划“√”）	□合资□合作☑外资	
	（外文）ITMM Ltd.					
收货人	（中文）广州嘉嘉纺织品有限公司					
	（外文）Guangzhou Jiajia Textile Co., Ltd					
货物名称（中/外文）	H. S. 编码	原产国（地区）	数/重量	货物总值	包装种类及数量	
GGG 牌剑杆织机 GGG Rapier Loom 1,900 mm working width	8446302000	意大利	2 台	EUR 80, 000. 00	2 wooden cases	
运输工具名称号码	WAN HAI 603 V. 06W20			合 同 号	JH08009	
贸易方式	一般贸易	贸易国别（地区）	意大利	提单/运单号	OOCLL0302065NA	
到货日期	20100612	起运国家（地区）	意大利	许可证/审批号	0660128357	
卸毕日期	20100612	起运口岸	GENOA	入境口岸	广州	

（续上表）

索赔有效期至	卸货后 120 天内	经停口岸	* * *	目 的 地	广州
集装箱规格、数量及号码	1×40’TRLU4328633				
合同订立的特殊条款 以及其他要求	货物到达口岸后，如发现到货的规格或数量/重量与合同不符，除应由保险公司或船公司负责外，买方于货物到岸卸货后 120 天内凭有关检验证书有权拒收货	货物存放地点	仓库		
		用 途	其他		
随附单据（划“√”或补填）		标 记 及 号 码	*外商投资财产（划“√”）	□是☑否	
□合同 ☑发票 ☑提/运单 □兽医卫生证书 □植物检疫证书 □动物检疫证书 □卫生证书 ☑原产地证 □许可/审批文件	□到货通知 ☑装箱单 ☑质保书 □理货清单 ☑磅码单 □验收报告 □ □ □	JH08009 GUANGZHOU，CHINA	*检验检疫费		
			总金额 （人民币元）		
			计费人		
			收费人		
报检人郑重声明： 1. 本人被授权报检。 2. 上列填写内容正确属实。 签名：×××			领 取 证 单		
			日 期		
			签 名		

注：有“*”号栏由出入境检验检疫机关填写　　◆国家出入境检验检疫局制

中华人民共和国海关进口货物报关单

预录入编号：　　海关编号：

进口口岸 广州海关（5100）	备案号		进口日期 20100612	申报日期 20100614
经营单位 广州嘉嘉纺织品有限公司	运输方式 江海运输		运输工具名称 WAN HAI 603 V. 06W20	提运单号 OOCLL0302065NA
收货单位 广州嘉嘉纺织品有限公司	贸易方式 一般贸易		征免性质 一般征税	征税比例 L/C
许可证号 0660128357	起运国（地区） 意大利		装货港 热那亚	境内目的地 广州
批准文号 02340567	成交方式 FOB	运费 300/2 000/3	保费 300/200/3	杂费
合同协议号 JH08009	件数 2	包装种类 木箱	毛重（公斤） 4 500	净重（公斤） 4 400

（续上表）

集装箱号	随附单据	用途
TRLU4328633		企业自用

标记唛码及备注

JH08009

GUANGZHOU，CHINA

项号	商品编号	商品名称、规格型号	数量及单位	原产国（地区）	单价	总价	币制	征免
1	8446302000	GGG 牌剑杆织机	2 台	意大利	40 000	80 000	EUR	照章

税费征收情况

录入员　　录入单位	兹声明以上申报无讹并承担法律责任	海关审单批注及放行日期（签章） 审单　　　审价
报关员 ×××	申报单位（签章）	征税　　　统计
单位地址 广州市人民大道 1 号 邮编 510000　　电话 58818844	填制日期 20100614	查验　　　放行

参考文献

1. 贾建华．新编国际贸易理论与实务．北京：对外经济贸易大学出版社，2004

2. 陈胜权．国际贸易实务经典教材习题详解．北京：对外经济贸易大学出版社，2005

3. 中国国际贸易学会商务专业培训考试办公室．外贸业务理论与实务．北京：中国商务出版社，2008

4. 余世明．国际商务单证实务．广州：暨南大学出版社，2003

5. 莫运襟．最新出口流程及模拟．北京：化学工业出版社，2009

6. 本书编委会．外贸操作实务．北京：中国海关出版社，2009

7. 福步外贸论坛http：//bbs. fobshanghai. com/

8. 罗农．进出口业务实训．北京：中国人民大学出版社，2009

9. 聂洪臣．国际贸易实务．北京：北京大学出版社，2009

10. 李月菊．进出口实务与操作（英文版）．北京：对外经济贸易大学出版社，2008

11. 全国外贸业务员考试试题